U0610479

东北老工业基地投资节奏研究

董雪梅　姜睿　李莹　著

黑龙江科学技术出版社

图书在版编目（ＣＩＰ）数据

东北老工业基地投资节奏研究 / 董雪梅, 姜睿, 李
莹著. -- 哈尔滨：黑龙江科学技术出版社, 2021.12
ISBN 978-7-5719-1250-5

Ⅰ. ①东… Ⅱ. ①董… ②姜… ③李… Ⅲ. ①老工业
基地 – 投资 – 研究 – 东北地区 Ⅳ. ①F427.3

中国版本图书馆 CIP 数据核字(2021)第 262168 号

东北老工业基地投资节奏研究

DONGBEI LAO GONGYE JIDI TOUZI JIEZOU YANJIU

董雪梅　姜　睿　李　莹　著

责任编辑	回　博　　沈福威	
封面设计	孔　璐	
出　　版	黑龙江科学技术出版社	
	地址：哈尔滨市南岗区公安街 70-2 号　邮编：150007	
	电话：（0451）53642106　传真：（0451）53642143	
	网址：www.lkcbs.cn	
发　　行	全国新华书店	
印　　刷	黑龙江龙江传媒有限责任公司	
开　　本	787 mm×1092 mm　1/16	
印　　张	15.75	
字　　数	300 千字	
版　　次	2021 年 12 月第 1 版	
印　　次	2021 年 12 月第 1 次印刷	
书　　号	ISBN 978-7-5719-1250-5	
定　　价	98.00 元	

【版权所有，请勿翻印、转载】

本社常年法律顾问：黑龙江博润律师事务所　张春雨

目　录

第一章 投资节奏概述

第一节 投资节奏的认识

一、投资节奏的概念

对于投资节奏的理解和解释，在不同时期、不同国界、不同的经济背景下有不同的解释。我们认为，适度的投资节奏就是将有限的资源、以有效的方式投资到产出效率最高的项目上，从而获得最优投资的质量。因此，投资节奏包括投资时点的选择、投入资金量的把控、投资模式的设定、投资项目的选择等方面，追求的终极目标是投资效率比。投资节奏的设计是投资活动的首要环节，向上承接投资战略规划目标，向下指导具体投资项目工作的开展，是支撑战略规划落实、指导项目单位投资活动开展的重要纲领性的设计。

国家对于东北老工业基地的投资，近几年来，不断加大投资力度，但是这种力度更多体现在投资的额度不断增加，在投资管理和投资模式的选择上更多地是粗放型的投资节奏。从历史经验可以看出，这种投资节奏没有取得应有的投资效率。如何进一步调整投资节奏成为当务之急，提高单位投资效率成为东北老工业基地的瓶颈，要加快改进投资节奏，顺应新时期经济发展的需要。本课题旨在针对东北老工业基地，思考如何决策投资时点、如何把控投入的资金量、如何选择投资模式、如何选择投资项目等，即如何调整投资节奏，加快东北老工业基地的经济振兴。

二、投资节奏分析的要点

投资节奏的要点，绝大多数是要根据不同行业、不同领域的发展状态，不同企业的承载极限来定，可以说并没有一种约定俗成模式。我们会在实际操作过程中尽量地坚持一个原则，也就是我们在投入之后，是可以使原本的项目获得一种向外膨胀的爆发力。同时又能将这种爆发力反作用于项目，形成自身的一种内在动力。整个投资的核心是以建立内在动力为基础的。

1.拓宽投资节奏的内涵和外延

投资节奏不仅是就投资时点上的选择和投资总量的控制来说的，更重要的是投资模式的设计，投资目标的选择，投资是以效率为根本的。

2.投资节奏要兼顾投资的前端和后端

投资不仅要考虑政治目的性，还要考虑配合产业政策的落实；不仅要考虑投资设计、投资规划和投资项目的落实，更应该关注投资效率。对于投资效率的论证将显得更加重要。根据投资效率明确投资节奏将是明智的选择。因此，投资节奏要考虑投资前端的需要，更要关注后端的可能结果。

3.投资节奏的选择要理论与实际相结合

如何确定投资节奏要有理论指导，更要考虑实际情况。不同区域、不同经济背景、不同经济环境、不同发展时期、不同投资项目要选择不同投资节奏。

第二节　国内外对投资节奏研究的综述

在国外学者尼古拉斯·塔勒布所著的《反脆弱》一书中，他试图构建一个框架:来描绘人与不确定性之间该如何共存。更功利一点说，如何从不确定性中获利。把这个议题放到投资领域来讨论，那更加是天作之合了，投资就是反复地与不确定性打交道，并试图从中获利；"反脆弱"这个看起来很洋气的概念，一句话解释即从随机事件中获得有利结果大于不利结果就是反脆弱的，反之就是脆弱的。调整投资节奏就是增强反脆弱性。另外，马科维茨投资组合模型是投资效率分析的数理方法，在研究投资节奏是否适度方面是很重要的理论依据。无论以什么范畴作为投资研究的对象，这些理论都是重要的研究途径和方法。在东北老工业基地的投资研究上，更是要借鉴不同国家和地区的投资经验和方法，以理论为依据，以实际投资效果为准绳，把控投资节奏，提高投资效率。

在国内，以往的投资更多地是根据国家的产业布局和产业政策，从总量上控制投资规模，以粗放型投资模式为主线，以年度为单位进行，不注意投资时点的选择，投资模式相对于单一，容易造成一窝蜂式的投资流向，投资效率可想而知。东北老工业基地的历史背景和现有投资环境决定了投资额度和投资项目规模，可见投资节奏的把控显得更加重要。交通银行金融研究中心研究员刘学智先生表示，过去投资对中国经济增长起到关键作用，但是近些年来投资所导致的过剩产能则是现在面临的重要问题，过去粗放式的投资方式现在难以维持；虽然投资由于制造业产能过剩以及房地产库存较多等问题出现萎缩，但依然能给经济增长带来较大刺激。东北老工业基地的状况亦是如此。

关于投资节奏中的投资效率、投资时机、投资规模、投资项目选择、投资结构问题的，研究成果不多见，且主要针对公共投资，涉及东北老工业基地的就更为少见。

一、投资效率分析

杨飞虎、周全林利用我国改革开放以来的数据，构建总量生产函数模型，详细分析了我国公共投资对经济增长的影响，认为我国公共资本的产出弹性为0.175，私人资本的产出弹性为0.604，也就是说我国私人资本投资对经济增长的影响远大于公共投资。同时也认为我国公共投资的经济效率呈逐渐下降的趋势，因此必须采取相应的措施提升我国公共投资效率。

二、投资时机选择

向玲凛利用西部大开发政策实施以来的西部12个省（市）的数据，采用ECM模型和协整分析的计量方法，分析了西部区域公共投资对经济增长的动态效应及时空差异。西部大开发政策实施以来，西部地区公共投资的增长对经济具有明显促进作用，并且长期效应更显著；受各地区经济结构及投资结构的影响，公共投资的产出弹性不同，并且随着时间的推移公共投资对经济增长的贡献率将不断下降。

三、投资规模

于长革利用总量生产函数方法实证分析了我国公共投资对经济增长的影响，认为公共投资对经济增长具有明显的促进作用。但并不是说公共投资越多就越利于经济增长，它是有界限的，在一定条件下存在合理规模。根据我国经济发展阶段及相关因素，通过运用对数型凹增长函数估计我国公共投资的适度规模分析，我国目前公共投资的适度规模为公共投资额占 GDP 比重的 4.5%，公共投资额占财政投资比重的 22%左右。

钱谱丰、李钊对国内外公共投资对经济增长影响的文献进行了梳理，运用内生增长理论和模型分析了公共投资的增长效应；用近十年的数据进行检验，认为我国目前公共投资对经济增长存在正向促进效应；并对我国公共投资的适度规模进行估计，认为当前我国公共投资适当规模为公共投资占 GDP 的比重为 12%左右。

四、投资项目

杨飞虎利用我国 7 个典型城市的 1489 份问卷数据，对我国长期经济增长中的公共投资作用进行分析，认为公共投资的最主要作用是引导战略产业成长，最应该投向的领域是科教文体卫等公益项目，公共投资占 GDP 的最合适比例为 10%左右，公共投资最应该发挥的是社会福利效应，并提出了公共投资促进经济长期均衡增长的相关政策建议。

刘国亮对我国公共投资总量对经济增长的影响以及公共投资的各个组成部分对经济增长的影响进行研究，结果表明，在总体上，我国公共投资的产出弹性比私人投资的产出弹性更大，对经济增长的影响更显著；从公共投资项目结构来看，我国公共基础设施投资对经济增长的影响最大，科学研究及技术服务项目对经济增长的影响也比较显著，社会服务项目比如教育、卫生等对经济增长的作用不明显，政府机构及社会团体项目对经济增长的影响为负效应。因此，他认为在我国当前总需求不足的情况下，是可以通过增加公共投资来实现经济持续增长的。

五、投资结构

关于投资结构失衡，孙懿、王任飞等根据相关分析得出，东北在初加工产业的投资比重偏高，而在金融、信息传输、网络服务等服务业领域的投资相对于偏低。

六、研究成果借鉴

德国鲁尔老工业基地、英国老工业基地、法国老工业区及日本北九州老工业区、美国底特律工业区都有着成功的改造经验，这些国家所实施的经济振兴策略在促进我国东北老工业基地经济发展方面有许多值得学习的地方。主要的研究成果有以下几点：

1.设立专门机构进行扶持规划

为了改变老工业基地的发展状况，政府成立了专门机构，通常这些机构会通过发放补助金或贷款来扶持重点项目，并且专门规划传统产业改造方案，从而助力老工业基地经济振兴。

2.对潜力枯竭的传统产业减少资助

老工业基地的支柱型产业大部分是煤炭、钢铁等，而这些都是不可再生资源产业。德国著名的鲁尔工业区主要发展的是煤炭、钢铁、造船等重工业，其政府一直致力于对这些重工业部门进行资助，效果并不尽如人意。于是，政府转变了政策方向，对这些生产效益逐步下降的重工业部门减少资助，继而转向资助那些循环利用率高的产业。法国对重工业部门则采取了完全淘汰的方式，并适时宣布关闭所有煤炭企业，矿产、冶炼部门也随之关闭了。法国政府将发展的重点投向了钢材深加工，这大大提高了钢铁工业的附加值，刺激了法国老工业基地的经济。

3.加大生产性服务的投资力度

服务业和产业多元化发展在美国老工业基地转型发展中起着关键性作用，从现实来看，匹兹堡在服务业发展速度上要快于底特律，在产业类型上也更加多元化，且十分重视生产性服务业的发展和区域合作协调。

第二章 东北老工业基地投资节奏与经济发展

第一节 东北老工业基地经济发展的现状及问题分析

一、东北老工业基地经济发展的现状

1.东北老工业基地产业结构单一

东北老工业基地的产业大部分集中在钢铁、煤炭和石油等重工业行业，企业盘子大、转型慢，导致东北地区经济表现出抗风险能力与抗市场冲击能力比较弱的状况。正是这种不均衡的产业结构导致中国经济在进入新阶段后，东北老工业基地的发展没能跟上时代的步伐。另外，以往粗放型的产业经营惯性，使很多产业始终处于初级生产阶段，不能深层次挖掘产业潜能。比如作为农业大省的黑龙江地区，一方面，国际低价对我国的粮食价格造成了一定的冲击；另一方面，农业深加工产业跟不上，好品质的原材料未能加工出适应市场需求的产品，没能抓住可能成为优质产业的机会，以至于东北经济出现下行趋势。

2.重要经济指标 GDP 在全国排序逐年下降

2018 年第四次全国经济普查显示，各省的数据与往年相比变化很大，有的省份大幅上涨，部分省份大幅下降。总体来看，南方除了湖南、广西略微下将以外，其余基本上涨；而北方省市除了北京、河南之外，大都下降；其中下降幅度最大的为天津、吉林、黑龙江、山东、河北、辽宁；上涨幅度最大的为云南、安徽、福建、上海、北京。2019 年统计数据显示，东三省中实力最强的辽宁省，2019年完成 GDP 为 24909.5 亿元，与 2018 年的初值相比减少了 405.9 亿元人民币；黑

龙江省 2018 年的初值为 16361.6 亿元，2019 年为 13612.7 亿元，经济总量缩减了 2748.9 亿元；吉林省 2019 年 GDP 为 11726.8 亿元，与 2018 年的 15074.62 亿元相比，缩减了 3347.82 亿元。2019 年东北三省的 GDP 总量合计约为 5 万亿元人民币，比河南一省的经济总量还少 4000 亿，下滑如此严重，令人吃惊！

近年来，东北经济持续下滑，东北三省人口加速流失，GDP 总和占全国的比重逐年下降。与此同时，东北三省经济增长率不仅大幅落后于沿海省份，同时也低于全国平均水平。2018 年全国 GDP 平均增长率为 6.6%，同期辽宁增速为 5.7%，吉林增速为 4.5%，黑龙江增速为 4.7%，三省均低于全国平均增速。2019 年全国 GDP 总量为 99.0865 万亿元，比上年增长 6.1%。东北三省的经济表现如何呢？2019 年辽宁 GDP 总量为 24909.50 亿元，增速为 5.5%；2018 年辽宁 GDP 排名全国第 14 位，2019 年下滑至全国第 15 位。2019 年吉林 GDP 总量为 11726.80 亿元，排名全国第 27 位，2019 年吉林 GDP 对比 2018 年实际只增长了 3.0%。2019 年黑龙江 GDP 总量为 13612.70 亿元，同比增长 4.2%，增幅略低于 2018 年的 4.7%。2020 年东北三省 GDP 数据显示，辽宁省 GDP 25115 亿，增长 0.6%；黑龙江省 GDP 13698.5 亿，增长 1%；吉林省 GDP 12311.32 亿，增长 2.4%。吉林省增长率最高，不过基数少了点。整体来说，这三个省数据不是很理想，而且辽宁的数据还是吉林和黑龙江的总和，即便如此三省 GDP 合计才 50000 亿多一些。

3.东北老工业企业盈利能力较弱

东北老工业基地的企业以重工业为多，生产成本大、生产周期长，导致盈利能力较弱。创新企业较少，智能制造行业几乎鲜见，金融、服务业粗糙，很难弥补整体东北地区经济失衡的不足，未能及时跟上全国经济发展的步伐。

二、东北老工业基地经济发展存在的问题分析

1.产业结构的变化对东北经济的影响

东北是我国新工业发展的摇篮，在过去取得了骄人的成就。但由于世界经济格局的变化，以及国内经济开始由以往粗放型产业为主的高速发展，进入到高效率低成本可持续的创新产业、智能化产业高速发展阶段，严重的产能过剩结构调整，对东北老工业基地的发展极为不利。

2.人才流失严重

市场经济中的各种竞争，归根结底为人才的竞争，人才流失是一个区域不可估量的损失。据不完全统计，东北三省近年来外流人口比例逐年减少，但是外流人口中年轻人、高学历者占比却不断增加。外流人口中大专以上学历比重也明显高于流入人口，人才流失呈现出"三高"趋势，即流失的人才中"高新技术产业、高学历、高职称"人员居多，在出省工作的人才中具有高级专业技术职称和专业技术职务者占绝大多数。虽然，为留人引人，东北三省及各地市陆续出台了人才引进相关政策，如《黑龙江省重点企业引进优秀人才扶持办法》（2014 年）、《引进高层次人才"绿色通道"实施办法》（2017 年）、《关于加强人才队伍建设的若干政策意见》（2019 年）。但是相比发达省市，东北三省在吸引人才政策方面的资金支持程度有限，缺少显著的吸引力。

3.创新创业资金市场化配置机制尚未建立

创新创业资金主要来自自筹、民间借贷、财政补贴和银行贷款，融资渠道较为单一。创业企业规模普遍较小，经营不确定性大，相应的经营理念和治理机制不够完善，且其资产结构中可用来抵押的有形资产占比较低，难以取得银行等金融机构的信任，贷款可获得性差，债务融资同样受阻。创新创业融资结构不够合理，天使投资、风险投资等直接融资比重过低。东北三省产业结构有待升级，股权投资市场的募资总额与投资总额均不足百亿。清科研究统计数据表明，2020 年北方区域股权投资市场募资同比下降 15.49%，投资案例数量同比下降 16.7%。

4.人口数量大幅减少，社会老龄化严重

青壮年的流失以及人口的增长，使得东北的人口老龄化问题加剧。目前，东北地区的人口老龄化程度已经高于全国平均水平，人口的老龄化造成社保负担加重，同时使得东北的经济趋于保守，缺乏创新意识，阻碍经济发展。

5.气候、生态环境问题影响经济发展

东北气候寒冷天气占全年的比例较高，生产、生活成本无形加大，导致企业创利能力减弱。在林业方面，由于长期过度利用森林，乱砍滥伐现象严重，导致水土流失、涝灾旱灾风灾加大；在土地利用方面，不合理耕地面积不断扩大，土地沙化严重，土地盐碱化程度加深，草场退化严重，湿地面积不断萎缩；在环境污染方面，由于重工业在企业发展模式中比重较大，一些行业企业长期排放工业废弃物，对区域环境造成直接的危害，大气污染和水污染都给东北地区经济发展造成障碍。以上气候、生态环境问题都严重阻碍了东北地区的经济发展。

第二节　调整东北老工业基地投资节奏推动经济发展

在理论上主要以投资节奏的内涵和外延为研究主题，不同投资节奏适用于不同的经济背景和区域特质，以此为切入点研究不同经济背景下投资总量和投资时点的匹配、投资项目和投资模式的匹配、投资角度和投资目的的匹配等内容。充分优化人才、资金、研发、项目等要素资源配置，促进要素合理畅通、有序流动，从而支撑经济社会高质量发展。具体落实到这些理论内容在东北老工业基地投资节奏上的研究，以提高东北老工业基地的投资效率，振兴东北经济。

一、调整产业结构，实现战略转型与升级

通过加强公共基础设施建设，提供就业刺激。消费便利的交通设施和良好的城市生活环境，有利于经济建设活动的开展，提高战略新兴产业和生产服务业的比重，坚定不移地走新型工业化道路。促使传统重化工业、产业不断向产业价值链高端攀升，响应中央大众创业、万众创新的号召，实施创新驱动战略，完善相关政策体系，支持科技创新，留住科技人才，促进科技成果转化。

二、改革人才引进和培养机制，激发人才创新活力

帮助人才做好人生职业规划，为他们营造创新创业的空间，是东北地区急需面对的环境改善问题。实施人才优先发展战略，实施更加开放有效的激励政策，优化人才发展的事业环境、生活环境，充分利用户籍等制度突破，引进培育高层次创新创业人才和高技能人才。一是提高人才薪资福利待遇。做好财政资金的统筹规划，适度向创新创业人才倾斜以提高其薪资福利待遇，保障重要岗位和高级专业技术人才的薪资与其创造价值相匹配，提高福利待遇，可以采取提供补充养

老福利、购车福利、交通补贴、子女入学等福利措施留住更多的人才。二是提高创新创业人才引进成效。明确人才类别的划分标准，如分为 A 类、B 类、C 类、D 类不同层次，按照人才类别提供多种类型的人才公寓租购措施、安家费、购房补贴、家属安置、子女教育优抚，提高补贴标准，借鉴深圳"孔雀计划"科技园、前海科技园的做法，根据引进人才层次和性质分门别类建设科技园区，更好地发挥"筑巢引凤"作用。人才公寓做好幼儿园、学校、公园、商服、医院等配套基础设施建设规划，并且人才公寓应包含不同户型，满足引进人才的个性化住宿需求，加快形成国际融合、梯次合理、活力四射的人才队伍体系。三是建立健全人才流动机制。健全人才市场服务体系，鼓励专业技术人才通过定期服务、项目引进、科技咨询等方式流动；倡导以实现人才价值为主，通过各种方式将域外人才有期限地引入东三省，可以适当忽略户籍地等方面的限制，使人才、知识等要素合理流动，营造适合经济发展的要素流动平台与环境。留住人才可以说是振兴东北的关键，但也要注意到，高薪留人是吸引和留住人才的方法，但并不能从本质上解决人才外流的问题。关键在于打破体制机制的顽疾，打造人才成长和发展的环境，营造自由、有效率的市场经济环境，打破不合理的条条框框，给予创新创业科技人员、企业高管等政策支持，为他们提供展示自我发展创业的平台。

三、丰富金融服务模式，提高金融效力

新发展阶段，应调整金融服务模式，研发创新创业贷款产品，增强创业贷款可获得性，发挥政府引导基金的示范和撬动作用，提高天使投资、风险投资在创业融资中的比例，提高创新创业资金配置效率。做好政府引导基金规划，发挥带动与示范作用。加强各类引导基金的统一运作和规范管理，加大对现代农业、高端装备制造、生物制药、冰雪旅游等特色优势产业专项基金的支持力度，提高政府引导基金单个项目的投入比例，建立和完善引导基金绩效考核体系，转变"遍地开花"的增量发展为"精耕细作"的存量基金高质量发展。积极开展与中国科创产业母基金等全国性母基金的合作，扩大带动与撬动效应。

大力发展风险投资，提高创业资本反脆弱性。与商业银行贷款相比，天使投资和风险投资因其容错性和共担风险性，更适合创新创业型企业。天使投资、风

险投资除给企业带来资金外，还能输入先进规范的管理经验，对接优质的市场资源。风险投资的参与度越高，企业的估值水平越高，反过来能进一步促进融资增加，形成良性循环。东三省应大力发展风险投资，鼓励民间资本建立风险投资机构，增加行业内机构的数量，提升行业整体竞争实力。

适当提高金融聚集程度，促进创新创业高质量发展。郭华（2021）基于中国30个省域1997—2017年金融产业及经济发展数据，构建经济增长质量评价指标体系，对各省域的金融产业集聚度和经济增长质量及其各维度指数进行测算，结果表明金融产业集聚对经济增长质量具有显著的促进作用。东北地区应继续发挥金融产业集聚在提升经济增长结构性、效率及分享性方面的正面效应。打造基金产业集聚区，建立集基金机构集聚中心、股权投资服务中心、基金产品创新中心和综合配套服务中心于一体的一站式服务平台，承载资金募集、项目推送、交易撮合、政策对接、成果孵化、专业咨询、信息支撑、商务保障等功能。

四、加大投资打造国家中心城市，推动区域经济发展

从全球和全国发展趋势看，核心城市在一个国家或地区中往往起到战略性决策作用。长三角有上海、杭州、南京，珠三角有深圳、广州、香港，成渝都市圈有重庆、成都；郑州的崛起带动了河南的快速发展。从大区的角度看，除了东北区域，其他区域目前均有一到两个国家中心城市，而东北三省目前缺乏这样具有领头羊作用的城市，缺乏特大型魅力城市。

按照国家对国家中心城市的定位，一旦拿到"国家中心城市"这块金字招牌，不管是经济发展还是城市建设，在区域内拥有较大的优先发展权和支配权，随之而来的就是能吸引大量资金、项目以及人才。在一定的区域内都将发挥经济、金融、信息、贸易、科教和文化中心的作用，承担组织和协调区域经济活动，对周围地区产生较强的经济辐射作用。

如果从国家中心城市的功能来看，辽宁省沈阳市可以说在政治、文化、对外交流等多方面具备引领、辐射、集散等功能，同时也符合国家中心城市作为国家发展战略的重要平台、战略支点以及承载国家政治目标、战略任务的根本特征。沈阳尽管受传统工业不景气现象拖累，但在天宫、蛟龙、神州、航母、大飞机等

领域的影响举足轻重。单从经济来衡量，沈阳很穷；从国之重器来看，沈阳是国之重镇。与传统国家和其他争创国家中心城市的地区相比，沈阳的经济实力的确不占优势。但沈阳在东北四城中，和哈尔滨、大连、长春相比，无论是区位还是经济基础，都有相对不错的优势。

东北经济低迷状况已经持续已久，要打破这种局面，的确需要一个重要的中心城市来激活。所以基于振兴东北的角度看，先推出一个具有一定优势的城市，比如沈阳成为中心城市，以一个点辐射一个面，进而带动东三省整体经济的发展。

五、增强投资力度，改善环境污染，走可持续发展道路

组建专业的智库团队，进行经济可持续发展的系统研究，鼓励以企业为核心的创新体系建设，推进产业技术转型升级，从源头上控制和减少环境污染物的产生与排放，大力发展循环经济，转变东北地区以资源消耗和环境污染为代价的粗放型经济增长模式，实现生态环境的可持续发展，在技术创新体系的支撑下，建立循环经济技术支撑体系，加强工业设备的环保改造。开创一条新工业生产链条和模式，辐射和带动其他行业发展。

总之，可从改进政府管理体制、优化产业结构、激励人才流入、合理投入研发资金、开拓创新企业、打造智慧城市入手，改善东北老工业基地投资节奏，推动东北经济发展。

第三章 投资时点的选择与经济发展切合度的研究

投资的顺利进行也受到诸多因素的制约和抑制，如人、财、物、信息、技术等等因素。目前，我国政府投资中存在积极性过高、结构不合理、投资流失等诸多问题。笔者认为投资中较为重要的影响因素之一就是投资时点，投资时点和投资规模、投资区域这些因素是相互联系、相互作用和相互制约的，在这种复杂的依存关系下形成了系统性、综合性和动态相关性的经济关系，决定着政府和企业的投资决策。因此，本章基于我国政府和企业投资中各种确定及非确定约束条件下的投资时机选择问题进行定性与定量结合性的剖析，利用焦点问题法综合三点建立完善的评价指标体系，进而对投资时机进行研究评价，为提高东北老工业基地投资效率提供合理性的建议。

第一节 相关理论概述

一、投资过度理论

投资过度论理论认为，投资过大会导致生产资料过多，进而引发经济周期波动，投资变动是经济周期波动的根本原因。但学者就投资波动的原因并未达成共识，根据投资波动的引发因素不同分为货币投资过度论和非货币投资过度论。

货币过度理论认为货币层面的变动引发了经济周期波动，宽松货币政策会使经济失衡，进而引发经济危机。经济危机出现的根本性原因是由货币变动引起的生产结构失衡，使经济从繁荣走向崩溃。该理论认为市场利率由货币市场决定，自然利率由资本供求关系决定，当市场利率低于自然利率时，投资的预期收益率比当前的借贷利率大，企业投资有利可图可以获得超额利润，则企业对资本投资需求增加。在充分就业的条件下，企业增加投资会造成投资品的价格上升，最终拉动整个物价水平的整体上升，刺激企业加大投资力度，与此同时企业在获取超额利润之后会增加消费，此时经济运行处于扩张阶段。从货币层面上来说，货币供给不会持续不断，银行无力持续扩张信用，这种人为的货币宽松政策引发的经济扩张不会一直持续下去，经济会由繁荣走向衰退，进而引发经济危机。因此，货币投资过度论认为当投资需求超过货币资本供给，就会导致经济危机。而当消费者减少消费、增加储蓄，增加货币资本供给时，就可以避免经济危机的爆发。哈耶克的货币投资过度论，尽管阐述了固定投资周期的原理，但过分地强调利率变化的重要作用，忽略了其他关键性因素。

非货币投资过度论认为货币层面的变动对经济波动的作用明显小于技术创新、新市场的开辟等变动对经济波动的影响，所以综合考虑投资变动与技术创新等技术变动对经济周期波动的影响。熊彼特创新经济周期波动理论是非货币投资过度论的代表性理论，该理论认为经济活动中的某因素变动导致了经济周期波动，企业技术创新是导致经济周期波动的根本性原因。而斯庇索夫认为资本不足是导致经济危机发生的根本性原因，资本不足有两方面的含义，一方面是指货币资金的缺乏，另一方面是指经济活动中存在的商品生产不均衡。总之，非货币投资过度论认为储蓄不足是经济从繁荣阶段转向崩溃阶段的原因，消费过度引起资本不足进而导致经济繁荣阶段走向末路。经济进入萧条时期后，市场因悲观情绪及对投资的厌恶，消费者购买力逐渐萎缩，资本用于填补亏损或贮藏而非投资。在萧条持续一段时间后，市场自动形成有利于恢复投资的局面，但仍需借助创新等外在因素的刺激，才能打破萧条的僵局，形成从萧条走向复苏的动力。

二、凯恩斯投资与经济波动理论

凯恩斯经济周期理论是二十世纪五六十年代广为认可的经济周期理论，这个理论经由多个阶段发展完善。有效需求不足论是这个理论的基础，认为有效需求不足会使经济进入衰退阶段，而边际消费倾向递减、资本边际效率递减及流动性偏好三个基本心理规律是致使有效需求出现不足的主要原因。这一理论认为资本边际效率对投资需求有很大影响，而资本预期收益又是决定资本边际效率的重要因素，所以资本边际生产率的变动以及投资的变动是经济周期波动的主要推动力。经济周期主要是由私人投资的不确定性导致的，一个经济周期的时间跨度由周期内资本边际效率的变动时间来决定，而投资变动与经济周期波动之间的具体变化路径是用乘数加速数模型来说明的。凯恩斯经济周期理论主张政府制定积极的财政政策刺激总需求水平，以熨平经济波动实现经济稳定发展。

这一理论所强调的经济周期波动机制是：假设经济处于稳定状态且加速数系数与消费系数之和小于1，当经济中出现一个正向投资冲击，在其影响下产出开始增加，但产出增加量不会一直增加；一旦产出增加量开始减少时，投资也会相应地减少，经济波动曲线开始向下运行，这种下降状态会在低于稳定状态的某个位置停止。因为经济运行也不会一直处于下行状态，在到达一定程度时，产出增长量虽仍是负的，但其下降幅度减缓，投资开始增加，经济周期出现拐点并开始向上运行，开始新一轮的经济周期波动。此外，凯恩斯经济周期理论主张政府应谨慎对待投资，积极干预经济，在面对经济危机时，采取积极的财政政策扩大有效需求，只有不断刺激总需求才能够实现经济重新复苏，从而摆脱经济危机。

三、卡尔多投资与经济波动理论

卡尔多经济周期理论认为储蓄分为事前储蓄和事后储蓄，投资分为事前投资和事后投资，根据事前储蓄（投资）与事后储蓄（投资）的大小判断储蓄（投资）是否呈线性变动，结合资本存量与投资的状态解释经济周期波动。卡尔多经济周期理论认为投资与储蓄均受收入的影响，且资本存量在经济周期波动中起着重要作用，所以建立以收入和资本存量为变量的非线性投资函数，来解释投资变动对经济周期波动的影响机制。在这个模型中投资的大小不仅取决于收入，还取决于现有的资本存量。

当收入水平不变时，资本存量的增加会降低资本边际效率，投资额也会随之降低，储蓄就会相应地增加，因此投资是资本存量的减函数而储蓄是资本存量的增函数。资本存量与收入水平的变动，都会导致投资与储蓄相应地变动，投资曲线与储蓄曲线发生移动，会造成经济周期繁荣、衰退、萧条和复苏四个阶段的交替变化，周而复始。由资本存量的变动导致经济波动的整个变化过程如下：当资本存量发生变动时，投资曲线和储蓄曲线会相应移动位置，投资与储蓄的均衡点也相应发生变动，必然也会引起经济活动水平的变动，并会一直持续下去，直至达到新的稳定均衡点。具体来说，当资本存量变化时，如果经济活动从高收入水平的稳定状态向下变动时，经济就会进入衰退阶段；如果经济从低收入水平的稳定状态向上变动时，经济就会进入复苏阶段，而到达的新的稳定均衡位置就是繁荣阶段的起点，经济活动进入下个周期循环。

第二节　投资时点的经济影响因素

一、经济发展水平对投资时机的影响

在一个国家和地区的不同经济发展水平下，投资的重点有所差别，投资时点的选择受经济发展阶段的影响显著。从五年发展计划的时间维度来看，在"一五"计划时期，国家大力发展东北地区的重工业，在 156 个国家重点建设项目中，东北地区有 54 个。其中，辽宁省 24 项，黑龙江省 22 项，吉林省 8 项。由此，东北地区的工业得到了快速发展，带来了 GDP 增长率的迅速上升。随后进入"二五"计划的"大跃进"阶段，经济结构失衡，导致 GDP 增长率迅速下降。从平均水平来看，各省份 GDP 增长率的均值都大于 0，这表明改革开放以来东北三省的经济波动呈上升趋势。同时，在 20 世纪 90 年代之前，GDP 增长率曲线的波动情况较复杂，表明在这期间东北三省的经济呈现出不平稳的增长态势。这是由于在改革开放初期，我国实行的是计划经济，政府决策是影响经济波动的主要原因。到 20 世纪 90 年代以后，我国由计划经济转型为市场经济，市场本身的自我调节功能越来越大，从而 GDP 增长率趋于稳定，经济处于平稳增长的态势。

目前中国已成为全球第二大经济体，GDP 总值超百万亿，人均 GDP 超过 1 万美金，进入中等发达国家水平，尤其是在疫情中一枝独秀，率先实现复苏和增长，中国经济发展进入新阶段和新常态，中国经济新常态就是经济结构的对称态，在经济结构对称态基础上的经济可持续发展，包括经济可持续稳定增长。经济新常态是调结构稳增长的经济，而不是总量经济；着眼于经济结构的对称态及在对称态基础上的可持续发展，而不仅仅是 GDP、人均 GDP 增长与经济规模最大化。经济新常态就是用增长促发展，用发展促增长。经济新常态不是不需要 GDP，而是不需要 GDP 增长方式；不是不需要增长，而是把 GDP 增长放在发展模式中定位，使 GDP 增长成为再生型增长方式、生产力发展模式的组成部分。属于发展范畴、能够促进发展的可持续的增长速度越快越好，属于发展范畴、能够促进发展的可持续的高速增长是经济新常态的追求目标。把减速和高效画等号、高速和低效画等号、GDP 高速增长和经济过热画等号，把经济新常态定义为减速增效、增长速度降温是错误的，人为降低增长速度将导致"滞涨"的严重后果。

经济新常态就是在找准经济增长点、实现经济结构对称态的基础上实现经济高速可持续发展，其中包括高质量无水分的 GDP 高速可持续增长，即我们讲的"调结构稳增长"。为了实现调结构稳增长的目标，政府实行常态化的积极的财政政策是必要的，不能把我国政府积极的财政政策混同于西方资本主义国家政府周期性的"刺激经济"。根据再生经济学原理，无直接经济效益的长期基本建设投资永远优先于有直接经济效益的中短期基本建设投资，基本建设投资永远优先于生产资料生产投资，生产资料生产投资永远优先于消费资料生产投资。由于无直接经济效益的长期基本建设投资只能由政府实施，所以政府投资永远优先于民间投资。根据再生经济学原理，只有增量改革才有存量调整，只有新经济增长点才能优化旧产业结构，化解产能过剩，实现经济结构优化升级、增长方式转变、经济质量保证。根据再生经济学原理，投资永远主导消费，只有投资主导下的消费才有可持续消费，只有投资主导消费才有经济结构优化可持续增长与发展。由于节约有利于积累，积累有利于投资，投资有利于生产和经济发展，所以节约、居民高储蓄率有利于经济发展，而铺张浪费、寅吃卯粮不利于经济发展，所谓"消费拉动经济"是个伪命题。根据再生经济学原理，投资驱动和创新驱动是统一的，投资驱动和创新、创业、企业技术提升、产业结构升级、生产效率提高、增长方式转变、经济质量保证不但不矛盾而且内在一致。只有投资驱动，创新、创业、企业技术提升产业结构升级、生产效率提高、增长方式转变、经济质量保证才有基础；只有以创新、创业、企业技术提升、产业结构升级、生产效率提高、增长方式转变、经济质量保证为主导，投资驱动才有明确的目标与方向，投资才有效。

二、经济结构对投资时机的影响

新发展阶段下，建筑等传统经济占比下降，新经济、数字经济占比逐渐上升，新冠肺炎疫情更是加速了产业转型和升级。与此同时，区域经济发展不平衡逐渐拉大，东部和西部、南部和北部的发展差距日益显著。"十二五"中后期，全国不同地区工业投资增速的差距开始拉大。2013—2015 年，东部和中部地区工业投资年均增速分别为 15.2% 和 15.6%，各高于全国平均水平 2.5 和 2.9 个百分点；西部地区年均增长 10.6%，东北三省负增长 0.5%，各低于全国平均水平 2.1 和 13.2 个百分点。"十三五"以来，各地区间工业投资增长的结构分化态势进一步延续。2016—2018 年，全国工业投资年均增长 4.5%，东部和中部分别达到 5.5% 和 9.0%，西部和东三省仅 0.8% 和-10.5%（见下页表 3-1）；最高最低增速之差与全国平均增速的比值高达 4.33，远高于 2013—2015 年的 1.26。2018 年，东部和中部占全国工业投资比重分别由 2015 年的 42.3% 和 28.7% 升至 43.5% 和 32.6%，西部则由 20.8%降至 18.7%，东北三省降幅更大，由 8.2%降至 5.1%（见图 3-1）。从主要行业看，东部和中部地区在制造业投资上，与西部和东北三省的分化更为突出；东中部占全国制造业投资的比重达到 79.3%，高出 2015 年 3.9 个百分点，更高出 2012 年 87 个百分点。不同地区间投资增速差距持续扩大的原因在于：一是在工业增长越来越趋向转型升级和创新驱动的背景下，地区间创新要素集聚以及创新能力差异对工业投资特别是制造业投资的影响趋于显著，这也是导致区域新旧动能转换不平衡的深层次原因；二是对市场化程度不断提高的工业投资而言，营商环境的重要性日渐突出；三是已有产业结构的牵制和拖累，如东北经济发展高度依赖资源产业和重工业，导致现代服务业发展滞后、产业结构单一化和增长方式粗放化，在客观上助推了产能过剩，加剧了地区间投资结构的分化。

表3-1 2016—2018年各地区工业投资年均增长速度（%）

各地区	工业	采矿业	制造业	电热气水生产供应业
全国平均	4.5	−9.0	5.7	1.3
东部	5.5	−8.5	5.8	5.7
中部	9.0	−10.8	10.0	8.9
西部	0.8	−6.2	4.8	−7.5
东北三省	−10.5	−17.4	−11.6	5.1

资料来源：根据《中国统计年鉴》（各年）计算获得

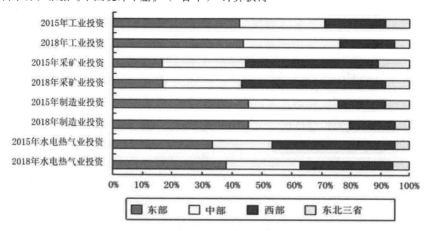

图 3-1 工业投资的区域构成（%）

资料来源：根据《中国统计年鉴》（各年）计算获得

三、宏观经济政策对投资时机的影响

（一）货币政策对投资时机的影响

针对外部宏观经济环境如何影响企业行为的研究，目前主要存在两种观点——供给冲击与需求变化。供给冲击观认为，外部宏观经济环境通过影响企业外部融资从而影响企业投资行为。如 Campello 等比较了融资约束与非融资约束企业在金融危机时期资本投资的变化，发现融资约束企业获取的外部融资支持更少，资本投资下降水平更高；Erel、 Custodio 等基于信息质量视角发现，在经济环境衰退时期，外部资金供给方更注重信息质量，进行投资安全转移（Flight to Quality）。需求变化观则认为，外部宏观经济环境通过影响市场需求从而影响企业投资行为。

如 Korajczyk 等认为,企业会有效利用外部宏观经济形势选择成本最低的融资方式;Kahle 等则发现,金融危机时期,依赖于银行信贷的企业资本支出并未下降,反而积累了大量现金,一定程度上表明金融危机引发了投资需求变化,进而影响企业资本投资活动。

对于我国货币政策如何影响企业创新活动,笔者认为主要由供给主导,即通过作用于企业的融资约束进而影响创新企业的投资活动与创新投资水平。原因如下:

第一,现有多数研究认为我国货币政策主要通过信贷渠道发挥作用,而且由于我国利率尚未完全实现市场化,这种信贷渠道往往通过信贷配给方式放贷给企业,价格机制的作用有限;第二,在我国银行主导的金融体系下,相对于资金需求方企业而言,银行作为资金供给方面临的竞争压力较低,能够在信贷契约中占据主导地位,当银根紧缩时,银行更为关注央行的信贷控制要求,而非企业的实际经营需求;第三,创新投资具有高风险、高资产专用性等异质性特征,加剧了资金供需双方的信息不对称,使得企业创新投资更依赖于内部资金。在面临银根紧缩的情况下,银行更为关注资金安全,为加强风险控制,对创新企业及其创新投资的放贷意愿下降,并且会提出更为严苛的契约条款,进一步加剧了融资约束。

对于创新企业而言,企业参与创新活动在一定程度上增加了企业自身的不确定性风险,包括研发失败风险、创新成果被模仿和抄袭风险等。即使信贷契约能够有效限制信贷资金用途,不直接为企业创新投资提供融资支持,债权人仍然承担着企业参与创新活动潜在的连带风险。当企业创新活动失败或创新成果被抄袭,企业未来现金流生产能力下降,便可能影响企业偿债能力,损害债权人利益。因此,在货币紧缩时期,相比其他企业,创新企业面临着更高程度的融资约束。

(二)财政政策对投资时机的影响

作为财政政策的重要组成部分,财政补贴也是支持企业投资的重要外部融资来源。投资尤其是创新投资不仅由于高风险的特性引发较高的融资约束问题,而且创新产出存在一定的溢出效应,具有公众品的属性,因而会造成一定的市场失灵、创新投资不足。而政府财政补贴则是解决市场失灵的有效手段之一:一方面,财政补贴资金能够为企业投资提供直接的资金支持,而且能够选择创新产出价值较高的项目进行投资；另一方面，企业获取财政补贴能够向市场传递积极效应，吸引更多外部投资者参与投资，表明政府财政补贴对于企业投资具有一定的激励效应。

可是，也有观点认为财政补贴并未对企业创新投资发挥有效的支持作用。首先，部分研究认为财政补贴对于企业创新投资的激励作用存在条件差异，只有在财政补贴达到一定规模的情形下才具有激励作用，或者财政补贴的激励效应仅在某些特定行业发挥作用。其次，财政补贴资金具有一定的挤出效应，挤出本该由企业内部资金与市场资金参与的创新投资活动；最后，财政补贴会加剧企业针对财政资源的争夺，诱发各种寻租行为，并未有效支持企业投资，往往是上市公司提升业绩、进行盈余管理的重要手段。因而，财政补贴对企业投资并未表现出明显的支持作用，而具有负面效应。

考虑到我国的制度环境，财政补贴是依据一定时期我国政府依据政治、经济和社会等政策目标而制定与实施的一项重要经济政策，是降低企业创新风险、增强企业创新动力的重要手段，具有较强的目的性与政策性；另外，财政补贴主要针对特定项目，具有特定性与专项性，而且我国财政补贴对于企业创新投资的支持主要体现在税收优惠与直接补贴上，具有一定的持续性，对激发企业创新动力、提升企业业绩具有一定的积极作用。此外，随着我国财政资金监管与税收监管机制的完善，企业利用财政补贴进行寻租行为的空间缩小，因而可以预期我国政府财政补贴对于企业投资具有重要的支持作用。

相比于货币政策，财政政策具有一定的独立性，政府可以利用财政补贴有效选择项目与企业进行支持，尤其在银根紧缩引发产业结构失调的情况下，财政补贴能够与货币紧缩形成互补，降低货币紧缩的不利影响。另外，政府财政补贴一般而言会结合企业投资项目的时间期限对企业提供资金支持，包括税收优惠与直接补贴，当货币紧缩使得企业其他融资来源下降时，企业创新投资可能更依赖政府财政补贴资金。

综上所述，货币政策通过影响企业融资行为进而作用于投资决策，然而却可能忽视了在货币政策紧缩的同时，市场需求不足，企业投资与政府财政补贴下降。在经济危机时期，财政补贴对企业创新投资存在一定的挤出效应，原因在于此时企业创新投资下降，但该效应并不具有持续性，一定程度上表明在宏观经济环境不利时期，企业创新投资的需求下降，因而财政补贴并未发挥很好的支持效应；另一方面，货币政策紧缩的同时，政府财政补贴资金供给也有所降低，难以对创新投资发挥更重要的支持作用。

第三节　东北老工业基地经济波动的特征分析

对东北老工业基地经济周期波动的研究，首先应总结梳理经济周期划分的标准和方法以及经济波动特征体系，之后采用直接判断法对东北地区经济周期进行划分。1966 年后东北地区经济波动可以划分为 11 个整周期，通过计算可得出各经济周期的周期长度及波动强度等特征，然后对改革开放前后的经济波动特征进行对比分析，认为改革开放后东北地区经济波动呈现波动长度延长、波动强度下降和周期扩张乏力等趋势。

一、经济波动的划分方法

一般来说，经济波动是指经济运行从谷底到谷底或从峰值到峰值的一个完整变化过程视为一次完整的周期波动。在此基础之上，随着经济理论的不断精进，学者从不同的角度研究经济周期，从而衍生出很多更为具体的标准，主要分为以下三种：

第一，直观判断法。这种方法是最为常见的经济周期划分方法。选定经济变量之后，观察其增长率并将其作为经济周期划分的参考指标，依据相关的经济周期理论，将一段时间内指标最低的年份作为周期的起点和终点，在此时间段内的参考指标的最大值是该周期的峰值，同时结合周期波动强度综合考虑，把一些波动强度不大的变动看作一个周期内包含的小波动。目前学者大多采用这种方法对经济周期进行划分。

第二，趋势线划分法。一些学者认为，经济变量的波动中包含趋势变化，一个时间序列的真实经济变量可以分为趋势分量和循环分量，循环分量即随机变量。

对真实经济变量进行分析有利于深入分析经济波动的形成机制。真实经济变量是一个包括趋势分量和随机变量的随机游走过程，趋势分量可以利用计量方法计算得出。在此基础上也可以计算出真实经济变量的循环分量，它的值是由真实经济变量与趋势分量之间的差值决定的。

通过计算得出经济变量的趋势分量和循环分量以后，利用这些数据对一定期限内的经济周期进行划分。学者普遍认为，在划分一个完整的经济周期之前首先要确定这个经济周期的起始点，而要想确定经济周期的起始点，就要了解经济周期各个阶段中变量的具体运动状态。具体来说，如果变量处于经济周期曲线的谷底与趋势线之间，且有向上变动的趋势，则经济处于复苏阶段，反之处于萧条阶段；如果变量处于经济周期曲线的峰顶与趋势线之间，且有向上变动的趋势，则经济处于繁荣阶段，反之处于衰退阶段。由于采取不同的计量模型得到的趋势分量不同，在真实经济变量一定的情况下，循环变量也会不同，这势必会影响到对经济周期的划分，无法保证结果的统一性和具有代表性，所以学者一般利用此方法对经济周期作简单划分。

第三，中位线划分法。通过对原始数据形成的波动情况进行分析，将波动曲线的最大值和最小值记录下来，取二者的平均值作为经济波动的中位线，以此值为参考值，判断各个周期的峰值和谷底值，并将各个周期达到谷底值的年份视为这个周期的终点。这种周期划分方法的主要理论依据是经济运行的理想状态，是没有周期波动的快速增长，时刻处于高位水平运行。由于经济运行会受到信息不对称、预期变化等不确定因素的影响，实际经济活动运行时会背离理想状态，围绕着理想状态上下波动。通过这种方法可以对经济波动成因进行研究，在此基础之上进一步测算出各个影响因素对经济运行的具体作用大小，为控制这些因素进而熨平经济波动提出针对性建议。

二、经济波动特征的度量体系

随着经济理论的发展，对经济周期特征的度量已经形成比较完善的指标体系，主要是通过计算经济周期长度测度一段时间内经济波动的频繁程度，通过计算经济波动强度测度经济的稳定性以及通过计算经济波动位势测度经济扩张或收缩能力，并通过判断周期内是否发生绝对量的变化确定经济周期的性质。

（一）周期长度

周期长度表示的是每个周期的时间跨度，多以年为单位。经济周期长度可以有效地反映出一定期限内经济波动发生的频繁程度。对比状态下，周期长度越小说明在此时间范围内经济波动发生得越频繁。经济周期长度又可以细化为两个部分，分别为波动扩张长度和波动收缩长度。波动扩张长度是指一个经济周期内变量向上运行的时间，具体而言就是经济变量处于复苏和繁荣阶段的具体时间跨度，其长度大小反映的是在一个经济周期内经济活动扩张增长的能力，其值占周期长度比重越大说明经济扩张力越大。波动收缩长度是指一个经济周期内变量向下运行的时间，具体而言就是经济变量处于衰退和萧条阶段的时间跨度，其长度大小反映的是在经济周期内经济活动抗衰退的能力，其值占周期长度比重越大说明经济越抗衰退。

（二）经济波动强度

对经济波动强度的测度主要从三个方面进行，包括经济波动振幅、绝对波动系数和相对波动系数。经济波动振幅用各个周期的峰位值和谷位值之间的差来表示；绝对波动系数用各个周期内选取指标的标准差来表示，一般会选取一定时期内的经济增长率；相对波动系数是指各个周期的绝对波动系数和选取的样本数据均值的比值。总体来说，前两个指标反映出各个周期内经济波动的绝对激烈程度，指标值越大表示经济波动绝对强度越大。与其他两个指标不同的是相对波动系数反映的是指标实际值与预测值之间的偏离度，其值的大小衡量的是经济稳定性的强弱，值越大说明经济越不稳定。

（三）经济波动位势

经济波动位势主要反映出整个经济周期内变量的平均增长水平，具体来说是对各个周期内的主要经济变量指标测算其平均值。在研究过程中，主要参考经济波动峰位值和谷位值的算术平均数或综合平均数。波动峰位值指的是各个周期的峰位指标值，表示经济扩张的强度，指标值越大表示经济扩张能力越强。波动谷位值指的是各个周期的谷底位置指标值，表示各个周期内经济体的抗衰退能力，指标值越大说明经济体越抗衰退。

（四）经济周期的性质

根据各个周期内选取的总量指标值是否发生绝对衰退，将经济周期分为古典型周期和增长型周期。第一类是古典型周期。这一种周期主要反映了选取的宏观经济变量的总量指标在一个经济周期内各个阶段的变化大小均进行绝对化衡量。在经济扩张阶段参考指标表现出绝对量的增长，在经济收缩阶段则表现为绝对量的减少。第二类是增长型周期。这一种周期不发生经济总量指标的绝对量的变动，主要指的是选取的指标值的相对水平随着时间的迁移不断变化，形成上下波动的态势。在经济扩张阶段参考指标值的增长率不断提高，在经济收缩阶段则表现为经济增长变慢。目前来看，经济周期多为增长型周期。

三、东北地区经济波动分析

（一）东北地区经济周期划分

本部分以 1965 年为基年，对 1966 年至 2017 年全国及东北三省的 GDP 增长率进行测算，并采取直观判断法对全国及东北地区的经济周期进行划分，进而对东北地区经济波动问题进行分析。对经济周期的划分主要通过两个方面来确定：一是经济周期的起点和终点的确定，将经济增长率有所增长的年份视为波动起点，将经济增长率短期内最小值对应的年份视为波动终点；二是波动强度的确定，各个经济周期内峰值与谷位值之间的差应大于该经济周期内平均经济增速的40%，以排除小波动的干扰。具体经济周期划分结果见下表 3-2。

表 3-2　经济周期划分结果

年份	全国		东北地区	
1966	10.7		13.1	
1967	−5.7		−9.31	
1968	−4.1		−1.36	
1969	16.9		19.09	
1970	19.4	周期1	20.33	周期1
1971	7		7.79	

续表

年份	全国		东北地区	
1972	3.8		0.19	
1973	7.9	周期2	11.21	周期2
1974	2.3		6.81	
1975	8.7	周期3	8.72	周期3
1976	−1.6		1.26	
1977	7.6	周期4	3.43	周期4
1978	11.7		11.12	
1979	7.6		4.49	
1980	7.8	周期5	9.01	周期5
1981	5.2		0.94	
1982	9.1		6.03	
1983	10.9		13.3	
1984	15.2	周期6	14.56	周期6
1985	13.5		10.34	
1986	8.8		6.95	
1987	11.6	周期7	13.53	周期7
1988	11.3		11.69	
1989	4.1		2.84	
1990	3.8		2.57	
1991	9.2	周期8	6.27	周期8
1992	14.2		10.84	
1993	13.5		12.86	
1994	12.6		11.17	
1995	10.5	周期8	8.09	
1996	9.6		9.91	
1997	8.8		9.2	
1998	7.8		8.43	
1999	7.1		8.03	
2000	8		8.8	
2001	7.5		9.12	
2002	8.3	周期9	10.09	周期9
2003	9.5		11	

续表

年份	全国		东北地区	
2004	9.5		12.45	
2005	15.7		18.33	
2006	17.1		15.18	
2007	23.1	周期 10	18.92	周期 10
2008	18.2		20.53	
2009	9.2		9.4	
2010	18.2		20.56	
2011	18.4		20.97	
2012	10.4	周期 11	11.13	周期 11
2013	10.1		8.37	
2014	8.1		4.93	
2015	7		4.26	
2016	7.9	周期 12	−9.92	周期 12
2017	10.9		4.22	

（二）东北地区经济波动特征及变化趋势

通过对东北地区 1966 年以来发生的经济波动进行分析，并对各经济周期的特征值进行测算，进而对改革开放前后的东北地区及全国的经济波动特征的总体变化趋势进行对比分析，主要结论如下：

第一，改革开放后周期波动长度呈延长趋势。由表 3-1 可知，从 1966 年到 2017 年的 51 年间，东北地区共有 11 个完整周期。改革开放以来发生了 7 次周期波动，目前东北经济处于扩张阶段，显而易见改革开放后东北地区的经济波动频率下降，且始终与我国经济波动统一步伐。此外，改革开放前东北地区平均周期长度为 3 年，改革开放后东北地区平均周期长度为 7 年，通过对改革开放前后平均周期长度对比，明显可知东北地区经济波动的平均经济周期长度呈延长趋势，且经济稳定性在不断提高。

第二，改革开放后经济波动强度呈下降趋势。通过对全国及东北地区的经济波动振幅、绝对波动系数的计算，结果显示从 1968 年开始，东北地区波动强度呈下降趋势。具体来说，1968 年至 2015 年间的波动振幅为 9.7，改革开放前的波动振幅值为 10.31，改革开放后值为 9.37。改革开放前后绝对波动系数的变化情况与波动振幅的变化情况大致一样，1968 年至 2015 年间的绝对波动系数值为 4.07，这一指标在改革开放前为 4.61，而在改革开放后这一指标的值降为 3.76。

第三，东北地区经济周期扩张乏力。对全国及东北地区各个周期经济增长率特征值进行测算，结果显示，改革开放后我国各个周期内经济增长率的平均值相较于改革开放前有大幅度的提高。与此同时，我国经济波动谷位值也大幅度提高，说明我国经济的周期扩张力及抗衰退能力增强。而东北地区相较于全国平均水平来说，各个周期内经济增长率的平均值及谷位值未有明显提高，说明东北地区经济周期扩张缺乏张力，抗衰退能力较弱，相对于全国其他地区沉降特征明显。

第四节　东北老工业基地固定资产投资对经济波动影响的实证分析

凯恩斯经济周期理论主要从需求层面来解释经济周期波动形成的原因，该理论认为，投资冲击是导致经济波动的根本性原因。对东北地区经济周期波动特征以及固定资产投资现状和经济波动现状分析研究，认为东北地区经济周期的波动特征在改革开放前后发生明显变化。为进一步探索固定资产投资对经济波动的具体影响作用，本章选取 1994 年至 2017 年间省级面板数据，从需求层面探索固定资产投资对东北地区经济周期波动的影响作用。

一、模型设定

（一）理论模型设定

本文将选取东北三省固定资产投资额和 GDP 作为衡量经济周期波动的指标，力图分析固定资产投资对东北地区经济周期波动具体起到怎样的影响作用，因而本章将利用计量模型分析研究东北地区固定资产投资额的变动对 GDP 变动的影响，本文的计量模型是：

$$\ln GDP_{it} = c + a\ln FAI_{it} + \beta Z_{it} + \mu_{it} \qquad\qquad 3.1$$

式 3.1 中的 $\ln GDP_{it}$ 表示第 i 个省份在第 t 年的 GDP 的对数形式，$\ln FAI_{it}$ 表示第 i 个省份在第 t 年的固定资产投资总额的对数形式，Z 为相关控制变量的集合，Z 包括上期的政府财政支出的对数（$\ln G$）、消费需求水平的对数（$\ln CONS$）。

（二）变量选取及数据来源

1. $\ln GDP$：经济周期波动指标，相关数据来源于各地区统计年鉴。

2. $\ln FAI$：固定资产投资额，本文选取东北三省农林牧渔业、制造以及采矿业、批发以及零售业、金融业、建筑以及房地产行业、住宿餐饮业等个体经济、集体经济、国有经济及其他经济的固定资产投资总额，数据来源于各地区统计年鉴。

3. $\ln CONS$：消费需求水平，本文采用辽吉黑三省居民消费数据来表示东北地区的消费需求水平，数据来源于各地区统计年鉴。

4. $\ln G$：政府支出水平，数据来源于各地区统计年鉴。

（三）变量的描述性统计

本部分选取 1994 年至 2017 年间东北三省省级面板数据，对固定资产投资对东北地区周期性波动的影响作用进行实证分析。表 3-3 是对 1994—2017 年我国东北地区辽吉黑三省的面板数据的描述性统计，样本观测值共有 288 个，对人均 GDP、固定资产投资总额、消费需求水平、政府财政支出等变量进行描述性统计分析，结果见下表。

表 3-3　变量描述性统计

	变量符号	变量含义	均值	最大值	最小值	中位数	标准差
被解释变量	$\ln GDP$	人均 GDP	8.720	10.262	6.843	8.720	0.887
解释变量	$\ln FAI$	固定资产投资额	7.938	10.131	5.712	7.949	1.289
	$\ln CONS$	消费需求水平	8.784	10.121	7.508	8.586	0.703
控制变量	$\ln G$	政府财政支出	6.855	8.556	4.650	6.810	1.143

数据来源：根据《中国统计年鉴》（1995 年—2018 年）相关数据整理编制。

二、平稳性检验

在回归分析之前，有必要验证面板数据模型的数据平稳性。非平稳时间序列倾向于显示一些共同的趋势，实际上可能不相关，因此对这些数据做回归分析，尽管可决系数高，但是通过这样的方式进行回归的结果是错误的，我们将其称为虚假回归。数据平稳意味着时间序列除去不变均值及时间趋势之后的剩余序列是均值为零和方差相同的白噪声。本节将对各省级面板数据进行平稳性检验，以避免虚假回归的发生，保证回归分析结果的真实可靠性。本文选用单位根检验对各序列进行平稳性判断，即检验 lnGDP、lnFAI、lnCONS、lnG 是否平稳。如果测算结果显示原序列均不平稳，那么对原序列做一阶差分后再做检验，即判断一阶差分序列 DlnGDP、DlnFAI、DlnCONS、DlnG 是否平稳。如果一阶差分序列仍然都不平稳，那么进行二阶差分检验，以此类推直到检验序列均达到平稳状态。如表 3-4 中所示，单位根检验常用四种方法，这四种方法又可以根据是否允许各截面序列具有不同单位根分为两类。具体来说，一类是 LLC 检验和 Breitung 检验，这两种检验方法只有在各截面序列具有相同单位根的情形下才能进行有效测算；另一类是 IPS 检验和 ADF 检验，这两种检验方法可以在各截面序列具有不同单位根的情形下进行有效测算。本文利用这四种检验方法对东北三省省级面板数据进行平稳性检验，结果如表 3-4 所示。

表 3-4　面板数据平稳性检验

变量	LLC 检验	Breitung 检验	IPS 检验	ADF 检验
lnGDP	2.09822	1.87801	-1.29127*	9.53683
DlnGDP	-2.14708***	-0.07053	-1.69220**	12.7053**
lnFAI	0.15438	0.22156	-0.33694	9.60617
DlnFAI	-2.89084***	-1.40817*	-2.20947**	15.9547**
lnCONS	-1.49773*	0.71592	-1.17729	2.09035
DlnCONS	-4.08307***	-1.99350**	-4.02058***	28.2371***
lnG	1.94660	1.7059	-1.11474	8.65701
DlnG	-2.90192***	-2.35512***	-2.31979**	15.3778***

注："*"、"**"和"***"分别表示在 10%、5%和 1%的显著性水平下显著。

从检验结果上看，lnGDP、lnG 的检验统计值，都高于对应置信水平是 10% 时的临界值，即无法拒绝"存在单位根"这一零假设，而 lnGDP 除了 IPS 检验在 10% 的显著性水平拒绝原假设以外，其他三个检验均未通过，lnCONS 除了 LLS 检验在 10% 的显著性水平拒绝原假设以外，其他三个检验也均未通过。在判断截面序列是否通过平稳性检验时，一般要求至少通过两类检验方法中的一种检验，否则序列不能通过平稳性检验，即判定序列是非平稳的，所以 lnGDP、lnFAI、lnCONS、lnG 均不平稳。接下来对 lnGDP、lnFAI、lnCONS、lnG 作一阶差分处理，如表 3.4 所示，DlnFAI、DlnCONS、DlnG 都通过了平稳性检验，说明 DlnFAI、DlnCONS、DlnG 在一阶差分之后具有平稳性。对于 DlnGDP，除了 Breitung 检验未通过以外，其他三个检验均在 1%或者 5%的显著性水平拒绝原假设，所以 DlnGDP 也通过平稳性检验。因此，传统计量回归分析和检验不再适用，而因为 DlnGDP、DlnFAI、DlnCONS、DlnG 均是一阶单整序列，符合协整检验的条件，所以本部分使用协整检验来验证 lnGDP、lnFAI、lnCONS 和 lnG 之间的长期稳定关系。

三、协整检验

协整检验的基本思路是不平稳的序列之间可能会有长期均衡关系，也就是说多个序列能构成平稳的组合，这种线性关系即为变量之间的协整关系，反映选取的经济变量之间的相互作用。从平稳性检验的结果可以看出 lnGDP、lnFAI、lnCONS 和 lnG 这四个变量之间是一阶单整的，为了避免回归方程出现伪回归，需要检验变量之间是否存在稳定比例关系，即进行协整检验。本文利用 Kao 检验方法对 lnGDP、lnFAI、lnCONS 和 lnG 这四个变量之间的关系进行测算，检验结果见表 3-5。

表 3-5　Kao 检验结果

检验方法	t统计量	p值
ADF	−2.118198	0.0171

Kao 检验是判断变量之间是否有协整关系的一种常用方法，它的原假设是变

量之间不存在协整关系，从表 3-5 中可以看出，检验 P 值为 0.0171 小于 0.05，因此在 5%显著水平下拒绝原假设，也就是说 lnGDP、lnFAI、lnCONS 和 lnG 这四个变量之间存在长期稳定均衡关系。

四、约束检验

根据对变量和时序的不同假定，面板数据模型分为两大类，包括变截距模型和变系数模型，变截距模型也分为固定效应模型和随机效应模型。与变截距模型一样，变系数模型也可以进行细化分类。具体来说，如果模型中不同的个体有不同的截距，则选择固体效应模型；如果模型截距不仅与个体有关，还与经济结构相关，结构参数随个体变化而变化，则选择随机效应模型；如果面板数据在时间和截面个体上均无明显差异，则选择混合截面模型。为了保证模型的合理性，确定固定资产投资与经济波动之间的具体关系，还要对模型进行约束检验，判断模型是否存在个体效应和时间效应，即判断模型是否为混合截面模型，之后进行 Hausman 检验判断模型形式为固体效用模型还是随机效用模型，最后即可确定模型的合理形式。约束检验结果如表 3-6 所示。

表 3-6　约束检验结果

检验方法	统计量	自由度	P 值
Cross-section F	7.289458	(2,43)	0.0019
Cross-section Chi-square	21.020858	2	0.0000
Period F	0.583551	(23,43)	0.9162
Period Chi-square	19.559042	23	0.6683
Cross-section /Period F	9.319123	(25,43)	0.0000
Cross-section/Period Chi-square	133.856731	25	0.0000

从表 3-6 中可以看出，个体效应检验的 P 值为 0.0019，远小于 0.01，所以在 1%显著水平下拒绝了原假设，而时间效用检验的 P 值为 0.9162，接近 1，所以强烈接受原假设。通过约束检验结果分析可知，回归模型中只有个体效应没有时间效应。

五、模型回归结果

在约束检验之后应该进行 Hausman 检验，确定模型合理形式。由于本文选取东北三省的省级面板数据，而模型建立包括自变量、因变量和控制变量等三个变量，因此本文将采用个体固定效应模型对变量 lnGDP、lnFAI、lnCONS 和 lnG 进行回归分析。模型回归结果如表 3-7 所示。

表 3-7　模型回归结果

Variable	Coefficient	Std.Error	t-Statistic	Prob.
C	2.318857	0.365853	6.338224	0.0000
lnFAI	0.203750	0.035941	5.668952	0.0000
lnCONS	0.274634	0.077376	3.549324	0.0007
lnG	0.345969	0.073601	4.700625	0.0000
Fixed Effects(Cross)				
ln--C	0.164539			
HLJ--C	0.024978			
JL--C	-0.189516			

回归方程估计为：

$$lnGDP=2.319+0.204lnFAI+0.275lnCONS+0.346lnG$$

(0.036)　　　　(0.077)　　　　(0.073)

其中，括号里为相应系数的标准差。

凯恩斯经济周期理论主张投资波动是经济波动的主要推动力，从实证结果分析可知，固定资产投资的回归系数为 0.204，且通过了显著水平为 1%的显著性检验，表明固定资产投资对经济波动表现为正向推动作用，固定资产投资回归系数 0.204 还表明固定资产投资只要提高一个百分点，对经济波动的贡献率为 0.204 个百分点。消费需求水平经济波动贡献系数是 0.275，较高于固定资产投资的经济波动贡献率，也进一步表明东北地区由投资驱动型经济发展模式逐步向消费驱动型经济发展模式进行转变。政府财政支出经济波动贡献系数为 0.346，远高于固定资产投资经济波动贡献率，表明东北地区政府支出在经济周期波动中发挥较大作用。

第五节 东北老工业基地投资时点选择对策建议

一、政府投资时点选择对策建议

1.在经济周期的衰退期

政府应该慎重大幅度投资。在此阶段，经济逐步出现滑坡现象，此时若是大幅度投资，会造成政府严重的财政赤字。而且此时资金应该处于紧缺状态，大力投资容易造成资金链短缺，会产生项目空置现象。此时应该适当进行投资，以便对宏观经济产生相应的刺激作用，并同时可以获知到达经济萧条期的时间。

2.在经济周期的萧条阶段

经济滑落到谷底，不可能出现更差的情况，此时，政府应该着手进行固定资产的投资，在经济周期本身运行规律的基础上进一步促进经济的复苏，但不宜大刀阔斧似地投资，因为萧条期的时间段可能延续很多年，如果倾力投资，可能会导致投而不收现象。

3.经济周期的复苏阶段

经济逐步出现好转，此时是投资的最佳时期，这一阶段政府应该稳步投资幅度，在保持原有投资不变的基础上，适当扩大投资，促进经济发展。

4.处于经济周期的顶峰时

即在繁荣期不宜进行投资，这一时期经济过热，表面的繁荣容易影响人们投资的选择，误以为经济的繁荣会持续下去。但依据周期规律，繁荣期是衰退期的开始，所以此阶段不应该大力投资。

依据以上观点，笔者为了便于将指标量化，对投资时四种周期的不同选择划分了四级，复苏期为一级，评价值区间［75，100］；萧条期投资为二级，评价值区间［50，75］；衰退期投资为三级，评价值区间［25，50］；繁荣期投资为四级，评价值区间［0，25］。具体评价值通过专家调查法确定。

二、企业投资时点选择对策建议

企业在进行投资时点的选择时，主要考虑国家的宏观经济环境，考虑经济周期所在阶段的情况。虽然与政府考虑的首要关键因素相同，但企业在进行时点的选择时却与政府稍有不同。

经济波动的周期性变化，实则是给企业决策的选择提供一定的契机与挑战，因为并不是周期的每一个阶段都适合企业的发展，企业的发展必须迎合宏观的经济波动趋势。企业与政府不同，企业的首要目标是投资的经济效益，并不会十分顾及社会效益和环境效益等其他公共性的因素。因此企业在进行投资时点的选择时需要注意：如果处于经济周期的衰退阶段，企业必须停止投资，因为在此时投资，宏观的经济走向处于滑坡阶段，社会中的资本流动少，投资项目并不能很好地与社会中的财富进行互动，获得收益的可能性极小，而且承担的风险较大；在经济周期的萧条阶段，企业可以逐步开始投资项目，因为萧条期的持续时间短，投资项目的建成同样需要持续一段时间，此时如果萧条持续期与项目建设期能够很好地拟合，那么企业就能在经济复苏阶段最先抓住发展的契机，在同行业中脱颖而出，获得高额利润与发展。因此对于企业来讲，此阶段需要准确预测萧条期的持续时间，才能更好地与投资项目进行拟合；复苏期时，企业需要稳步提高投资额度，顺应经济回升趋势，以获取更大收益；在经济周期的繁荣阶段，企业应该遏制投资，繁荣过后即是经济全面衰退的开始，企业必须停止投资，贮存资金，以便在萧条期和复苏期获得发展。依据以上分析，笔者将不同投资时期的选择划分为三个等级，繁荣期与衰退期投资为一级，评价值区间为［0，35］；萧条期投资为二级，评价值区间为［35，70］；复苏期投资为三级，评价值区间为［70，100］。具体评价值的确定通过专家调查法获得。

三、投资时机评价的指标体系及方法

（一）指标体系

通过焦点问题法，将此次研究中的焦点问题即投资重点、投资时点和投资地点进行综合性分析与研究，确立并完成了政府和企业在进行投资时相关指标体系的模型构建。

（二） 评价模型

政府与企业的投资决策系统涉及社会、政治、经济、环境、国防等多方面的因素，在系统内部存在着多个不确定的、模糊的因素，影响投资决策的因素混乱且复杂，每一种因素的变动都会影响投资决策的执行。与政府和企业投资决策相关的许多社会、经济、环境和国防因素的参数，是在估算和预测的基础上获得的，具有不确定性和模糊性，进而说明构成投资决策系统的影响因素本身就是模糊性变量，难以用具体点值来对投资决策系统中的指标进行量化。因此，笔者认为应该采用模糊综合评价法，对政府和企业投资决策中的重点、时点及地点的选择进行判定。

政府和企业投资中三点综合选择的评价系统属于三级因素系统，其模糊综合评判的具体步骤如下：

第一步：建立有关的模糊集（因素集、权重集、评语集）

通过评价指标体系表定义第一层次准则层因素集为 $U=\{u_1,\ u_2,\ \dots,\ u_n\}$，A 为 U 的重要程度模糊子集，相应准则层的权重集为 $A=\{a_1,\ a_2,\ \dots a_n\}$，其中 a_1 表示 U 中第 i 个因素的权重，并且满足 $n_i=1\ a_1=1$。

第二层次要素层的因素集为 $U=\{u_{i1},\ u_{i2},\ \dots,\ u_{im}\}$，$i=1,\ 2,\ \dots n; j=1,\ 2,\ \dots m$，相应要素层各指标权重集为 $A=\{a_{i1},\ a_{i2},\ \dots a_{im}\}$，其中 $a_{ij}(j=1,\ 2,\ \dots,\ m)$表示因素 u_{ij} 在 u_i 中的比重，$m_j=1\ a_{ij}=1$。

第三层次指标层因素集为 $U_{ij}=\{u_{ij1},\ u_{ij2},\ \dots,\ u_{ijm}\}$，$k=1,\ 2,\ \dots 1$，相应指标层的权重集为 $A_{ij}=\{a_{ij1},\ a_{ij2},\ \dots a_{ijl}\}$，其中 $a_{ijk}(k=1,\ 2,\ \dots,\ l)$ 表示因素 u_{ijk} 在 u_{ij} 中的权重，$l_k=1\ a_{ijk}=1$。以此类推。定义抉择评语集 $V=\{v_1,\ v_2,\ \dots,\ v_P\}$，其中 $k=1,\ 2,\ \dots,\ p$，在此处取 $p=5$，$v_1,\ v_2,\ v_3,\ v_4,\ v_5$ 分别代表评语是很强、较强、中等、较弱、很弱。

第二步：构造模糊评判矩阵

首先对评价因素集中的 u_i 的子因素 $u_{ij}(i=1,\ 2,\ \dots,\ n; j=1,\ 2,\ \dots,\ m)$ 作单

因素评判，根据因素 u_{ij} 确定 u_{ij} 因素对抉择等级 $v_k(k=1, 2, \ldots, p)$ 的隶属度 r_{ijk}，从而得出因素 u_{ij} 的单因素评判集：$r_{ijk}=(r_{ij1}, r_{ij2}, \ldots, r_{ijp})$（$i=1, 2, \ldots, n; j=1, 2, \ldots, m$)它是抉择评语集 V 上的模糊子集。由因素 u_{ij} 的单因素评价集构造出因素 u_i 的总的模糊评价矩阵 R_i。

$$R_i = \begin{bmatrix} r_{i11} & r_{i12} & \cdots & r_{i1p} \\ r_{i21} & r_{i22} & \cdots & r_{i2p} \\ \vdots & \vdots & \vdots & \vdots \\ r_{im1} & r_{im2} & \cdots & r_{imp} \end{bmatrix}$$

R_i 指的是评价因素论域 u_i 到抉择评语论域 V 的模糊关系，r_{ijk} 表示因素 u_{ij} 对于第 k 级抉择等级 v_k 的隶属度。

第三步：模糊综合评判模型的建立

假设 B 是因素 U 的模糊评判向量，根据表可知，此指标体系需要进行三级模糊综合评价，最终模糊综合评判模型为：

$$B = A \cdot R_1 = (a_1, a_2, \ldots, a_m)$$

$$\cdot \begin{pmatrix} r_{11} & r_{12} & \cdots & r_n \\ r_{21} & r_{22} & \cdots & r_{2n} \\ \vdots & \vdots & \vdots & \vdots \\ r_{m1} & r_{m2} & \cdots & r_{mp} \end{pmatrix} = (b_1, b_2, \cdots, b_n)$$

对 $B = (b_1, b_2, \ldots, b_n)$ 进行归一化处理，取 $b_k = \max\{b_1, b_2, \ldots, b_n\}$，则政府和企业投资的综合选择水平的模糊综合评判结果为评语。

第四步：评价等级和隶属度的确定

在对投资的综合选择水平中具体子因素进行等级评判时，可将评语集划分为"很强、较强、中等、较弱、很弱}"五级。依据投资的综合选择水平中的指标特点，笔者认为应该依据模糊统计方法来确定因素评价等级的隶属度。对于能够获取到评价等级最高、最低标准的定量指标，其隶属度的确定有以下公式：

$$正指标隶属度=\frac{当期值-最小值}{最大值-最小值}$$

$$正指标隶属度=\frac{最大值-当期值}{最大值-最小值}$$

第五步：确定综合评判结果

依据评价矩阵，将权重与隶属度代入评价矩阵，最后计算出总的政府和企业投资的综合选择水平，对评价结果进行分析并在横向上与其他不同项目、不同时点或不同选址情况下的评价结果进行比较，最终确定是否进行投资，进行哪项投资。

四、"十四五"时期东北老工业基地投资时机选择的思路

"十四五"时期，高质量发展已成为时代主题，推动我国经济持续稳定增长的不是投资强刺激，而是知识创新及其派生的技术进步。工业投资发展的基本思路与重点任务应当是紧紧抓住供给侧结构性改革这一主线，坚持把做实做强做优实体经济作为主攻方向，坚持调结构、促转型的投资导向，积极扩大先进制造业和战略性新兴产业投资，加大企业创新研发投入和关键核心技术攻坚力度，加大技术改造投入力度，牵引带动传统产业转型升级，围绕国内国际双循环，努力提高产业链供应链的稳定性和现代化水平。

（一）积极扩大先进制造业和战略性新兴产业投资制造业是振兴实体经济的主战场

发展先进制造业是我国补齐产业基础能力短板、抢占未来产业制高点的重要途径，也是参与国际竞争的先导力量。"十四五"时期，需在现有产业基础上厘清先进方向，努力扩大高技术或高端制造业投资，优化供给结构，培育新的增长动能。积极发展新一代信息技术、高端装备、智能网联及新能源汽车、新能源、生物医药及高性能医疗器械、新材料、节能环保等新科技驱动的战略性新兴产业，推动先进技术、前沿技术的工程化转化和规模化生产，在抢占新兴产业发展先机的同时，力争形成一批不可替代的拳头产品。加速培育应用数字技术的智能制造业，着重企业的提升系统集成能力、智能装备开发能力和关键部件研发生产能力，以机器人及其关键零部件、高速高精加工装备和智能成套装备为重点，大力发展

智能制造装备和产品。针对内需消费升级，还要重点发展下一代移动通信终端、超高清视频终端、可穿戴设备、智能家居、消费级无人机等新型信息产品，以及虚拟现实、增强现实、智能服务机器人、无人驾驶等前沿信息消费产品。

（二）加强基于自主创新的研发投入强度，尽快突破一批关键核心技术

当前，国内关键基础材料、核心基础零部件、先进基础工艺、产业技术基础等关键核心技术受制于人，已越来越成为制约我国经济高质量发展的瓶颈。习近平总书记指出："关键核心技术是要不来、买不来、讨不来的。只有把关键核心技术掌握在自己手中，才能从根本上保障国家经济安全、国防安全和其他安全。"企业是技术创新的主体，掌握关键核心技术，企业责无旁贷。事实表明，一些领域的关键核心技术研究难以取得突破，一个重要原因就在于企业技术创新能力不强。"十四五"期间，要充分发挥市场的牵引作用和企业在技术创新中的主体作用，由企业牵头研发具有市场竞争力的关键核心技术，使企业成为创新要素集成、科技成果转化的生力军；通过聚焦集成电路芯片、生物科技、航空航天、核心部件等一批"卡脖子"关键前沿技术短板，以更大力度加大研发创新投入，全面加强核心技术攻关，加快研究实施关键零部件、核心技术的可替代性措施，努力在自主可控方面实现历史性突破。充分发挥集中力量办大事的制度优势，强化创新协同与配合，创造有利于新技术快速大规模应用和迭代升级的独特优势，加大技术成果转化应用投资，加速成果转化，提升产业链水平。

（三）加大有效技改投入力度，着力牵引推动传统产业转型升级

技术改造投资具有投入少、产出多、周期短、效益高等特点，能使已有项目"老树发新芽"。"十四五"期间，通过结构性调整和技术改造，提升传统产业技术能力，使发展重心转向高附加值的产业领域或产业链环节，不仅有利于增强企业的市场竞争力，也有利于夯实实体经济之基。加大技改投资力度，除保持必要的投入强度，关键在于把握好投资的方向，引导企业把资金实实在在地投向新技术、新工艺、新设备、新材料等领域。通过设备更新改造，尤其是以信息化、自动化、智能化、供应链管理为重点的技术改造，强化企业在核心基础零部件（元器件）、关键基础材料、先进基础工艺、产业技术基础等方面的技术水平和能力；通过重新梳理战略理念以及导入新技术、新工艺、新装备和网络技术，实现流程创新、产品创新和模式转变，以更多符合市场需要的高附加值产品来取代传统的

落后产品。聚焦延链、补链、强链，加快推动传统制造业智能化、数字化、高端化、绿色化改造项目，加快互联网、大数据、人工智能和实体经济深度融合的步伐，培育新增长点，形成新动能。

（四）聚焦双循环推进全产业链投资，提高产业链供应链稳定性与竞争力

内需的崛起和高级化是促进工业投资稳定增长的重要支撑。对两头在外的外向型企业来说，抓住内需消费升级的历史机遇，摆脱对国际市场的过度依赖，必须进行深刻的转型，锻长板、补短板。锻长板是强化既有成本领先优势，弱化外需增长停滞的不利影响；把握内循环替代时机，巩固、改善、创新产业链供应链。补短板是通过加大研发和设计投入、建设自主营销体系，使业务范围从低端加工制造环节，向"微笑曲线"两端高附加值的研发、设计、品牌、营销、再制造等环节延伸拓展，乃至进行全产业链扩展；淘汰市场衰退、需求下降的产品和技术，转向需求增长较快、需求收入弹性较高、发展潜力较大的产品和领域。在产业层面，要注重发挥超大规模的市场优势，鼓励和引导优势企业进一步强化全产业链特征，推动产业基础高级化和产业链现代化；积极吸引和对接全球创新资源，通过国际产能合作、绿地投资、跨国并购等优化全球布局，提升跨国合作创新水平和协作制造能力。

（五）大力促进融通创新投资，塑造产业链价值链创新合力

融通创新与传统技术创新的不同在于它更强调创新链条前后端联系的紧密性、知识分享的动态性和风险共担的多元性。"十四五"时期，融通创新不仅是企业构建创新生态系统的重要抓手，也是提高创新绩效、分担创新风险的重要基础。

推动大中小企业和各类主体融通创新，一是促进基础研究、应用研究与产业化更好对接，鼓励更多企业进入基础研究，打通创新链；二是强化大中小微企业和高校院所、企业、创业者之间紧密协同的纽带，更好地衔接创新链和产业链；三是连接创新供给与需求，使创新和生产更多的从"刚性"走向"柔性"、从排浪式走向定制化，把创新链和产业链真正转换为价值链。特别要注重发挥龙头企业的带动作用，吸引产业链上下游企业集聚，依托产业链补链和服务链升级，形成和完善互促共生的产业生态圈，促进协同创新，发挥产业链价值链创新合力。

第四章　投资项目选择与产业政策的关联度研究

第一节　产业政策概述

一、产业政策的概念

产业政策是国家制定的，引导国家产业发展方向、引导推动产业结构升级、协调国家产业结构、使国民经济健康可持续发展的政策。产业政策主要通过制定国民经济计划（包括指令性计划和指导性计划）、产业结构调整计划、产业扶持计划、财政投融资、货币手段、项目审批来实现。产业政策是政府为了实现一定的经济和社会目标而对产业的形成和发展进行干预的各种政策的总和。产业政策的功能主要是弥补市场缺陷，有效配置资源；保护幼小民族产业的成长；熨平经济震荡；发挥后发优势，增强适应能力。

二、产业政策的内容

（一）产业结构政策

即根据经济发展的内在联系，揭示一定时期内产业结构的变化趋势及其过程，并按照产业结构的发展规律保证产业结构顺利发展，推动国民经济发展的政策。它通过对产业结构的调整而调整供给结构，从而协调需求结构与供给结构的矛盾。调整产业结构包括：根据本国的资源、资金、技术力量等情况和经济发展的要求，选择和确定一定时期的主导产业部门，以此带动国民经济各产业部门的发展；根据市场需求的发展趋势来协调产业结构，使产业结构政策在市场机制充分作用的基础上发挥作用。

（二）产业组织政策

通过选择高效益的，能使资源有效使用、合理配置的产业组织形式，保证供给的有效增加，使供求总量的矛盾得以协调的政策。实施这一政策可以实现产业组织合理化，为形成有效的公平的市场竞争创造条件。这一政策是产业结构政策必不可少的配套政策。

（三）产业布局政策

即产业空间配置格局的政策。这一政策主要解决如何利用生产的相对集中所引起的"积聚效益"，尽可能缩小由于各区域间经济活动的密度和产业结构不同所引起的各区域间经济发展水平的差距。

三、产业政策的作用

1.调控经济结构。即调控产业结构、产业组织结构、产业区域布局结构，使社会资源在各产业、行业、企业、地区之间得到合理配置，逐步实现产业结构的优化。

2.影响经济的长期发展。即改造产业结构，实现产业结构的优化，促进经济的增长，必须经过长期的努力。

3.产业结构政策、产业组织政策、产业区域布局政策表现为"集合"政策。每一种具体政策都以市场机制的调节为依据，对市场起着直接调控、对企业起着间接调控的宏观作用。

4.调节供给。即通过促进或限制某些产业的发展，改造产业结构，调整各产业之间的相互关系，使供给总量和结构都能满足需求，实现供给和需求总量、结构的平衡。

四、产业政策的形式

中国的产业政策极少以法律的形式出现，主要为"规划""目录""纲要""决定""通知""复函"之类的文件。如《船舶工业调整振兴规划》《船舶工业中长期发展规划》《国家产业政策指导目录》等等。

第二节　投资项目概述

投资项目是投资对象的总称。通常指包括成套投资建设工程项目在内的一个投资单位，亦称"投资建设项目"。项目内的各项投资密切相关，即各项投资具有共同的目标，在技术上、经济上存在着内在联系，在管理上有必要作为一个单位进行规划决策、筹集资金和组织实施。一个投资项目还必须与其他的投资保持一定的独立性，即在投资目标及项目的技术、经济或管理方面，区别于其他投资。

项目按照不同的划分标准，可以划分为不同的类型：

一、按其性质不同，可分为基本建设项目和更新改造项目

基本建设项目是编制和实施基本建设计划的基层单位，指在一个总体设计或初步设计的范围内，由一个或几个单项工程组成、经济上实行统一核算、行政上实行统一管理的建设单位，一般以一个企业（或联合企业）、事业单位或独立工程作为一个建设项目。为了计划和管理的需要，建设项目可以从不同角度进行分类：

按项目的建设阶段，分为前期工作项目、筹建项目、施工（在施）项目、竣工项目和建成投产项目；

按建设的性质，分为新建项目、扩建项目、改建项目、迁建项目和重建、技术改造工程项目；

按建设规模和对国民经济的重要性，分为大型、中型、小型项目；

按隶属关系，分为主管部直属项目和地方项目；

按其投资效益，可分为竞争性项目、基础性项目、公益性项目。

此外，建设项目还可按管理系统或国民经济部门划分，前者不论其建设内容是属于哪一国民经济部门，只按项目的所在单位在行政上（或业务上）属于哪个主管部归口管理而定；后者是按项目建成投产后的主要产品种类或工程的主要用途划分，而不论其隶属于哪个管理系统。例如，冶金工业部建设的冶金机械厂和学校，按管理系统划分，属于冶金工业部系统；按国民经济部门分类，则分别属于机械工业项目和教育事业项目。

更新改造项目是指企业利用基本折旧基金、国家更改措施预算拨款、企业自有资金、国内外技术改造贷款资金，对现有企业的设施及辅助性装置进行改造。

二、按用途不同，可分为生产性项目和非生产性项目

生产性工程项目是指直接用于物质资料生产或直接为物质资料生产服务的工程项目。生产性工程项目主要包括：①工业建设项目，包括工业、国防和能源建设项目。②农业建设项目，包括农、林、牧、渔、水利建设项目。③基础设施建设项目，包括交通、邮电、通信建设项目；地质普查、勘探建设项目等。④商业建设项目，包括商业、饮食、仓储、综合技术服务事业的建设项目。非生产性工程项目指用于满足人民物质和文化、福利需要的建设和非物质资料生产部门的建设项目。非生产性工程项目主要包括：①办公用房，包括国家各级党政机关、社会团体、企业管理机关的办公用房。②居住建筑，包括住宅、公寓、别墅等。③公共建筑，包括科学、教育、文化艺术、广播电视、卫生、博览、体育、社会福利事业、公共事业、宗教、金融、保险等建设项目。④其他工程项目，即不属于上述各类的其他非生产性工程项目。

三、按规模不同，可分为大型项目、中型项目和小型项目

划分建设规模的标准是总设计能力（总工程效益）或计划总投资额。生产单一产品的建设项目，其建设规模按该产品的总设计能力确定；生产多种产品的建设项目，按主要产品的设计能力确定；产品种类繁多难以按生产能力确定建设规

模的建设项目以及不增加生产能力的项目，则按其总投资额来确定。新建、迁建、恢复项目的建设规模是指整个项目总体设计规定的全部设计能力（工程效益），或其全部建成所需的计划总投资。扩建项目的建设规模则是指由于扩建而新增的生产能力或其计划总投资，不包括扩建前原有的生产能力。改建项目的建设规模则是指改变产品方案后新产品的全部设计能力或由于改建所需要的计划总投资。分期建设的建设项目应按整个项目的全部设计能力或总投资额来确定其建设规模，而不应以各分期工程的设计能力或投资额为依据，更不能按当年的施工规模或投资额来确定建设规模。对于国民经济有特别重大意义的项目，虽然设计能力或投资额达不到大中型标准，经国家指定也可以作为大中型项目统计。国家根据建设规模划分原则制定基本建设项目大、中、小型划分标准，对各行业建设项目的大、中、小型数量界限都作了具体规定。基本建设统计应当严格按国家确定的标准，划分大、中、小建设项目。基本建设项目按大、中、小型分类是为了满足固定资产投资分级管理的要求，同时有利于对大中型项目进行重点考察研究。

项目周期又称项目发展周期，它是指一个项目从设想、立项、筹资、建设、投产运营直至项目结束的整个过程。所有项目都可分成若干阶段，且所有项目无论大小，都有一个类似的生命周期结构。其最简单的形式主要由四个主要阶段构成：概念阶段、开发或定义阶段、执行（实施或开发）阶段和结束（试运行或结束）阶段。阶段数量取决于项目复杂程度和所处行业，每个阶段还可再分解成更小的阶段。

四、按资金来源分为政府投资项目和非政府投资项目

政府投资资金来源包括财政性资金项目（包括国债在内的所有纳入预算管理的资金项目）、财政担保银行贷款项目和国际援助项目。非政府投资项目资金来源包括国有企业、集体单位、外商和私人投资等。我国的国家机关和实行预算管理的事业单位、团体组织履行自己的职能所使用的资金，既有预算内的，也有预算外的，这是我国财政性资金的特色（国外财政资金只有预算内资金）。另外，财政性资金还包括国债资金，因此它需要国家财政偿还，相当于国家未来的税收收入。

五、按项目审批类型可分为审批类、核准类和备案类

审批类包括省政府投资项目；省直机关及省属事业单位办公用房项目，市（地）、县（市、计划单列区）党政机关办公用房项目；中央投资湿地保护项目；中央投资林木种苗建设项目；中央投资江河治理应急工程；中央投资新建大型水库工程项目；中央投资蓄滞洪区建设项目；中央投资界河国土防护工程项目；中央投资水文建设项目；中央投资跨市（地）河流上新建中型水库工程项目；中央投资跨市（地）水资源配置调整的其他水事工程项目；中央投资（资本金）农村电网改造升级工程政府投资普通国道网、地方高速公路、普通省道网的公路项目；政府投资跨大江大河（现状或规划为一级以下通航段）、跨市（地）的独立公（铁）路桥梁、隧道项目；政府投资煤炭、矿石、油气专用泊位、集装箱专用码头项目；政府投资新建通用机场项目、扩建军民合用机场项目；政府投资国家规划内城市快速轨道交通项目；政府投资非跨省（区、市）及国家铁路网外的地方铁路（新建、含增建）项目；中央投资省级社会事业项目；中央投资省级其他建设项目；大中型水利水电工程建设征地移民安置规划审核；政府投资信息化项目。核准类项目包括涉及开荒的项目核准；涉及跨市（地）河流水资源配置调整的水利工程项目核准；在跨市（地）河流上建设的水库项目核准；外商投资项目核准；燃煤热电站项目核准；生物质发电项目核准； 在跨市（地）河流上建设的水电站项目核准；抽水蓄能电站项目核准；燃气发电项目核准；风电站项目核准；电网工程项目核准；权限内煤炭开发项目核准；液化石油气接收存储设施（不含油气田、炼油厂的配套项目）核准；进口液化天然气接收、储运设施项目核准；输油管网（不含油田集输管网）项目核准；输气管网（不含油气田集输管网）项目核准；炼油项目核准；变性燃料乙醇项目核准；余热余压余气发电项目核准；内河航运项目核准；新建（含增建）铁路项目核准；公路项目核准；煤炭、矿石、油气专用泊位项目核准；集装箱专用码头项目核准；改扩建民用、军民合用机场项目核准；新建通用机场项目核准；稀土、铁矿、有色矿山开发项目核准；石化项目核准；煤化工项目核准；稀土项目核准；黄金项目核准；民用航空航天项目核准；城市快速轨道交通项目核准；主题公园项目核准；旅游项目核准。备案类项目为

汽车整车类固定资产投资。

第三节　东北老工业基地产业政策现状

一、黑龙江省产业政策概况

近年来黑龙江省产业政策的主导方向是打好转方式调结构攻坚战，抓投资、抓项目、抓招商、抓环境、抓改革开放创新、抓解放思想，推动全省产业项目加快建设，形成新的投资增量，促进全省产业结构优化升级。

2018年，黑龙江省制定了《全省重点产业项目建设三年行动计划（2018—2020）》，以习近平新时代中国特色社会主义思想为指导，全面贯彻党的十九大精神，深入落实习近平总书记对我省重要讲话精神，按照省第十二次党代会、省委十二届二次全会和省委经济工作会议部署，紧紧围绕做好"三篇大文章"，抓好"五头五尾"，在补短板强弱项上聚焦发力，进一步强化产业项目谋划，加快重点产业项目建设，盘活处置"半截子"工程项目，促进更多产业项目建成投产，扩大有效投资，通过创新工作机制、完善政策措施、落实工作责任、强化监督考核，推动产业项目建设工作取得积极进展，促进现代产业体系建设。计划2018—2020年，全省重点产业项目建设实现"4个1"和"1出清"目标，即滚动谋划生成储备重点产业项目1000个以上，产业项目谋划总投资达到1万亿元以上，开工建设重点产业项目1000个以上，建成重点产业项目投产1000个以上，"半截子"工程项目实现改造升级和腾笼出清。

黑龙江省出台《黑龙江省工业强省建设规划（2019—2025年）》（以下简称《规划》）。《规划》提出，全面实施工业强省战略，到2025年黑龙江全省现代化工业新体系基本建成，工业对经济增长的贡献稳中有升，"百千万"工程取得明显成效，工业高质量发展取得积极进展，形成质量更高、效益更好、结构更优、优势充分释放的全面振兴发展新局面，支撑经济高质量发展的作用不断凸显。为实现工业强省建设目标，《规划》提出要建设"433"工业新体系，即优先发展绿色食品、高端装备、新材料、生物医药四大战略性产业，重点培育新一代信息技术、新能源、节能环保三大先导性产业，优化提升化工、汽车、传统能源三大基础性产业。《规划》提出统筹推进"九大任务"，即完善工业协同创新体系、促进工业与互联网融合发展、推动企业技术改造升级、培育壮大企业和产业集群、加强质量品牌建设、全面推行绿色制造、加快军民深度融合、提升开放合作水平、构建工业人才支撑体系。具体实施"八大工程"，即制造业创新中心建设工程、智能制造示范工程、技术改造提升工程、先进制造业产业集群培育工程、供应链整合与提升工程、工业企业品牌建设工程、绿色制造试点示范工程、军民深度融合工程。

二、吉林省产业政策现状

2018年8月30日推出《省委省政府关于进一步优化区域协调发展空间布局的意见》，对区域协调发展总体布局进行细化和落实，打造"一主、六双"区域协调发展格局，实现我省区域经济协调、健康、可持续发展。一是突出"一主"辐射带动作用。"一主"是以长春为主要区域，辐射带动吉林、四平、辽源、松原的"长春经济圈"。向北对接哈尔滨都市圈，向南对接沈阳经济区。充分发挥长春区位、科教文化资源和产业基础优势，强化创新引领、产业支撑和要素聚集等综合功能，全面提升核心聚集和辐射带动能力。二是打造"双廊"，推动产业集聚。双廊包括环长春四辽吉松工业走廊和长辽梅通白敦医药健康产业走廊。三是打造"双带"，扩大开发开放。"双带"包括沿图们江鸭绿江开发开放经济带和沿中蒙俄开发开放经济带。四是打造"双线"，提升旅游业。"双线"包括长通白延吉长避暑冰雪生态旅游大环线和长松大白通长河湖草原湿地旅游大环线。五是打造"双通道"，融入"一带一路"。"双通道"包括长白通（丹）大通道和长吉珲大通道。六是打造"双基地"，引领"数字吉林"建设。"双基地"包括长春国家级创新创业基地和白城国家级高载能高技术基地。七是推动"双协同"，加快一体化发展。"双协同"包括长春吉林一体化协同发展和长春公主岭同城化协同发展。

2021年1月26日推出《加快构建吉林产业发展新格局实施方案》，提出深入实施"三个五"战略，持续推动中东西"三大板块"协调发展，深化"一主、六双"产业空间布局，统筹推进经济发展质量变革、效率变革和动力变革，坚持向质量求发展，推动支柱、优势和特色产业迈向中高端、产品整体向品牌化方向转变；坚持向效率求速度，推动政府行政效率和资源配置效率全面提升，经济增长由低速向中高速增长转变；坚持向人才求动力，推动产业人才集聚、由低效人才配置向高效配置转变，聚焦创造形成新的产业体系和结构优势，构建多点支撑、多业并举、多元发展的产业新格局。用5至10年时间，推进汽车产业突破万亿级规模、旅游业总收入达到万亿级规模、农产品加工和食品工业接近万亿级规模；壮大石油化工、医药健康、冶金建材、装备制造、电子信息5个千亿级优势产业；培育冰雪、新型汽车、新材料、新能源、商用卫星、生物医药、通用航空7个新兴产业集群；加快现代物流业、金融服务业、研发设计、商贸流通产业、医疗美容产业、休闲康养产业6个现代服务业；超前布局新型显示材料、激光通信、人工智能、量子技术4个未来产业。

三、辽宁省产业政策现状

近年来，辽宁省先后出台了《辽宁省人民政府关于印发辽宁省壮大战略性新兴产业实施方案的通知》《东北地区培育和发展新兴产业三年行动计划》《中国制造2025辽宁行动纲要》《工业八大门类产业发展政策》《辽宁省装备制造业重点领域发展指导意见》《辽宁省电子信息产业发展政策》《辽宁省智能制造工程实施方案》《辽宁省工业高质量发展推荐产品目录（2019版）》《辽宁省5G产业发展实施方案（2019-2020）》等，明确了产业定位和未来发展思路。建立政府购买服务制度，制定分级、分部门的政府购买服务指导性目录政策。出台了《辽宁省产业（创业）投资引导基金管理暂行办法》，吸引优秀基金管理机构和社会资本参与。5717个重大项目和重点企业配备项目管家。社会信用体系建设全方位推进，守信联合激励和失信联合惩戒进一步加强。

2018年8月6日，推出《辽宁省人民政府办公厅关于加快发展牛羊驴特色产业的意见》，提出各级政府加大投入力度，根据当地实际研究出台有针对性的扶持政策。现有的有关政策项目在项目申报条件允许范围内重点向特色产业倾斜。不断完善政策保险体系，提升防灾减灾能力。完善"养殖政策性保险＋畜产品价格保险＋贷款＋担保＋金融补贴"模式，撬动更多金融资本投入产业发展。各级政府要按规定采取贷款贴息、风险补偿等方式，鼓励和支持金融机构创新金融产品和服务，支持特色产业发展。

第四节　围绕产业政策的投资项目实施情况

一、黑龙江省项目投资情况

2019年推出110个重大建设项目，总投资5428亿元。"百大项目"中重大基础设施项目60个，重点产业项目40个，民生项目10个。

2019年，黑龙江省成立了七大产业投资集团，包括交通投资集团、建设投资集团、旅游投资集团、农业投资集团、新产业投资集团、金融控股集团、森工集团。2019年，七大产业投资集团以建设"六个强省"目标为指引，交出了一份靓丽的投资答卷。

省交投集团积极参与了哈尔滨至肇源高速公路建设项目、中国五矿黑龙江石墨产业项目、中以产业小镇项目、龙江振兴基金项目、牡佳客专项目等。建投集团全年实现新签合同订单500亿元以上，营业收入320亿元，为2022年实现500亿元经营规模奠定了坚实基础。2019年，建投集团先后与哈尔滨新区、牡丹江、伊春、七台河、鸡西、鹤岗、大兴安岭、尚志等地签署了《战略合作协议书》，在生态、水利、民生基础设施建设等方面广泛开展合作。目前，集团总投资11亿元的黑龙江省"百大项目"七台河市桃山湖生态环保水利综合治理PPP项目已成功落地，同时为龙建股份获取7.5亿元的桃山湖环境EPC项目提供了良好的合作基础。建投集团积极参加哈尔滨新区建设，目前已就10亿元雨水分流项目、140亿元路桥建设项目、10亿元河道清淤项目、40亿元土地整理项目达成合作意向。

旅投集团成立了由集团控股的"黑龙江文旅信息科技有限公司"，旗下的"趣龙江"产业服务平台于2019年11月正式上线运营，以"智慧＋交易＋供应链金融模式"畅通旅游业融资渠道，实现了全省旅游"一张网""一机一码游龙江"。上线一个多月，"趣龙江"新媒体阅读用户超过330万，签约分销商209个，加盟供应商38个，用户突破1.5万。推动"中国北极岛·龙江第一湾"、牡丹江"东北抗联基地·红色旅游综合体"等项目落地开发,其中牡丹江"东北抗联基地·红色旅游综合体"项目已纳入黑龙江省 2020 年"百大项目"目录。目前,集团旅游项目储备已达 12 个。

跟踪研究省内优质风电项目,扩大风电装机规模,风电投资平台中标大庆 20 万千瓦风电项目,与兰西、鸡西分别达成 11.05 万千瓦、2 万千瓦风电开发协议。着眼中长期发展,优化资本结构,生物质发电平台增资扩股至 8 亿元,增强集团对核心资产的控制力,引进资源、技术、资金实力更强的战略投资者,坚持做大生物质发电产业规模,集团控股 2 个项目已投产运营,7 个项目处于建设期,其中 6 个为"百大项目",总装机容量达到 27 万千瓦。发挥基金引导功能,做好产业培育。基金管理平台科力公司推动设立 32 亿元龙江振兴基金,助力龙江战略性新兴产业和高新技术产业发展;推动新光光电在上交所科创板上市,成为东北地区首家科创板上市企业;辰能风投公司出资 1600 万元投资的工程北米、高铁刹车片项目,进入省支持重大科技成果转化项目之列。

金控集团 2019 年实现利润超过 9 亿元,同比增长超过 50%,国有资产保值增值率超过 105%。积极支持自贸区建设,推动设立自贸区综合投资基金,筹划设立自贸区金融聚集区,为打造服务国家战略"龙江样板"提供融资支持。降低担保门槛,缓解小微、"三农"等实体经济"融资难""融资贵"问题,助力龙江经济高质量发展。同时积极引入社会资本,与省发改委积极对接,全力支持黑龙江省"百大项目"建设。2020 年金控集团将不断增强金融服务实体经济和黑龙江省其他六大产业投资集团的能力。同时,突出核心业务竞争优势,以数字金融为引擎,以普惠金融服务为方向,全力打造地方金控集团数字化转型与数字化管理标杆企业,为龙江全面振兴、全方位振兴注入发展动能。

2019 年,农投集团完成总投资额 5.4 亿元,其中投资新设二、三级子公司 7 家,并实缴注资 1.5 亿元;出资 2.2 亿元由省政府发起设立的龙江产业振兴基金,推动龙江全面振兴、全方位振兴,加快"六个强省"建设;完成与厦门象屿集团的合作项目,对其增资 1.7 亿元。2020 年,农投集团将利用黑龙江省现有优势资源,通过资本的合理配置,打造完整农业产业链条,构建高质量的现代农业产业体系,继续聚焦黑龙江省农业产业重点领域和关键环节开展投融资活动,包括绥化大豆合作项目、俄罗斯远东种业项目、天津利达合作项目、农田管家合作项目,并拟设立黑龙江省农投农业科技振兴基金等一系列投融资重点　项目。

　　2019 年黑龙江省旅游产业新建项目 23 个，财政总投资 180.9 亿元（其中，固定资产投资 172 亿元）；文化产业新建项目 8 个，财政总投资 72.4 亿元（其中，固定资产投资 65.1 亿元）；体育健康产业新建项目 11 个，财政总投资 43.2 亿元（其中，固定资产投资 41.7 亿元）。根据《黑龙江省支持开发区改革创新发展使用财政资金项目管理办法》（黑政办规[2018]46 号），要求完善支持做好"三篇大文章"等财政政策，实施细则要求落实流动资金贷款贴息、新增规上企业奖励、研发和应用首台套产品奖励等 16 项支持产业发展财政政策。全年兑现奖补资金 10.1 亿元，惠及工业企业 838 户，增强企业创新发展能力。 据国家统计局统计，黑龙江省"十三五"时期累积至 2019 年全社会财政总投资 41 932.27 亿元。其中，旅游业总投资 862.51 亿元，占比 2.06%；文化、体育业总投资 551.61 亿元，占比 1.32%；教育业总投资 621.44 亿元，占比 1.48%。

二、吉林省投资项目情况

　　如表 4-1 所示，2016 年至今，吉林省投资项目在数量和投资额上均有较大增加，其中投资项目数量由 2016 年的 6152 个增加到 2020 年的 14511 个，增幅为 1.36 倍；总投资额由 2016 年的 10748.54 亿元增加到 2020 年的 27694.15 元，增幅为 1.58 倍。从投资项目产业分布来看，2019 年开始水利、电力、建筑等基础设施建设和制造业投资均有大幅增加，农业投资项目也有较大程度的增加，如表 4-2 所示。

表 4-1　吉林省投资项目数量与投资额情况（2016 年—2020 年）

年度	投资项目总数	审批类项目	核准类项目	备案类项目	总投资
2016 年	6152	2679	660	2813	10748.54
2017 年	8792	3233	444	5115	10899.85
2018 年	10126	4398	263	5465	32328.96
2019 年	12492	5787	347	6358	23637.16
2020 年	14511	7307	383	6821	27694.15

资料来源：吉林省投资项目在线审批监管平台

表 4-2　吉林省投资项目各产业占比情况（2016 年—2020 年）

产业	2016 年	2017 年	2018 年	2019 年	2020 年
水利	7%	4%	4%	15%	11%
电力	9%	12%	9%	11%	11%
房地产	5%	3%			
建筑	4%	4%	3%	17%	15%
农业	4%	4%	4%	9%	8%
制造业			3%	15%	14%
其他	71%	73%	77%	32%	41%

资料来源：吉林省投资项目在线审批监管平台

三、辽宁省重点产业项目投资情况

2019 年，辽宁省利用中央基本建设（新动能培育平台及设施建设）投资 71247 万元，支持沈阳市面向区域协同医疗的云基高端医疗设备研发及产业化、鞍山市菱镁产业节能环保高端装备及氧化镁精尖产品创新技术服务平台、盘锦国鼎精密设备有限公司智能工业机器人与机器视觉系统研发制造基地等 42 个战略新兴产业项目。

启动"辽宁杰出科技工作者"评选工作。加大人才资金投入，2019 年筹措人才专项资金 5 亿元，2020 年人才资金投入达 5.3 亿元。

第五节　投资项目选择与产业政策的关联度研究
——以装备制造业为例

一、理论假设

产业政策主要通过政府补贴影响制造业部门间的相互关系，促进资源在装备制造业内部的合理配置，推动装备制造业结构向合理化和高度化转型升级。因此，本部分主要探讨产业政策影响装备制造业结构转型的一般性理论机制。

（一）产业政策对装备制造业结构转型的作用

制造业结构合理化主要通过利用区域资源及分工优势，促使生产要素在制造业内部各行业间实现合理配置，推进制造业协调发展。因此，就生产要素配置而言，产业政策通常从两个方面影响装备制造业结构合理化。一方面，基于生产要素的稀缺性，产业政策通过"鼓励""扶持"等导向性规定，引导生产要素流向新兴或具有发展潜力的装备制造业行业，并带动相关配套产业的发展。对于持续性衰退行业则通过抑制生产要素的进入迫使其转型升级，进而促进装备制造业的合理化。另一方面，由于市场机制并非万能的，所以当企业在无法依赖"看不见的手"实现生产要素配置的情况下，产业政策的颁布无疑会发挥"看得见的手"的作用。通过弥补市场外部性、信息不完全等缺陷，减少装备制造业结构转型中的非理性行为，促进装备制造业结构合理化。因此，本部分提出如下假设：

H1：产业政策有助于推动装备制造业结构合理化。

制造业结构高度化代表制造业内部生产结构"质"的飞跃。因此，产业政策对装备制造业结构高度化的促进作用主要体现在以下两点：第一，产业政策通常会影响地区支柱型产业或主导产业向更高水平的产业更迭，而这些产业在一定程度上能够助推装备制造业结构转型，为产业的发展引领正确的方向，从而形成示范效应并扩大装备制造业结构转型的规模。由于产业政策的偏向性，一些具有发展潜力的战略性新兴装备制造业呈现爆发式增长，从而成为该地区的支柱型产业。第二，由于产业政策的前瞻性，对于新兴产业的扶持通常会带动新产品的出现，进而引导消费需求结构的变化，并促进企业的生产性结构升级。同时，政府也会通过相关的财税政策改造传统产业，推动高新技术产业发展，进而带动装备制造业朝着新兴、高新科技方向发展，持续提高装备制造业结构高度化水平。因此，本部分提出如下假设：

H2：产业政策有助于推动装备制造业结构高度化。

（二）政府补贴的传导效应

通常而言，产业政策通过直接财政投入、间接减息免税等各种政府补贴影响制造业转型。这些政府补贴通过为企业提供资金支持、降低成本来帮助企业将更多的资金用于研发创新，进而带动装备制造业的转型升级。此外，无论出于"鼓励"还是"扶持"特定补贴企业的目的，产业政策均通过政府补贴实现了一定的"信号传递"功能，即产业政策通过政府补贴给予部分装备制造企业，尤其是一些新兴或具有发展潜力的企业扶持或鼓励，这种行为无疑向外界传递了支持其发展的积极信号，从而对投资者产生正向引导作用，并带动社会资本流入产业政策所导向的装备制造业行业，进而实现装备制造业结构转型。因此，本文提出如下假设：

H3：产业政策通过政府补贴促进装备制造业结构转型。

二、模型构建

本文聚焦东北地区装备制造业，以 2012 年中国工业和信息化部发布的《高端装备制造业"十二五"发展规划》作为准自然实验，构建双重差分模型，检验产业政策对东北地区装备制造业结构转型的影响，基准回归模型如下：

$$\text{InstruAdj}_{it} = \alpha_0 + \alpha_1 \text{Treat}_{it} \times \text{Policy}_{it} + \alpha_2 \text{Treat}_{it} + \alpha_3 \text{Policy}_{it} + \alpha_4 \text{X}_{it} + \eta_t + \mu_i + \varepsilon_{it} \qquad (1)$$

（1）式中 InstruAdj_{it} 为被解释变量表示第 i 个装备制造业企业第 t 年的结构转型该变量通过装备制造业结构合理化（InstruRation）与高度化（InstruHigh）进行测度；$\text{Treat}_{it} \times \text{Policy}_{it}$ 为处理组与《规划》政策的交乘项其系数 α_1 为核心估计参数，表示政策实施对处理组产生的影响；X_{it} 为一系列控制变量，η_t 为时间固定效应，μ_i 为个体固定效应 ε_{it}，为误差项。

（2）此外，借鉴孟庆玺等学者的做法，构建模型（2）研究产业政策对政府补贴（Subsidy）的作用，并将产业政策与政府补贴均加入回归模型中，构建模型（3）验证政府补贴与产业政策对装备制造业结构转型的作用，模型如下：

$$\text{Subsidy}_{it} = \beta_0 + \beta_1 \text{Treat}_{it} \times \text{Policy}_{it} + \beta_2 \text{Treat}_{it} + \beta_3 \text{Policy}_{it} + \beta_4 \text{X}_{it} + \eta_t + \mu_i + \varepsilon_{it} \qquad (2)$$

$$\text{InstruAdj}_{it} = \lambda_0 + \lambda_1 \text{Subsidy}_{it} + \lambda_2 \text{Policy}_{it} \times \text{Treat}_{it} + \lambda_3 \text{Treat}_{it} + \lambda_4 \text{Policy}_{it} + \lambda_5 \text{X}_{it} + \eta_t + \mu_i + \varepsilon_{it}$$
$$(3)$$

参考温忠麟等的中介效应检验方法对模型（2）和模型（3）依次验证，当 β_1 和 λ_1 均通过显著性检验，且 λ_2 未通过显著性检验时，表明政府补贴在产业政策与装备制造业结构转型之间具有完全中介作用。否则，当 λ_2 通过显著性检验时，表明政府补贴仅产生部分中介作用。

三、变量选取、描述性统计与数据来源

（一）变量选取

1.被解释变量

关于产业结构合理化（Instru R ation)的测度，本文借鉴干春晖等的研究，采用产业结构偏离度测度装备制造业结构合理化，即各子行业的工业增加值在整个行业比重和就业人数占整个行业比重之比与 1 的差值表示。该指标为逆向指标，其值越小意味着资源配置效率越高，各产业协同程度越高；反之，该值越大，装备制造业结构越不合理。为保证数值能合理反应结构偏离度，对其取绝对值，如公式（4）所示：

$$InstruRation = \left| \frac{y_{i,t}/Y_{i,t}}{l_{i,t}/L_{i,t}} - 1 \right| \qquad （4）$$

借鉴胡立君等的研究，本部分采用劳动生产率衡量装备制造业结构高度化（lnstruHigh），如公式（5）所示：

$$InstruHigh = \frac{y_{i,t}}{l_{i,t}} \qquad （5）$$

2.解释变量

本文核心解释变量为《规划》政策的颁布实施，并以 2012 年为政策实施起始年。同时，考虑到 2009 年颁布了《装备制造业调整振兴规划》，为避免政策效应叠加导致的测度偏误，本部分将研究期确定为 2009—2013 年。以东北地区高端装备制造业为试验组，其余非高端装备制造业为对照组。高端装备制造业的划分以国务院《战略性新兴产业分类（2012 版）》中的四位行业代码为基准，

但由于 2011 年国民经济行业分类四位行业代码与 2002 年有所不同，本部分借鉴杨汝岱的研究，将 2002 年四位行业代码分别对应到 2011 年行业分类进行逐一核对筛选。

3.中介变量

考虑到政府财政投入是政府补贴的直接形式，因此本文选取政府财政投入（FinaInput） 作为政府补贴的测度指标。

4.控制变量

参考韩永辉等、袁航和朱承亮的研究，选取企业规模（Scale）、所有制结构（Owner）、利润率（Profit）、资产负债率（Asset）和对外开放程度（Open）作为影响装备制造业结构转型的控制变量。

（二）数据来源

本部分所用数据均来自中国工业企业数据库，缺失数据通过查阅东北地区各类统计网站或者采用插值法进行补充，并参考聂辉华等的建议对原始数据进行处理，共获得 7842 个样本，变量测度及描述性统计分析结果如表 4-3 所示。

表 4-3 变量测度及描述性统计

变量	测度方式	样本量	均值	标准差	最小值	最大值	单位
合理化	结构偏离度	7842	0.689	0.684	0.001	23.440	—
高度化	劳动生产率	7842	5.560	1.571	-1.591	9.999	%
政府补贴	政府对企业的资金补贴	7842	9.109	1.606	1.791	16.640	万元
企业规模	企业资产总计取对数	7842	12.382	1.217	10.596	19.426	万元
所有制结构	国有企业为1其余0	7842	0.159	0.365	0	1	—
利润率	利润与销售额之比	7842	0.470	8.010	-39.840	631.151	%
资产负债率	负债与资产总额之比	7842	0.668	0.715	-0.011	33.538	%
对外开放程度	出口企业为1其余0	7842	0.270	0.444	0	1	—

三、双重差分法适用性检验

从严格意义而言，并非所有政策作用评价问题均可使用双重差分进行估计，因此在使用该方法前需进行随机性检验和同质性检验。

（一）随机性检验

以"高端装备制造业是否受到政策作用"为被解释变量，采用 Logit 模型进行随机性检验，结果证实了样本检验的随机性，满足双重差分的"随机性"假设。

（二）平行趋势检验

根据郑新业等的经验做法，选取试验组与对照组历年合理化和高度化指标的平均值对比政策实施前后装备制造业结构的变动。结果初步证明产业政策更有利于装备制造业的结构转型。

　　此外，本文参考 Autor 的研究进行平行趋势检验。在回归中加入各时点虚拟变量与政策变量的交互项，验证实验组与对照组是否满足平行趋势，结果如图 4-1 所示，其中横轴代表政策实施的时点；纵轴代表实验组与对照组被解释变量的差值，以政策干预前一年作为参照基准（取值为 0）。由样本平行趋势检验结果可知，政策实施前期的实验组与对照组的结果变量在 0 附近波动，说明政策实施之前实验组与对照组发展趋势相同；但政策实施之后两组合理化和高度化表现出明显的差距，而这种差异很可能来自产业政策的实施。总之，样本符合平行趋势假设。

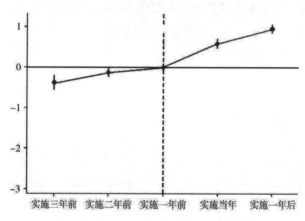

图 4-1　装备制造业结构合理化平行趋势检验

（三）对制造业进行重组，加强集聚效应，积极承接国际产业转移

　　要利用东北老工业基地产业基础雄厚、工业门类齐全等优势，承接国际产业转移。在此过程中可以优化其重工业的产品结构，增强其产品满足市场需求的能力，提升其重工业的竞争力。同时对其传统的优势产业实施重组，促使东北老工业基地形成制造业产业集群，发挥正规模效益，增强其产业的竞争力。

四、产业政策效应的实证检验

（一）基准回归结果

　　本部分首先进行 Hausman 检验，实证结果通过 1%的显著性检验，因此，选择个体和年份双向固定效应模型检验产业政策对装备制造业结构转型的作用，结果如表 4-4 所示。

表 4-4　产业政策对东北地区装备制造业结构转型的作用

	合理化			高度化		
	模型 1	模型 2	模型 3	模型 4	模型 5	模型 6
Treat ×	-0.163^{***}	-0.154^{***}	-0.134^{***}	0.191^{***}	0.193^{***}	0.196^{***}
Policy	（0.020）	（0.020）	（0.020）	（0.044）	（0.045）	（0.045）
Scale	0.017^{***}	0.014^{*}		0.022	0.022	
	(0.006)	(0.006)		(0.012)	(0.012)	
Owner	0.041^{*}	0.023		-0.084^{*}	-0.084^{*}	
	(0.018)	(0.018)		(0.039)	(0.039)	
Profit	-0.001^{***}	-0.001^{***}		0.002^{*}	0.002	
	(0.0003)	(0.0003)		(0.001)	(0.001)	
Asset		0.059^{**}			-0.023	
		(0.019)			(0.018)	
Open		0.063^{***}			-0.036	
		(0.018)			(0.034)	
_Cons	0.712^{***}	0.492^{***}	0.474^{***}	5.654^{***}	5.400^{***}	5.426^{***}
	(0.002)	(0.077)	(0.078)	(0.046)	(0.162)	(0.163)
时间效应	控制	控制	控制	控制	控制	控制
个体效应	控制	控制	控制	控制	控制	控制
Adj-R^2	0.009	0.011	0.018	0.606	0.607	0.607
样本量	7842	7842	7842	7842	7842	7842

注：（1）括号内为稳健标准误；（2）***表示 $p < 0.01$，**表示 $p < 0.05$，*表示 $p < 0.1$。

表 4-4 中合理化的实证结果显示，模型 1 至模型 3 的回归系数均在 1% 的水平下显著，即产业政策的实施对东北地区装备制造业合理化影响系数较稳定，说明显著推动了装备制造业结构合理化，假设 1 得到验证。模型 4 至模型 6 的回归系数均通过 1% 显著性检验，且随控制变量的增加，系数的数值变动不大，进而表明产业政策的实施显著促进了装备制造业结构高度化，假设 2 得以验证。从经验而言，产业政策的颁布使装备制造业能够将产业优势、结构调整与产业政策相契合，推动了生产要素在装备制造业内部的合理配置，制造业内部关联程度逐渐增强。同时产业政策关注制造业的集群化发展，进一步完善了外部市场环境，增

加了制造业行业之间及企业之间合作，由此推动了东北地区装备制造业结构合理化。

（二）倾向得分匹配

为了消除样本选择偏差，本部分选择企业规模、所有制结构等作为匹配变量，并采用 Logit 模型进行 k 近邻卡尺匹配（$k=5$），从而消除样本选择偏差对估计结果的干扰，进行 k 近邻卡尺匹配（$k=5$）之后的回归结果，如表 4-5 所示。由表 4-5 可知，匹配之后模型 2 和模型 4 的系数高于表 2 中模型 3 和模型 6 未匹配的系数，说明匹配之后实验组和对照组的样本特征更加接近，匹配后的结果表明产业政策显著促进了制造业结构合理化和高度化的发展。

表 4-5　PSM-DID 回归结果[k 近邻卡尺匹配（k = 5）]

	合理化		高度化	
	模型 1	模型 2	模型 3	模型 4
Treat × Policy	−0.028***	−0.137***	0.307***	0.831***
	（0.032）	（0.020）	（0.067）	（0.050）
Scale	0.005		−0.067*	
	(0.016)		(0.017)	
Owner	0.039		−0.539*	
	(0.047)		(0.070)	
Profit	0.003		0.003***	
	(0.005)		(0.002)	
Asset	0.002		−0.757***	
	(0.022)		(0.188)	
Open	−0.069***		−0.487***	
	(0.040)		(0.056)	
_Cons	−0.313***	0.712***	5.398***	6.941***
	(0.203)	(0.003)	(0.005)	(0.196)
时间效应	控制	控制	控制	控制
个体效应	控制	控制	控制	控制
Adj-R²	0.009	0.019	0.061	0.229
样本量	7842	7842	7842	7842

注：（1）括号内为稳健标准误；（2）***表示 $p < 0.01$，**表示 $p < 0.05$，*表示 p

< 0.1。

（三）异质性检验

本文以黑龙江省、吉林省与辽宁省的装备制造业结构为例，采取逐步增加控制变量的方式进行模型估计，进一步检验产业政策对东北三省装备制造业结构合理化与高度化的作用，回归结果如表 4-6 所示。

表 4-6　产业政策对东北三省装备制造业结构转型的作用

	黑龙江省		吉林省		辽宁省	
	合理化	高度化	合理化	高度化	合理化	高度化
$Treat \times Policy$	−0.037	0.769***	−0.139***	0.791***	−0.156***	0.842***
	（0.040）	（0.115）	（0.002）	（0.070）	（0.037）	（0.076）
_Cons	0.415***	7.279***	0.432***	7.210***	0.453**	7.108***
	(0.079)	(0.196)	(0.079)	(0.195)	(0.078)	(0.196)
控制变量	控制	控制	控制	控制	控制	控制
时间效应	控制	控制	控制	控制	控制	控制
个体效应	控制	控制	控制	控制	控制	控制
Adj-R^2	0.012	0.202	0.015	0.208	0.016	0.213
样本量	7842	7842	7842	7842	7842	7842

注：（1）括号内为稳健标准误；（2）***表示 $p < 0.01$，**表示 $p < 0.05$，*表示 $p < 0.1$。

表 4-6 中的合理化实证结果显示，辽宁省和吉林省装备制造业结构合理化作用系数通过 1% 的显著性检验，表明《规划》政策的出台使得吉林省制造业结构偏离度显著降低 0.139%、辽宁省制造业结构偏离度降低 0.156%。其原因可能在于，相较于辽宁省，吉林省对制造业结构转型日益重视，出台的一系列产业政策"纠偏"措施取得明显效果。

然而，黑龙江省并未通过显著性检验，表明《规划》政策并未对黑龙江省装备制造业结构合理化变动产生明显影响。

（四）稳健性检验

1.反事实假设

为进一步考察《规划》政策实施之前是否已经对装备制造业产生了政策效应，

本文采用反事实假设进行稳健性检验。

由表 4-7 回归结果可知，将政策实施时间设定为 2011 年，产业政策对装备制造业结构合理化和高度化作用均不显著，进一步证实了产业政策作用的稳健性。此外，本部分在对《规划》政策作用进行分析时，通过依次纳入可能会对装备制造业结构转型过程产生影响的控制变量来检验产业政策作用的稳健性，结果显示，加入控制变量后，装备制造业结构合理化和高度化作用系数均通过 1% 的显著性检验，增加控制变量未对作用系数产生明显影响，验证了回归结果的稳健性。

表 4-7　产业政策效应的反事实检验

	合理化	高度化
$Treat \times Policy$	0.006	−0.056
	（0.022）	（0.032）
_Cons	0.736***	5.660***
	(0.119)	(0.141)
控制变量	控制	控制
时间效应	控制	控制
个体效应	控制	控制
Adj-R²	0.012	0.202
样本量	7842	7842

注：（1）括号内为稳健标准误；（2）***表示 $p < 0.01$，**表示 $p < 0.05$，*表示 $p < 0.1$。

2.基于不同匹配方法的稳健性检验

为进一步考察实验组和对照组是否合理，本文选择半径匹配（$r = 0.0034$）和 k 近邻半径匹配（$k=5$，$r=0.0034$）两种倾向得分匹配方法进行稳健性检验，结果如表 4-8 所示。

表 4-8　PSM-DID 稳健性检验回归结果

	半径匹配（r=0.0034）		k 紧邻半径匹配（k=5, r=0.0034）	
	合理化	高度化	合理化	高度化
	模型 1	模型 2	模型 3	模型 2
Treat×Policy	-0.028*	0.298***	0.307***	0.292***
	（0.890）	（0.067）	（0.067）	（0.062）
Cons	-1.520***	0.148***	-0.112***	0.399***
	(0.128)	（0.330）	（0.088）	（0.840）
控制变量	控制	控制	控制	控制
时间效应	控制	控制	控制	控制
个体效应	控制	控制	控制	控制
Adj-R²	0.010	0.265	0.011	0.224
样本量	7842	7842	7842	7842

注：（1）括号内为稳健标准误；（2）***表示 $p < 0.01$，**表示 $p < 0.05$，*表示 $p < 0.1$。

由表 4-8 结果可知，无论是选择半径匹配方法还是 k 近邻半径匹配，产业政策对装备制造业结构转型的影响仍然显著，推动了装备制造业结构合理化和高度化的发展，进而证实了本文回归结果的稳健性。

五、考虑政府补贴的进一步检验

为验证假设 3，本部分首先分析产业政策对政府补贴是否具有直接作用，然后基于模型（3）探讨产业政策通过政府补贴对装备制造业结构合理化与高度化的影响。

（一）产业政策对政府补贴的作用

基于模型（2），首先检验产业政策对政府补贴是否具有直接作用，结果如表 4-9 所示。由表 4-9 可知，产业政策会增加政府财政投入。随着控制变量的逐一添加，系数波动幅度不大，证实了估计结果的稳健性，因此可判断《规划》政策对政府财政投入产生正向作用。其原因在于，政府补贴是装备制造企业资金来源的重要形式，主要集中在企业的基础性研究活动和提高技术的创新活动两个层面。

一方面政府补贴能有效缓解企业创新研发的资金约束，为企业研发活动提供有效的资金保障，分担创新活动的成本，有效规避企业创新的不确定性风险。另一方面，政府补贴行为也向企业传递一个信息，即该企业的创新研发项目符合政府产业政策扶持范围，能够给其他企业的结构转型提供正向反馈，进一步带动装备制造业结构转型。

表 4-9　产业政策对政府补贴的作用检验

	政府补贴		
	模型 1	模型 2	模型 3
Treat × Policy	−0.353***	0.348***	0.325***
	（0.054）	（0.055）	（0.055）
Scale	−0.004	−0.003	
	(0.017)	(0.017)	
Owner	−0.043	−0.004	
	(0.060)	(0.061)	
Profit	−0.002	−0.002	
	(0.001)	(0.001)	
Asset		−0.284***	
		(0.068)	
Open		−0.386***	
		(0.048)	
_Cons	9.059***	9.126***	9.186***
	(0.007)	(0.213)	(0.212)
时间效应	控制	控制	控制
个体效应	控制	控制	控制
Adj-R²	0.006	0.006	0.031
样本量	7834	7834	7834

注：（1）括号内为稳健标准误；（2）***表示 $p < 0.01$，**表示 $p < 0.05$，*表示 $p < 0.1$。

（二）政府补贴的传导效应

本文利用模型（3）验证政府补贴的传导作用，结果如表 4-10 所示。从表 4-10

的实证结果来看，政府补贴对东北装备制造业结构合理化与高度化作用显著，影响系数分别为 0.012 和 0.179，可见产业政策的确通过政府补贴作用于装备制造业结构转型，进一步验证了假设 3。

表 4-10 产业政策通过政府补贴对装备制造业结构转型的作用检验

	合理化		高度化	
FinaInput	-0.014^{**}	-0.012^{*}	0.192^{***}	0.179^{***}
	(0.005)	(0.005)	(0.016)	(0.015)
Treat × Policy		-0.134^{***}		0.785^{***}
		（0.020）		（0.048）
_Cons	0.753^{***}	0.760^{***}	4.580^{***}	4.541^{***}
	(0.048)	(0.047)	(0.227)	(0.221)
控制变量	控制	控制	控制	控制
时间效应	控制	控制	控制	控制
个体效应	控制	控制	控制	控制
中介效应	3.01%		29.68%	
Adj-R^2	0.013	0.018	0.227	0.225
样本量	7834	7834	7834	7834

注：（1）括号内为稳健标准误；（2）***表示 $p < 0.01$，**表示 $p < 0.05$，*表示 $p < 0.1$。

（三）政府补贴传导效应的异质性

为探讨政府补贴在东北三省装备制造业中的传导效应是否具有异质性，本文首先运用模型（2）检验《规划》政策实施对政府补贴的作用，结果均显示该政策与政府补贴显著相关。基于此，本文进一步利用模型（3）验证政府补贴对装备制造业结构合理化与高度化的传导作用，检验结果如表 4-11 所示。由表 4-11 可知，除吉林省装备制造业结构高度化的影响不显著之外，政府补贴对其他省份装备制造业结构合理化和高度化的中介效应系数均通过显著性检验，说明《规划》政策通过政府补贴作用于装备制造业结构合理化与高度化。为保证产业政策的有效实施，政府会通过间接引导的方式保证产业政策的执行。此外，政府补贴为东北地区装备制造业结构转型解决融资约束等问题，成为企业创新的驱动力，也是促进制造业企业结构转型的重要因素。

表 4-11　政府补贴对东北三省装备制造业结构转型的传导效应

	黑龙江省		
	政府补贴	合理化	高度化
FinaInput		−0.014**	0.188***
		(0.005)	(0.112)
Treat × Policy	0.561***	−0.029	0.663***
	（0.130）	（0.041）	（0.016）
_Cons	9.302***	0.550***	5.516***
	(0.211)	(0.081)	(0.259)
控制变量	控制	控制	控制
时间效应	控制	控制	控制
个体效应	控制	控制	控制
中介效应		3.49%	31.17%
Adj-R²	0.029	0.013	0.234
样本量	7834	7834	7834
	吉林省		
	政府补贴	合理化	高度化
FinaInput		−0.014**	−0.002
		(0.005)	(0.008)
Treat × Policy	0.264***	−0.135***	−0.013***
	（0.094）	（0.023）	（0.067）
_Cons	9.297***	0.563***	5.739***
	(0.211)	(0.081)	(0.150)
控制变量	控制	控制	控制
时间效应	控制	控制	控制
个体效应	控制	控制	控制
中介效应		3.37%	32.86%
Adj-R²	0.028	0.016	0.001
样本量	7834	7834	7834

续表

	辽宁省		
	政府补贴	合理化	高度化
FinaInput		−0.013**	0.186***
		(0.005)	(0.015)
Treat × Policy	0.276***	−0.154***	0.793***
	（0.079）	（0.036）	（0.073）
_Cons	9.264***	0.579***	5.374***
	(0.212)	(0.081)	(0.259)
控制变量	控制	控制	控制
时间效应	控制	控制	控制
个体效应	控制	控制	控制
中介效应		3.27%	30.84%
Adj-R^2	0.028	0.017	0.244
样本量	7834	7834	7834

注：（1）括号内为稳健标准误；（2）＊＊＊p＜0.01，＊＊p＜0.05，＊p＜0.1。

六、结论

通过上述研究，本部分得出如下结论：（1）产业政策的实施对东北地区装备制造业合理化与高度化均起到显著的促进作用，从东北地区三个省份来看，产业政策对辽宁省装备制造业结构转型的作用高于吉林省和黑龙江省。（2）通过产业政策作用传导的检验结果可知，产业政策通过政府财政投入对东北地区装备制造业结构合理化的影响效应更明显；从分样本来看，相对于辽宁省和吉林省，产业政策通过政府补贴对黑龙江省装备制造业结构调整的影响效应更显著。

根据上述研究结论，本部分提出如下政策建议：第一，完善市场竞争机制，优化装备制造业资源配置。现阶段东北地区装备制造业发展仍面临多重问题，亟待通过加大传统产业改造力度、完善新兴产业扶持机制等方式提升装备制造业市场竞争力。第二，优化装备制造业转型路径，提升转型效率。一方面构建完善的金融市场体系，创新商业银行的信贷结构，加大对装备制造业转型的金融支持力度，进而充分发挥金融支持政策对东北装备制造业转型的支撑作用。另一方面优化政府财政投入结构，引导资金流入新兴产业，并激发政府投资活力，提升政府财政投入效率。

总之，产业政策对东北地区装备制造业结构转型产生了积极的促进作用，但由于东北地区经济增长仍面临来自内外部的多重问题，产业政策在东北地区的实施效果无疑会受到地区体制机制、资源利用率等多种因素的影响。如何在探讨产业政策效果时考虑这些影响效应，也是未来需进一步深入研究的问题。同时，随着宏观经济增长环境的变化，东北地区制造业发展重点、调整方式等也会发生变化，国家与地区的产业政策该如何迅速调整，以增强政策应变能力、有效推动制造业发展，也是未来值得探讨的问题。

第六节　提升东北老工业基地产业政策效果对策建议

一、推进农业现代化，增加农产品附加值

依托乡村特色优势资源，打造农业全产业链，把产业链主体留在县城，让农民更多分享产业增值收益。加快健全现代农业全产业链标准体系，推动新型农业经营主体按标准生产，培育农业龙头企业标准"领跑者"。立足县域布局特色农产品产地初加工和精深加工，建设现代农业产业园、农业产业强镇、优势特色产业集群。开发休闲农业和乡村旅游精品线路，完善配套设施。推进农村一二三产业融合发展示范园和科技示范园区建设。把农业现代化示范区作为推进农业现代化的重要抓手，围绕提高农业产业体系、生产体系、经营体系现代化水平，建立指标体系，加强资源整合、政策集成，以县（市、区）为单位开展创建，形成梯次推进农业现代化的格局。创建现代林业产业示范区。稳步推进反映全产业链价值的农业及相关产业统计核算。

二、完成工业体系的升级改造

（一）合理增加衰退产业改造升级的投入

要加大对东北老工业基地促进衰退产业改造升级的投入，使政策的投入产出比达到预期效果，将有限的资源合理投入才能更高效地促进产业发展。利用政府工具合理分配政策资源，避免资源过度倾斜而导致的效率低下。对于污染严重、质量低劣的企业，要坚决依法淘汰；对于技术落后、产能较低的国有企业要促进其设备和技术的优化升级。对于钢铁、建材、汽车等行业，要防止盲目投资、建设，避免形成那种如果国家投资该项目或行业该项目或行业就能存活，如果国家不投资该项目或行业该项目或行业就会面临死亡的情况，从而促进东北老工业基地良性地发展。

（二）更加注重发展新兴产业和服务业

东北老工业基地正处于经济转型期，单纯依靠传统工业无法维持经济的可持续发展动力，而高技术产业的快速发展能够带动产业的质量提升。高技术产业是当前复杂的国内外环境下实现东北发展模式转型的一大着力点，要推动高技术产业发展，就要明确政策导向，突出重点，增强政策的适应性和协调性。东北老工业基地要立足于现有的产业基础和优势，牢牢把握发展机遇，坚持先进制造业与现代服务业并重，坚持新兴产业加快发展与传统优势产业改造提升并重，使战略性新兴产业、现代服务业均呈现出较好的发展势头。要促使企业提升自主创新能力，用高新技术产业来改造传统产业，同时政府可以考虑在土地、资金等生产要素上向战略性新兴产业倾斜。立足于东北老工业基地的实际，大力引进生产性服务业，提升发展商贸服务业。还要鼓励企业与大学、科研机构进行合作，形成"产、学、研"结合，在东北老工业基地的振兴过程中，要充分利用大学这个科技优势，充分发挥企业和大学的互动关系，促进一大批企业的发展。

由于高技术产业发展存在资本高投入性和收益高风险性，市场机制无法充分引导，需要进行政府弥补。黑龙江省政府需要建立系统的高技术产业政策建设体系，从金融、技术规范、成果转化等角度全面支持产业发展，逐步增加高技术企业的 R&D 投入，建立竞争和激励机制，建立技术创新政策。

三、打造东北避暑旅游品牌

在以往以冬季冰雪游为主的旅游消费潮流之外，近几年，夏季到东三省进行避暑"反季游"也开始流行，夏季来东北避暑的南方游客逐年递增。随着老龄化社会的到来，老年人对旅游和颐养的需求日益增加，应对避暑旅游投资和项目进行政策倾斜，打造"哈尔滨之夏""家庭亲子""文化之旅""康养休闲""户外自然""边境风情"等特色精品旅游路线和产品。依托旅游投资集团，建设识别资源、谋划项目以及产业对接的文旅产业投融资发展平台，充分发挥国有资本投资平台的作用，通过股权投资、重组并购等方式，投向具有较高成长潜力、带动效应显著的文化旅游及相关新兴业态项目，有效发挥国有资本的激励引导示范作用和杠杆放大效应，以市场化手段和专业化运作促进各类社会资本投资旅游，打造具有国际影响力的文旅产业投资机构。

四、尽快出台碳达峰、碳中和举措，实现绿色低碳发展

推动绿色低碳发展。启动二氧化碳排放达峰行动，加强重点行业和重要领域绿色化改造，全面构建绿色能源、绿色制造体系，建设绿色工厂、绿色工业园区，加快煤改气、煤改电、煤改生物质，促进生产生活方式绿色转型。支持建设碳中和示范园区。深入推进重点行业清洁生产审核，挖掘企业节能减排潜力，从源头减少污染排放，发展壮大环保产业。支持清洁能源经济示范区建设，创建一批国家生态文明建设示范市县和"绿水青山就是金山银山"实践创新基地。

第五章 投资规模与经济发展的研究

第一节 投资规模对经济增长影响的相关理论

一、投资规模与经济增长概念

（一）投资规模

投资规模是指在一定时期内国民经济各部门、各行业社会再生产活动中投入资金的数量。在现代社会中，经济增长在很大程度上取决于投资规模及其配置方式，没有一定数量的投资就无法形成合理的投资结构，也就不可能实现技术进步和经济增长。因此，投资规模作为宏观经济中合理配置社会生产力的一个重要因素，对经济持续、快速和健康发展起着关键作用。投资规模过小，就不能保证经济的正常发展和人民生活水平的不断提高。过大的投资规模有利于扩大短期的经济发展，但会挤掉生产和压缩人民生活供应，对长远的社会、经济发展不利，保持适度的投资规模对国民经济和社会发展具有决定性的作用。要做到适度必须合理安排好年度投资规模并处理好年度投资规模和在建投资总规模之间的关系。前者是指国家在一个年度中用于固定资产的投资额，它反映国家在该年度中用于固定资产再生产的人力、物力、财力的数量。后者是当年施工的建设项目全部建成所需的投资总额。

（二）经济增长

经济增长衡量一定时期内，一国或一地区的产出量的持续增加。在理解这一概念的时候我们要注意，经济增长是可以度量的，可以用 GDP 来衡量一国的经济情况并通过与前一期对比以分析经济增长的水平。其衡量的经济变化不是短期的，而是具有一定时间跨度的增长。此外，经济增长受投资、劳动、技术进步等因素影响。

在指标上，普遍关注国民生产总值以及国民生产总值的增长率。国民生产总值反映了一定区域范围内一定时期的总产出量，具有存量的概念，是衡量经济发展、总产出的常用绝对数指标。国民生产总值增长率反应的是增长的速度。只要国民生产总值增长率为正，国民生产总值就为正向增长。这一相对值指标是反映经济发展速度的重要指标。

二、投资规模对经济增长影响的理论

（一）凯恩斯经济增长理论

凯恩斯经济增长理论阐述了投资规模对经济增长的促进作用。这一理论阐述了促进经济增长的第一条途径，它指出了投资本质上是总需求的一部分，投资正是在需求不足的状态下，采用扩大总需求的方式来促进经济增长的。

1963 年，凯恩斯主义投资理论在《就业、利息和货币通论》一书中得到了详细的论述。他认为市场机制不完善，以致市场总需求等于总供给达到的均衡水平往往并非充分就业下的均衡，市场机制无法自发达到充分就业状态下的均衡，存在市场失灵。政府对经济的干预是有意义的。政府通过增加投资的方式可以拉动需求，从而达到更高产出量的均衡，以达到推动经济增长、增加就业的目的。政府的扩张性财政政策有助于总产出的提高。凯恩斯在消费函数基础上提出了乘数效应理论。政府通过增加投资的方式可以产生多倍于原始投资量的产出的增加。

（二）新古典经济增长理论

新古典经济增长理论阐述了投资对经济增长的促进作用，这一促进作用可以用来理解促进经济增长的第二条途径。在这一理论中，投资影响了劳动力与技术水平，这两者又对经济增长产生了直接的促进作用。

新古典经济学派学者将资本与劳动力引入了影响经济增长的模型中，他们假设资本和劳动力是可以相互替代的。在哈罗德-多马经济增长模型基础上引入生产函数对其进行修正，从而提出 Solow-Swan 经济增长模型。这一理论的提出，引导学者们对资本、劳动和技术进步三因素之间关系的思考。

新古典经济增长模型强调物质资本积累的重要性，这一点与哈罗德-多马经济增长模型是一样的。他说明了物质资本投入、劳动力投入及技术进步三因素对经济增长的影响，得出经济增加是由两部分构成的，一是资本产出弹性与资本存量增长率的乘积，二是劳动力弹性增长率与劳动力增长率的乘积。在长期技术进步条件下，不仅物质资本积累对经济增长有影响，劳动力投入及技术进步也对经济增长产生影响。

（三）适度的公共投资规模理论

投资规模不足无法为经济增长提供足够的动力，反之过量的公共投资又会造成均衡利率上升，产生挤出效应从而抑制经济的增长。适度的投资才能够对经济增长产生最优的影响。内生增长理论阐述了适度的投资可以对经济增长产生最优的促进作用。20 世纪 80 年代，受宏观经济学影响，经济学家罗默等人提出了内生增长理论。内生增长理论与新古典经济理论存在的显著差异在于是否存在资本边际收益递减的假设，使用了更加广泛的资本概念，分析了技术进步和人力资本对经济增长的长期促进作用。内生经济增长理论认为资本不存在边际收益递减，经济增长率长期也不会趋于零。这一理论也强调了财政政策的有效性，公共投资可以影响一系列的因素，这些因素对经济增长都有直接的作用，从而财政政策在这一时期受到推崇。巴罗在柯布道格拉斯函数基础上将公共支出作为内生模型变量，分析公共支付效应。从内生增长模型的分析中可以得出，如若使支出的经济增长效应发挥到最大程度，要考虑投资的负效应和税收规模。这一理论指导实践，投资应保持适度的规模，这样才能保证经济增长的最优。

三、投资规模的主要影响因素

公共投资规模对经济增长的影响要根据实际情况分析。对经济增长的促进与抑制受到公共投资规模的影响。那么公共投资规模又受到哪些因素影响呢？本节从地区或区域的发展战略、公共投资的范围、资金的来源等角度分析公共投资规模的影响因素。

（一）区域发展战略

区域经济发展战略是较长时期对全局的规划与决策，需考虑一地区的经济、社会及其他方面的情况。我国根据不同区域的实际情况提出不同的发展战略，东部率先发展等战略，允许且不限制一部分地区先发展起来。非均衡的发展战略使得不同地区在原有条件禀赋存在差异的状况下，形成了存在更大差异的经济社会发展情况。

不同战略下，投资的水平也呈现显著的差异。东部沿海地区率先发展，有利的经济政策及手段向东部地区倾斜，投资水平也随之增加。相对于率先发展的地区，其他地区会受到经济体制、经济政策、区域思想等因素的影响，造成投资规模的差异。

（二）固定资产投资融资来源

扩大投资规模需要较大的资金支持，这需要投资资金有充足的来源保证。如果增加的资金来源于税收的征收，则会造成企业可支配资金、个人可支配收入的下降，这对私人投资与消费会产生负面影响，进一步导致经济增长的抑制作用。相比之下，扩大投资所需的资金，若来源于举债等方式，则不会带来以牺牲私人投资和消费为代价的投资资金来源的保证，但会受到融资来源的限制。可见投资融资来源单一，造成的资金紧张，无法在资金供给上保证投资的资金来源，会影响投资规模。

第二节 东北老工业基地固定资产投资规模与经济增长关系

一、东北老工业基地固定资产投资规模现状

图 5-1 为东北地区自改革开放以来的固定资产投资总规模柱状图。从图中可知，自 1978 年以来，东北地区固定资产投资规模总体呈上升趋势。1980 年东北地区总固定资产投资为 112.98 亿元，而 2017 年东北地区固定资产投资达到 31252.64 亿元，后者是前者的 276.6 倍，平均增长率达到 744.9%。

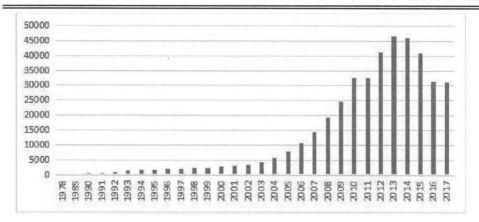

图 5-1 东北地区 1978–2017 年固定资产投资总额

数据来源：根据 1979—2018 年《中国统计年鉴》相关数据整理绘制

观察东北地区改革开放以来的统计数据，自 2003 年东北地区固定资产投资开始高速增长，其增长率达到 22.29%；2004 年东北地区固定资产投资增长率超过全国平均水平，并在之后几年差距逐渐拉大，这主要因为 2003 年中共中央、国务院发布实施了《关于实施东北地区等老工业基地振兴战略的若干意见》，极大地刺激了东北地区固定资产投资的持续增长。2009 年，东北地区固定资产投资增长率开始下跌，低于全国平均水平；并在 2010 年重新上涨，高于全国平均水平，这主要是因为 2008 年全球金融危机，政府为了稳定经济增长而实施的"四万亿计划"，东北地区固定资产投资增长率的先下降后上升，也进一步说明了东北地区政策的时效性滞于全国平均水平。东北地区固定资产投资规模于 2013 年达到峰值，固定资产投资总体达到 46540.06 亿元，增长量达到 5411.96 亿元，同比增长 13.16%，这主要是因为国务院于 2012 年 3 月批复了有关东北振兴的"十二五"规划。而在 2014 年东北地区全面、全方位振兴战略提出之后，东北地区固定资产投资规模急剧下降，固定资产投资增长率首次出现负增长，并呈现连年下跌的趋势。

图 5-2 为东北三省 1978 年至 2017 年历年固定资产投资额折线图，整体来看，在 2003 年东北振兴口号提出之后，东北三省的固定资产投资规模都有明显的增加，但辽宁省、吉林省与黑龙江省之间的固定资产投资规模存在差距，尤其是辽宁省与其他两省之间的固定资产投资规模差距明显。

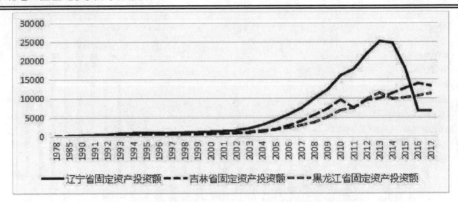

图 5-2 东北三省 1978-2017 年固定资产投资额

数据来源：根据 1979—2018 年《中国统计年鉴》相关数据整理绘制

1978 年至 2002 年，东北三省固定资产投资规模大致相同，且增长率相对保持一致。2003 年东北三省固定资产投资规模实现突破性增长，其中辽宁省固定资产投资规模增长快于吉林省和黑龙江省，吉林省与黑龙江省的固定资产投资规模增长趋势大致相同，但吉林省固定资产投资增速明显快于黑龙江省，说明 2003 年的东北振兴战略实施具有积极效果，且对辽宁省的效果最为明显，吉林省次之。2013 年辽宁省固定资产投资额达到峰值，2014 年辽宁省固定资产投资规模开始出现断崖式下跌，这也从侧面说明东北地区全面、全方位振兴战略的实施最初对辽宁省未能达到预期效果，这种情况到 2017 年开始有所好转。2011 年吉林省固定资产投资额出现明显下跌，并于 2012 年开始持续增长，这说明东北地区全面、全方位振兴战略对吉林省有着积极的作用。2014 年黑龙江省固定资产投资规模首次出现下跌，在此之后增长缓慢，从侧面反映东北地区全面、全方位振兴战略的实施对黑龙江省还未开始发挥效果。

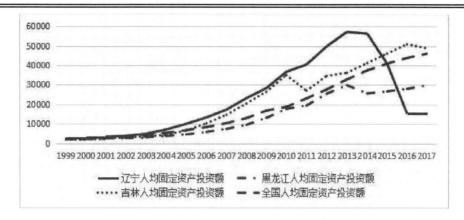

图 5-3　1999-2017 年东北三省及全国人均固定资产投资额

数据来源：根据 2000—2018 年《中国统计年鉴》相关数据整理绘制

如图 5-3 所示，东北三省人均固定资产投资额自 1999 年以来整体呈现上升趋势。吉林省人均固定资产投资规模在 1999 年至 2017 年间始终高于全国人均固定资产投资规模，黑龙江省人均固定资产投资额则始终低于全国平均水平，辽宁省与其他两省情况不同，辽宁省人均固定资产投资额曲线呈倒 U 型，在 2013 年达到曲线峰值，2014 年开始断崖式下跌，2015 年降至全国平均水平。黑龙江省和辽宁省 1999 年至 2014 年间的人均固定资产投资额的变化趋势大致相同，均在 2013 年达到峰值，2014 年开始下跌，但与辽宁省自 2014 年持续下跌不同的是，黑龙江省人均固定资产投资额自 2015 年呈缓慢上升趋势。从数值上看，1999 年至 2014 年间，辽宁省人均固定资产投资额始终大于吉林省人均固定资产投资额，两省人均固定资产投资额均高于全国平均水平。在 2013 年的峰值中，辽宁省人均固定资产投资额达到 57192.84 元，黑龙江省达到 29864.51 元，前者是后者的 1.92 倍。1999 年到 2017 年间，人均固定资产投资额增长最快的是吉林省，增长了 25.05 倍。

二、东北老工业基地经济增长情况分析

图 5-4 描绘了东北地区 1978 年至 2017 年间的 GDP 总额柱状图及 GDP 增长率折线图，同时与全国 GDP 增长率做对比，从而更加客观地表现了东北地区的经济发展现状及波动情况。

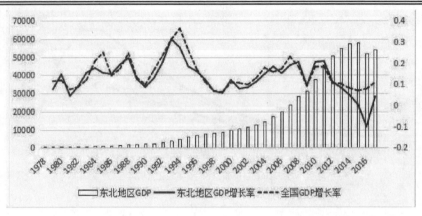

图 5-4 1978-2017 年东北地区 GDP 及 GDP 增长率和全国 GDP 增长率

数据来源：根据 1979—2018 年《中国统计年鉴》相关数据整理绘制

柱状图从规模上描绘了改革开放以来东北地区经济发展的总体情况。从整体趋势上看，东北地区 GDP 总值表现出明显上升的趋势，GDP 总值在 2015 年达到该指标的最大值，这与图 5-1 所显示的固定资产投资规模在 2013 年达到最大值有所不同，主要是因为投资会对经济增长产生延迟性影响，即经济增长滞后于投资。如折线图所示，东北地区 GDP 增长率波动趋势与全国 GDP 增长率波动趋势大致保持一致，GDP 增长率的波动比较大，且整体呈现先平缓而后急剧下降的趋势。但在 2013 年之后二者出现明显差别，东北地区 GDP 增长率从 2013 年开始急速下滑，明显低于全国平均水平，直至 2017 年有所回升。2009 年东北地区 GDP 增长率及全国 GDP 增长率都出现一次大幅度降低，这可能是因为受到 2008 年金融危机的影响，尽管当时国家实施了"四万亿计划"，但由于经济增长的滞后性，该计划的效果还未显现出来，所以依然出现了这次大幅度下滑。随着四万亿投入到市场后，GDP 增长率迅速回升并有所增加。2012 年的再次下滑可能是因为四万亿的救市不足以支撑长期的经济增长，由于缺乏增长动力，经济一路下滑。2017 年东北地区 GDP 增速回升，这可能是因为 2013 年东北全面振兴战略效果开始显现。

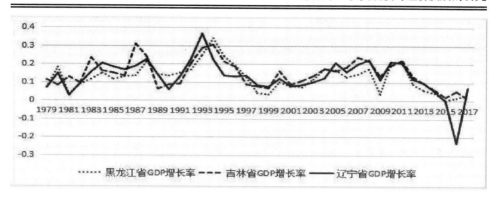

图 5-5　东北三省 1978-2017 年 GDP 增长率

数据来源：根据 1979—2018 年《中国统计年鉴》相关数据整理绘制

如上图 5-5 所示，改革开放以来东北三省的 GDP 增长率变化趋势大致保持一致，并经历数个经济周期波动。2003 年东北振兴战略提出之后，东北三省经济增速明显回升，直至因全球经济危机的影响于 2009 年再次下滑至谷底，但因为中国政府四万亿救市计划，2010 年东北三省经济增速回升。东北三省经济增速于 2012 年开始新一轮的下滑，为应对东北三省经济疲软，中央于 2013 年提出全面振兴战略。但如上图所示，东北三省在战略提出之后两年仍处于增速下滑阶段。辽宁省在 2015 年经济增速首次出现负增长，并在 2016 年增速加速下滑，2017 年有所回升；黑龙江省在 2015 年之后经济增速有明显的回升趋势，这也从侧面说明全面振兴战略对东北经济复苏有积极作用，但其对东北三省作用效果有所不同。

三、东北老工业基地固定资产投资对经济增长的影响分析

前文就东北三省固定资产投资规模的总量以及各省投资额进行了现状分析，同时选用 GDP 总值及其增长率分析了东北地区 1994 年以来的经济增长情况。从总体规模上看，结合图 5-1 东北地区固定资产投资总规模和图 5-4 的 GDP 总量，鉴于投资对经济增长存在滞后性，二者趋势基本一致，但仅依据总量分析是无法解释固定资产投资对经济增长的影响作用的。一般而言，投资占 GDP 比例大小与 GDP 增长率之间存在明显相关性，因此用这两个指标可以实现分析固

定资产投资对经济的增长影响机制。选取 2000 年至 2017 年东北地区固定资产投资占 GDP 比重和 GDP 增长率这两个指标来研究东北地区固定资产投资与经济增长的关系。

图 5-6 描述了 2000—2016 年东北地区 GDP 增长率和固定资产投资占比，能看出它们之间存在着相似增长趋势，即它们之间存在较为明显的相关性。具体来看，在 2008 年之前，东北地区固定资产投资占比迅速攀升，而在此期间，东北地区的 GDP 增长率总体上也呈现上升的态势。2008 年发生金融危机后，GDP 增长率迅速下滑，但因为国家紧急出台四万亿计划以应对金融危机，致使当年的投资总额增加，因而东北地区的固定资产投资在 GDP 中所占份额不减反增。由于投资对经济增长存在滞后性，GDP 增长率在 2010 年触底回升，但因为国家救市方针政策效果逐渐减小及其他一系列原因，2011 年东北地区经济增速持续下滑。2013 年东北地区固定资产投资总规模开始下滑，这从图 5-1 中也可以看出，其结果就是固定资产投资在 GDP 中的比重也持续下滑，而 GDP 增长率在 2016 年跌入谷底，2017 年有所回升，这也能从侧面说明东北全面、全方位振兴政策的作用效果具有一定的滞后性，但总体来说发挥了积极的作用。

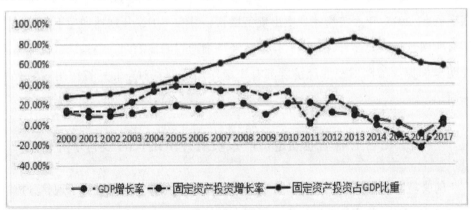

图 5-6　2000—2017 年东北地区 GDP 增长率及固定资产投资增长率及占比

数据来源：根据 2001—2018 年《中国统计年鉴》相关数据整理绘制

如图 5-6 所示，东北地区的 GDP 增长率曲线与固定资产投资增长率曲线保持相似的变化趋向，同时两条曲线的变动也有显而易见的差异之处。二者之间的差异主要表现在两个方面，一方面 GDP 增长率和固定资产投资率不会同时达到最大值或最小值，2009 年东北地区经济增速达到短期最小，并在一年以后经济回暖，GDP 变动曲线向上变动，而东北地区固定资产投资率在 2011 年达到短期最小，并在一年后逐渐提高，固定资产投资率曲线向上变动，由此可见 21 世纪以来东北地区固定资产投资率曲线总是迟于 GDP 增长率曲线变动；另一方面东北地区固定资产投资的波动强度大于 GDP 的波动强度，这一点可以从图 5-6 中看出，GDP 变动曲线比固定资产投资变动曲线更加平缓。

四、东北老工业基地固定资产投资规模与经济增长关系的实证分析

固定资产投资对经济增长发挥着举足轻重的作用。固定资产投资包括资本资产的更换、扩建、新建等。关于固定资产投资与经济增长的关系，国内外不少学者都进行了广泛的探讨。在国外，如 Delong 和 Sum-mers 研究发现，在美国，固定资产投资与经济增长有着显著的正相关关系，对经济增长起着重要的作用。Alfred 和 Willi 根据美国、英国、德国、法国和日本等国数据，研究发现，固定资产投资对经济增长具有正的外部性，而且还发现，由于国家的差异性，固定资产投资对经济增长的显著性也不尽相同。Ataman 、Kala 和 Noman 通过对 39 个国家的研究发现，固定资产投资对经济增长起着非常重要的作用， 固定资产投资是经济增长的重要驱动力。

在国内，也有不少学者对固定资产投资与经济增长的关系进行了探讨。如刘树成 （1986）研究认为，我国固定资产投资呈现周期性特征，我国固定资产投资增长率和经济增长率两者之间存在着周期匹配性。刘金全等（2002）进一步验证了我国固定资产投资和经济增长之间的匹配性，得出两者之间存在着显著的时间效应。刘金全等（2012）进一步研究发现，我国固定资产投资和经济发展之间有着显著的正向不对称性关联性，固定资产投资对经济的溢出效应呈正向性，然而扩大固定资产投资规模并没有对投资产生"牵拉效应"。张腊凤（2011）基于 1980—2008 年山西省 GDP 与固定资产投资样本数据，通过实证分析研究发现，山西省固定资产投资是推动山西省经济增长的主要动力，固定资产投资与经济增长存在着长期的协整关系。李杰等（2013）研究发现，河南省固定资产投资长期以来保持着高速增长态势，但固定资产投资边际产出呈现显著递减趋势。因此认为，

河南省固定资产投资不能单独依靠增加投资规模来促进经济增长，而应调整固定资产投资结构，转变经济发展方式，优化三次产业的投资结构，提高固定资产投资效率。徐香兰等（2014）基于 1990—2012 年延边地区样本数据，研究发现，随着延边地区固定资产投资规模的逐步扩大，其对经济增长的作用表现得越来明显。但同时也发现，要发挥固定资产投资对经济增长的作用，政府应转变职能，优化投资的产业结构和投资结构，优化投资的所有制结构。孔婷婷等（2014）研究发现，我国固定资产投资通过信贷对我国通货膨胀率的影响日益明显，在影响通货膨胀的影响因素中，发挥着主导作用。研究认为，政府应减少过分干预经济社会固定资产投资，这样有利于我国经济增长的平稳性和可持续性。李成等（2015）利用 DEA -Malmquist 指数针对全要素生产增长率做了分解，考察了公共固定资产投资对其的影响。研究发现，政府公共固定资产投资对我国全要素生产增长率存在着负向作用，区域间无显著差异性。公共固定资产投资对我国生产技术的促进作用仅体现在东部地区。东部、中部和西部对规模效率影响均不显著。研究建议，政府应减少公共固定资产总量投资，并向西部倾斜，东部地区主要加强促进技术进步的公共固定资产投资。

综上所述，关于固定资产投资与经济增长关系的研究，以往文献越来越重视计量方法的研究与运用。以往的研究呈现以下特点：第一，从以往研究的结论来看，大多数文献研究认为，固定资产投资与经济增长呈显著正向关系；第二，以往的研究很少关注固定资产投资规模（固定资产投资规模 = 固定资产投资 / GDP）对经济的影响。基于此，本部分以 2010—2019 年东北三省经济面板为样本，考察固定资产投资规模对县域经济增长的影响，探讨经济发展的固定资产投资的最优规模。

（一）变量和数据描述

实证研究过程中选择 3 个变量，以黑龙江、吉林、辽宁生产总值 GDP 反映经济增长，以固定投资反映投资规模，同时考虑到影响经济增长的主要因素除了实物投资外还有劳动力，所以选择历年社会就业人数作为劳动投入量。原始样本数据来自《黑龙江统计年鉴 2019》《吉林统计年鉴 2019》《辽宁统计年鉴 2019》，固定投资数据单位均为亿元，社会就业人数的单位为万人。选取了 2000 年—2019

年 20 年的年度数据。在进行实证研究时，我们运用 Eviews8.0 软件进行辅助分析。

（二）投资规模与经济增长的计量模型

在考虑固定投资、劳动投入量和 GDP 的关系时，为消除数据可能存在的异方差，可将原始数据分别取自然对数。由于所有数据均为时间序列数据，为避免出现伪回归，我们先要检验数据的平稳性。

通过单位根检验的方法得到对的数序列是非平稳的，但其一阶差分为平稳序列。考虑到宏观经济制度对 GDP 的影响，我们引入表示经济制度变化的虚拟变量 DUM。2008 年受美国次债危机的冲击，我国国内需求严重不足，经济增长处于低迷状态，政府出台了一系列刺激经济的政策，使得经济在 2008 年走出了通货紧缩状态。由此，我们考虑如下的计量模型：

$$D\ln y = \alpha\, D\ln x_1 + \beta\, D\ln x_2 + \gamma d\,(t-2008)\, D\ln x_1 + C + \varepsilon, \qquad (1)$$

其中 y 代表 GDP，x_1 代表固定投资 DI，x_2 代表劳动投入 LABOR，t 代表年份，D 为一阶差分符号，d 代表虚拟变量 DUM，而且有

$$d = \begin{cases} 1, & t > 2000 \\ 0, & t \le 2000 \end{cases}$$

经 Eviews 运行，得到如下回归方程：

$$D\ln y = 0.7729\, D\ln x_1 - 0.4878\, D\ln x_2 - 0.2471 d\,(t-2008)\, D\ln x_1 + 0.0318,$$
（2）

　　（7.5233）　　（-0.8578）　　（-3.031）　　（1.1146）

$R^2 = 0.8236$，Adjusted $R^2 = 0.7845$，$F = 21.74$，

$D.W = 2.2683$

相关系数 $R^2 = 0.8236$ 说明固定投资和劳动的投入对经济增长有整体的解释意义；F 的值意味着三个变量之间有很强的线性关系；劳动变量很不显著，说明东北三省经济增长主要是靠固定投资驱动的，而且 2008 年之后投资的贡献率降低了 0.2471，也就是只有原来 0.7729 的 68%。我们可以认为劳动对 GDP 的解释能力不强，剔除劳动变量后得到回归模型如下：

$$D\ln y = 0.7935 D\ln x_1 - 0.2184 d\,(t-2008)\, D\ln x_1 + 0.0145, \qquad (3)$$

$R^2 = 0.8140$，Adjusted $R^2 = 0.7892$，$F = 32.82$，

$D.W = 1.756$

与（2）式相比，这个模型比较合理，同时也解释了 2008 年后投资对经济增长贡献放缓的现象。

以上分析说明，2000 年至 2019 年东北三省固定资产投资和生产总值之间具有长期均衡、稳定的关系。从弹性系数来看，固定资产投资对国民经济的拉动作用是明显的，固定资产投资增长率的波动幅度比经济增长率的波动幅度剧烈，东北三省经济增长主要是靠固定投资拉动的。

同时我们也应该看到，对投资的过分依赖很容易使政府陷入经济增长的困境：刺激经济的唯一手段似乎只有扩大投资，吸引投资；各级政府大搞形象工程和政绩工程，热衷于投资建设产值高、税收多的项目；过度的投资以及许多非市场化的因素形成了大量无效资本，使得投资本身的报酬递减，投资效率低下。

（三）东北老工业基地适度投资规模计量模型的确定

投资与经济增长相互依存、相互制约的关系表明，适度的投资规模是实现社会再生产良性循环和经济稳定增长的重要条件。投资规模过小，则不利于为经济的进一步发展奠定物质技术基础，投资对经济增长的推动力得不到充分的发挥；投资规模过大，当超过了经济的实际承受能力时，就有可能造成国民经济发展的比例失调，使投资效益降低。因此，合理安排投资规模具有重大意义。本部分用投资率（固定资产投资占国民生产总值的比重）作为判断投资规模是否合理的指标。

适度投资规模的确定原则就是要保持投资率与消费率的比例协调。从最终使用角度看，国民收入主要用于积累和消费两个方面，积累和消费是此消彼长的关系。一方面，积累实质上是为扩大未来的消费而储备资本，但是积累比重过大必然会减少当前消费；另一方面，为了扩大未来消费，也必须增加投资以满足人们日益增长的物质文化需求。所以，投资率要与消费率保持协调发展。

在国民经济总量一定的基础上，增加总投资或总消费均能带动 GDP 的增加，但总投资和总消费是此消彼长的关系。因此，只有当总投资与总消费的比例关系

保持均衡时，才能促进经济的稳定增长。

总投资等于总消费时，经济增长达到最优，用数学方法表示为：投资曲线与消费曲线的交点 E 为均衡点，该点所对应的投资率$\theta*$ 为优化投资率，对应的总产出 $Y*$ 为最优总产出（如图 5-7 所示）.

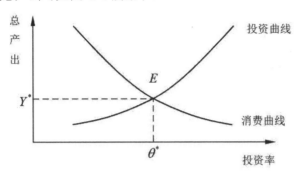

图 5-7 总投资与总消费均衡

考伊克分布滞后模型假定经济变量不仅依赖于其解释变量的当期数值，还依赖于其解释变量前无穷期数值，并且假定影响系数随时间的推移呈几何级数逐渐减小运用该模型对东北三省优化投资率的数值进行测算,得分布滞后模型为

$$Y_t = \alpha + \beta X_1 + \beta \lambda X_{t-1} + \beta \lambda^2 X_{t-2} + \ldots + u_t, \quad （4）$$

其中 $0 < \lambda < 1$ 为估计有关参数，将模型推算和整理为只考虑滞后一期影响的形式

$$Y_t = （1-\lambda） \alpha + \beta X_t + \lambda Y_{t-1} + v_t , \quad （5）$$

其中 u_t 和 v_t 均为误差项。设 t 时期的总消费 C_t 和总投资 I_t 对生产总值 Y_t 的影响均符合考伊克分布滞后模型,利用 2000—2019 年的数据计算模型中的参数,可得总消费和总投资对国内生产总值影响的方程为：

$$Y_t = -778.392 + 1.1818 C_t + 0.7167 Y_{t-1}, \quad （6）$$
$$（-1.8644） \quad （2.3751） \quad （3.2822）$$

$$F = 815.5548, \quad R^2 = 0.9897, \quad D.W = 0.8123,$$

$$Y_t = 610.3407 + 0.5885 I_t + 0.8651 Y_{t-1}, \quad （7）$$
$$（1.8271） \quad （4.2018） \quad （9.5910）$$

$F = 1294.60$，　$R^2 = 0.9935$，　$D.W = 1.7618.$

方程的显著性很高，可以通过检验。虽然常数项的 t 值很小，但考虑到对方程的求解具有理论上的意义，因此不必剔除常数项。其他各项系数在 99%的置信水平下显著不为零，方程的残差类似白噪声。

设 t 时期的总投资率为 θ_t，则总投资 $I_t = Y_t\theta_t$，总消费为 $C_t = Y_t（1 - \theta_t）$，根据上述估计出的方程，绘制出表示 θ_t 与 Y_{t-1} 关系的曲线，曲线的交点即为优化投资率，最后可得

$$\theta_t = 0.3216(Y_{t-1} - 388.73)(Y_{t-1} + 87.93) \qquad (8)$$

由上述公式可以得出如下结论：

1.优化投资率与上一年的国内生产总值 Y_{t-1} 存在着确定的关系，当经济规模较小时，优化投资率变动较大，其 θ_t 的值主要由 Y_{t-1} 决定；当经济规模较大时，优化投资率几乎与 Y_{t-1} 无关，θ_t =0.3216。

2.在目前规模经济的条件下，优化投资率为 0.311，实际上却高达 0.53，这说明东北三省的固定投资规模过大。

虽然在既定的社会经济环境下存在着一个优化的投资率，但由于投资供求均衡主要受自然资源、技术水平和宏观经济政策等一系列因素的约束，在绝大多数情况下实际投资率都会不同程度地偏离优化投资率。所以，适度投资率不是某个特定的数值，而是围绕最优投资率上下波动的一个区间。根据当前优化投资率的测算结果（约为 0.311）并借鉴国外的经验，东北三省近期投资率最好把握在 35%~40%之间。

（四）结论

本部分利用统计学方法对东北地区固定资产投资及经济波动现状进行各项分析，研究结果表明东北三省自 1978 年至 2002 年间固定资产投资规模大致相同，吉林省和黑龙江省固定资产投资保持相似的增长状态，辽宁省固定资产投资增长明显快于吉林省及黑龙江省，但在 2014 年出现明显下滑趋势。东北地区 GDP 增长率波动趋势与全国 GDP 增长率波动趋势大致保持一致，整体呈现先平缓后急剧下降的趋势。其次本文对东北地区经济波动进行详细分析研究，以 1965 年为基期，测算全国及东北三省 1966 年以来的 GDP 增长率，验证改革开放后经济

波动强度呈下降趋势及经济增长乏力等特征。最后，本文利用 1994—2017 年东北三省省级面板数据对于固定资产投资对东北地区经济增长的作用进行实证分析。实证分析结果显示，固定资产投资是经济波动的重要来源，相较于消费和政府财政支出，固定资产投资波动减小是近些年来经济波动放缓的重要因素。

基于实证结果分析可知，东北地区的固定资产投资与 GDP 之间存在着长期协整关系，且投资率自 1980 年起一直保持增长态势，在 2013 年达到最大值为 84.87%。在经济达到稳定增长状态时，投资率 RK 与经济自然增长率 g 成正比，与投资生产率 v 成反比，即可表示为 RK=（1+g）/V。由世界投资报告公布的数据可知，长期以来世界平均投资率相对稳定在 23% 左右，经济增长率约为 2.96%。由三者关系式计算可知，世界平均技术可行的投资生产率约为 4.48。在我国改革开放以来，东北地区平均投资率为 41.7%，平均经济增长率为 13.25%，根据公式计算可知，东北地区平均技术可行的投资生产率为 2.71。一般认为，个体、私营的经济效率更高，至少能达到世界平均水平，本文认为东北地区个体私营及外商投资技术可行的投资生产率能够达到 4.48。假定东北地区个体、私营及外资经济在经济中比重为 w（$0 \leqslant w \leqslant 10$），在可预期的未来东北地区经济增速不会超过 10%，那么东北地区合理投资率 $\overline{RK}$=1.1/（2.71+1.77w）。也就是说，东北地区合理投资率的最大值主要看 w 值的大小，w 值越大，说明经济达到均衡状态时的投资率越低。简单来说，当 w=0 时，投资率不应该超过 40.6%，即为合理投资率的最大值。对合理投资率的最小值的计算也是这样，当个体、私营等经济形式占绝对优势地位时，即 w=1 时，投资率不应低于 24.6%。在东北地区全面、全方位振兴战略实施的背景下，东北地区合理投资率应在 24.6% 到 40.6% 之间。

五、调整东北老工业基地固定资产投资规模的建议

（一）扩大东北地区固定资产投资规模

东北三省经济增速自 2011 年起处于连年下跌的态势，根据东北地区固定资产投资与经济增长率的研究分析，认为固定资产投资率与经济增长率有密切的关系。在短期内，特别在投资 GDP 贡献较高但固定资产投资增速不断下降的现状下，为遏制和扭转东北经济整体进一步下滑的趋势，实现东北三省经济稳定增长，

需要保持必要的固定资产投资规模和增速，使投资率稳定在合理区间之内。

（二）优化东北地区固定资产投资结构

随着东北经济向高质量发展转变，以信息技术为基础的新基建迅速崛起，在稳定扩大传统基建的投资力度基础上，加大新基建投资在固定资产投资中所占比重，最大限度地缓解新冠肺炎疫情对经济的冲击。一方面，传统基建是新基建顺利实施的前提保障，加大传统基础设施建设也有助于扩大投资、刺激消费和稳定就业等多重目标；另一方面，加大新基建投资，利用高新技术提升改造传统产业，在新型产业发展和传统产业转型中促进东北地区产业结构向中高端转变，在这一过程中不断创造新岗位，在缓解因疫情冲击而加剧的就业难方面发挥着独特作用。

（三）突出政府投资的引导作用

东北地区由于投资体制的缺陷，政府主导式投资发展思维较为严重，存在着政府投资体量大、不可持续等问题，导致经济波动幅度大。为实现东北地区全面振兴，势必要深化东北地区投资体系改革，突出政府投资的引导作用，以创造良好的营商环境。东北地区应推动政府职能转变，在简政放权的基础上推动优化政府机关的服务，并努力找到政府放权与政府监管的平衡点，强化其他非政府投资的主体地位，建立政府与市场良性互动的投资体系。此外，东北地区政府应提供高效的市场准入服务，并建立完善的服务体系，在此基础上完善企业市场退出机制，为企业进入和退出市场打造良好的营商环境。

（四）积极的政策支持

针对具有转型发展潜力的企业政府应鼓励其引进新技术进行改造，使其在智能化方面具有竞争力，并在税收方面给与一定的政策支持。东北地区多以资源型产业为支柱产业，政府应大力扶植非资源替代产业，形成多元化发展的经济格局，在这个转型发展过程中，要始终以央企的改革发展为重点。此外，东北地区政府应注重消费对经济发展的长期拉动效应，增大对教育、医疗等民生保障方面的财政支出，不仅能够有效的降低东北地区的人才流失率，还能够提高居民的生活幸福感，进而刺激居民消费拉动内需，为经济发展提供长远支撑。

第三节 研发投资与经济增长的关系研究

一、国内外研究现状

研发（research and development，简称 R&D）是指在科技创新领域，为增加知识总量以及运用这些知识创造新应用而进行的创新活动。科技创新需要大量的人、财、物投入作为保障。其中资金支持是最重要的物质支持手段之一，已成为影响一国科技实力与核心竞争力的重要指标。按照学术界的分类，R&D 活动主要分为基础研究、应用研究与试验发展三种。学术界目前认为，基础研究和应用研究属于理论研究，可以产生新的知识，而试验发展则属于实践，很难产生新的理论知识。现有关于 R&D 驱动经济增长的研究，往往将 R&D 投资视为一个整体，仅考虑规模却忽视了结构，因此也就使得研究的解释力变弱。不同类型的R&D 活动对创新成果的产生与经济增长所起的作用具有怎样的差别呢？这是一个值得思考的问题。

早在 20 世纪 90 年代初，以 Romer（1990）、Grossman & Helpman（1991）、Aghion & Howitt（1992）等为代表的西方学者们，就发现了 R&D 投资对创新活动的产出和效率具有重要的影响，并提出基于 R&D 驱动的经济增长理论。之后，Salter（2001）分析了 R&D 的基础研究投入对促进知识存量增加和创新能力提升的机理，Morales（2004）的研究更进一步区分了基础研究和应用研究的投资对经济增长的作用，并发现政府投资于基础研究有利于经济增长，投资于应用研究却对经济增长起反作用。相较之下， 国内学者针对 R&D 投资规模与结构的研究要晚得多，更多的是结合我国发展实际进行很多具有中国特色的研究。然而，已有研究得出的结论存在很大差别。比如，严等（2013）通过构建模型发现我国 R&D规模和基础研究投入越大，经济增长率越高；但万莉丽等（2018）发现，应用研究和试验发展才是经济增长的格兰杰原因；蒋殿春等（2015）研究了我国不同种类的 R&D 投资对生产率的影响，发现在不同类型的 R&D 活动中，试验发展的效果较好，依次是基础研究和应用研究；潘雄锋等（2019）通过实证研究发现，企业 R&D 经费中的研究阶段与开发阶段均能对企业创新产生正面影响，但相较而言研究阶段的促进效果更为明显。由于指标选取和实证方法不一致，已有研究的结论出现矛盾并不意外，但也得出一些共识：虽然基础研究和应用研究无法产生短期的经济效益，却是科技创新主体保持持久竞争力的重要方面。因此，我国需进一步优化 R&D 投资结构，加大研究阶段的投入力度以实现 R&D 经费的最优配置。

然而，已有研究多为静态定量研究，无法反应不同种类的 R&D 投资究竟能在多大程度上刺激创新产出与经济增长，更无法描绘影响的动态轨迹。本部分从构建科技创新"研发—创新—经济"系统出发，基于东北三省 1995—2018 年的时间序列数据，考察不同类型的 R&D 投资对创新产出与经济增长的影响。

二、研发投资与经济增长的关系的实证分析

（一）变量选取与数据来源

变量数据大部分来源于 1995—2019 年《中国统计年鉴》和《中国科技统计年鉴》。变量及变量说明见表 5-1。

从表 5-1 可以看出，本部分分别将 R&D 投资细分为三大类，以国内专利申请授权数和全国技术市场成交额代表创新产出，研究 R&D 投资结构对创新产出和经济增长的影响作用。此外，对数化处理不改变数据本身的结构，且可以进行指数平滑，有效消除异方差，因此，本部分先对上述指标进行对数化处理， 分别记为 ln R&D TOTAL、ln R&D BR、ln R&D AR、ln R&D ED、ln DPG、ln TVTM 和 ln GDP。

表 5-1　变量描述性统计表

变量性质	变量符号	变量说明	变量单位
R&D 投资	R&D TOTAL	R&D 经费内部总支出（Total）	亿元
	R&D BR	基础研究（Basic Research）	亿元
	R&D AR	应用研究（Applied Research）	亿元
	R&D ED	试验发展（Experimental Development）	亿元
创新产出	DPG	国内专利申请授权数（Domestic　Patents　Granted）	件
	TVTM	全国技术市场成交额（Transaction Value in Technical Market）	万元
经济增长	GDP	国内生产总值（Gross　Domestic　Product）	亿元

（二）研究方法

为深入分析我国研发投资、科技创新与经济增长的动态关系，本文的研究步骤如下：首先，运用稳定性检验来考察各研究变量之间有无稳定的因果关系；其次，用脉冲响应函数描绘变量间的互动效应与动态关系；最后，用方差分解法量化不同 R&D 投资和不同创新成果对经济增长影响的相对重要性。

构建VAR模型分析变量间的关系，模型如下：

$$Y_t = \sum_{i=1}^{p} A_i Y_{t-i} + \varepsilon_t$$

其中，Y_t 是由第 t 期观测值构成的 n 维内生变量向量，A_i 是$n \times n$ 系数矩阵，p 为内生变量的滞后期，ε_t 为n 维随机扰动项。其中，随机扰动 ε_t（$i = 1, 2, \cdots, n$）为白噪音过程，且满足$Cov(\varepsilon_t, \varepsilon_s) = 0 \ (t \neq s)$。

（三）研究变量的平稳性检验

本文构建东北三省研发投资、科技创新与经济发展的双变量 VAR 系统，需要分别建立 3 个双变量 VAR 模型。根据前文对指标的解释，在分析之前要先运用 Eviews8.0 对各变量进行平稳性检验，即单位根检验。检验方法选择最常见的 ADF（Augmented Dickey-Fuller Test）检验法，检验结果见表 5-2。考虑到篇幅有限，本文将最大滞后期设置为 5-2。

表 5-2　变量序列的单位根检验（ADF）结果

变量序列	ADF 检验值	5%显著性水平	滞后期	结论
ln R&D TOTAL	−1.441423	−3.012363	2	非平稳
△ln R&D TOTAL	−2.793059	−3.052169	5	非平稳
△²ln R&D TOTAL	−3.137357	−3.065585	5	平稳
ln R&D BR	−1.33916	−2.998064	0	非平稳
△ ln R&D BR	−2.764612	−3.012363	1	非平稳
△²ln R&D BR	−4.32554	−3.065585	5	平稳
ln R&D AR	−1.708444	−3.02997	4	非平稳
△ln R&D AR	−5.063296	−3.004861	0	平稳
ln R&D ED	−2.49981	−2.998064	0	非平稳
△ln R&D ED	−2.447244	−3.004861	0	非平稳
△²ln R&D ED	−6.613509	−3.012363	0	平稳

ln DPG	−0.307799	−2.998064	0	非平稳
△ ln DPG	−4.491631	−3.004861	0	平稳
ln TVTM	0.597814	−2.998064	0	非平稳
△ln TVTM	−4.345854	−3.004861	0	平稳
ln GDP	−1.138147	−3.020686	3	非平稳
△ ln GDP	−1.940739	−3.02997	3	非平稳
△²ln GDP	−4.810386	−3.02997	2	平稳

注：△表示一阶差分，△² 表示二阶差分

检验结果显示，在 5% 的显著性水平下，所有变量均非平稳变量。在一阶差分的情形下，只有 ln R&D AR、ln DPG 和 ln TVTM 能通过单位根显著性检验，是平稳序列。其余变量都是在二阶差分的情形下才通过显著性检验的，故本文拒绝了存在单位根的原假设，所有变量均为平稳序列，变量之间也存在协整关系。因此，东北三省研发投资、科技创新与经济增长之间存在长期均衡的关系。

（四）向量自回归模型的建立

本部分构建的 VAR 模型是东北三省研发投资、科技创新与经济增长之间的 3 个双变量系统，因此，分别选取代表性指标构建相互独立的向量自回归模型。根据赤池信息准则（Akaike Information Criterion， 简称 AIC）规定的"AIC 值越小越好"原则，本文将模型滞后阶数设定为 2。同样，本文运用 Eviews8.0 对方程的参数进行估计，结果见表 5-3。

表 5–3　向量自回归方程参数估计

	ln DPG	ln TVTM	ln GDP
ln R&D TOTAL （-1）	−2.28028	−6.096673	−0.166055
	（9.94923）	（5.65874）	（3.67622）
ln R&D TOTAL（-2）	2.584991	2.494824	2.009055
	（8.84083）	（5.02833）	（3.26667）
ln R&D BR（-1）	−2.188713	−0.932165	−0.102225
	（0.82514）	（0.46931）	（0.30489）
ln R&D BR （-2）	0.039597	0.424456	0.127290
	（0.93938）	（0.53428）	（0.34710）
ln R&D AR （-1）	4.905520	0.933562	0.140206

续表

	ln DPG	ln TVTM	ln GDP
	（2.00840）	（1.14230）	（0.74210）
ln R&D AR（-2）	-1.050254	0.227680	-0.448557
	（1.72688）	（0.98218）	（0.63808）
ln R&D ED（-1）	2.22230	4.175584	0.475547
	（7.29923）	（4.15152）	（2.69705）
ln R&D ED（-2）	-2.077442	1.255798	-1.800286
	（6.81290）	（3.87492）	（2.51735）
C	3.071025	0.505533	0.733112
	（2.64848）	（1.50636）	（0.97861）
R^2	0.998279	0.999450	0.999513
Adj. R^2	0.994838	0.998349	0.998538

注：括号内变量表示标准差

从调整后的拟合优度（0.994838，0.998349，0.998538）来看，该 VAR 模型有很高的拟合程度。从 R&D 投资总量（ln R&D TOTAL）的系数来看，东北三省专利申请授权数（ln DPG）、东北三省技术市场成交额（lnTVTM）和东北三省国内生产总值（lnGDP）的反应值有很大的相似性，均在滞后 1 期为负值，在滞后 2 期为正值。说明东北三省 R&D 总投资对科技创新产出与经济增长在短期起负面作用，长期起正面作用，即呈现出一定的时滞效应。同样的，基础研究（ln R&D BR）的系数在滞后 1 期的情形下也是负值，在滞后 2 期的情形下是正值，说明基础研究投资对经济增长的正面作用也更多表现在长期而非短期。然而，应用研究（lnR&D AR）和试验发展（lnR&D ED）的系数则表现出差别。二者的系数在滞后 1 期情况下的值比滞后 2 期大得多，说明应用研究和试验发展对于创新产出和经济增长的积极影响主要表现在早期。由此可见，东北三省 R&D 投资的三种类型对于创新产出和经济增长的作用与影响不同。然而，就 R&D 总投资而言，其影响效果和基础研究一致，即正面影响都是在长期才出现，这也从侧面表明了基础研究在整个创新系统中的重要性。

此外，对于 VAR 模型而言，必须保证所有根模倒数小于 1，即位于单位圆内，模型的估计结果才是有效的，否则无法进行估计。因此，本文也进行了检验，结果显示所有根模倒数都小于 1（见表 5-4），且均位于单位圆内（见图 5-8 ）。

表 5-4　VAR 模型滞后结构检验

根	模数
0.890875 − 0.123486i	0.899392
0.890875 + 0.123486i	0.899392
−0.106182 − 0.875991i	0.882403
−0.106182 + 0.875991i	0.882403
0.494431 − 0.678264i	0.839347
0.494431 + 0.678264i	0.839347
−0.650269 − 0.475418i	0.805526
−0.650269 + 0.475418i	0.805526
0.354279 − 0.703631i	0.787789
0.354279 + 0.703631i	0.787789
−0.751337	0.751337
−0.682883	0.682883
−0.167170	0.167170
0.080670	0.080670

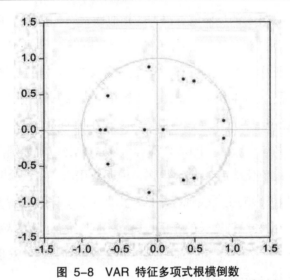

图 5-8　VAR 特征多项式根模倒数

（五）广义脉冲响应函数分析

脉冲响应函数经常用来衡量来自随机扰动项一个标准差的冲击对模型所有内

生变量当期与未来的影响。通过该方法分别描绘东北三省不同种类的 R&D 投资对科技创新产出和经济增长的动态冲击轨迹，可刻画变量之间的长期动态关系。本文将冲击响应期设定为 10 期，图中的实线表示脉冲响应函数，虚线表示正负两倍标准差偏离带。R&D 投资对科技创新产出的脉冲分析结果见表5-5和图 5-9。

表5-5　R&D 投资对创新产出的广义脉冲响应分析结果

时期	lnDPG 的响应				lnTVTM 的响应			
	ln R&D TOTAL	ln R&D BR	ln R&D AR	ln R&D ED	ln R&D TOTAL	ln R&D BR	ln R&D AR	ln R&D ED
1	−0.0014	0	−0.0008	0.0013	−0.0001	−0.0002	0.0002	0.0001
2	−0.0018	0.0012	−0.0003	0.0013	−0.0003	0.0001	0.0005	0.0005
3	0.0004	0.0009	0.0013	0.0024	−0.0003	0.0001	0.0004	0.0004
4	0.0008	0.0001	0.0002	0.0021	−0.0001	0.0003	0.0006	0.0005
5	0	0	0.0001	0.0018	0.0001	0	0.0005	0.0005
6	−0.0005	0.0004	0.0005	0.0017	−0.0001	0	0.0001	0.0005
7	0	0.0008	0.0015	0.0012	−0.0002	0.0001	0.0003	0.0007
8	0.0005	0.0006	0.0017	0.0007	−0.0001	0.0002	0.0005	0.0008
9	0	0.0004	0.0004	0.0004	0	0.0002	0.0006	0.0007
10	−0.0006	0.0005	−0.0003	0.0007	0.0001	0.0002	0.0005	0.0006
累计	−0.0025	0.0048	0.0045	0.0135	−0.001	0.0011	0.0043	0.0052

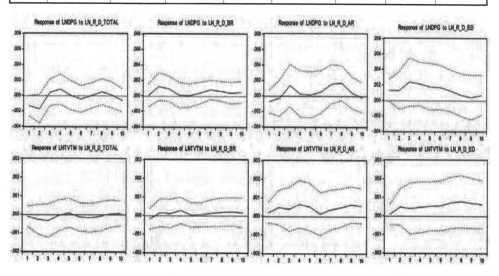

图 5-9　R&D 投资对创新产出的脉冲响应曲线

从表 5-5 可以看出，本文用以衡量创新产出的两个指标，东北三省专利申请授权数（ln DPG）和东北三省技术市场成交额（ln TVTM）在面临 R&D 投资的冲击下，反应呈现出了一定的相似性。二者在面临 R&D 总投资一个单位的冲击下累计响应值均为负值（-0.0025 和 -0.001），但在不同种类的 R&D 投资的冲击下累计反应却均为正值，这说明不同种类的 R&D 投资均可以刺激创新成果产出，但总投资却不可以。该结果说明我国 R&D 投资并未像预期的那样可以直接刺激创新成果产出，而是存在一个结构效应。总之，东北三省 R&D 投资的组合效果并不理想。此外，就每种 R&D 投资的累计反应值来看，试验发展的值要显著大于基础研究和应用研究，说明东北三省创新成果大部分是由试验发展产生的。

图 5-9 可以更加直观地反映表 5-5 中的现象，总的来看，面对 R&D 总投资（ln R&D TOTAL）、基础研究（ln R&D BR）、应用研究（ln R&D AR）和试验发展（ln R&D ED）的冲击，国内专利申请授权数（ln DPG） 和全国技术市场成交额（ln TVTM）的反应曲线是较为曲折的，并未呈现单调的递增或递减情况，说明 R&D 投资与科技创新成果产出之间并不是明显的线性关系，而是复杂多样的。该情况出现的原因是东北三省科技创新系统起步晚、基础薄弱、体制机制不健全，科技研发能力和成果转化能力有限，导致 R&D 投资很难对创新成果产出起到促进作用，没有明显转化成现实生产力。

不过，需要说明的是，不能因为计量模型中 R&D 总投资对创新成果产出的影响为负就完全否定其重要性。R&D 活动是整个科技活动的基础和核心，直接影响国家的创新能力、科技水平，乃至经济发展后劲。不过相较于简单的总量规模投资，未来东北三省需要进一步优化不同种类 R&D 投资的组合、分配以及结构设计，使 R&D 投资能更多更好地加大创新产出。

R&D 投资和科技创新对经济增长的脉冲响应结果分析见表 5-6 和图 5-10。

从表 5-6 可以看出，在面临 R&D 投资和科技创新产出一个周期的冲击下，经济增长（ln GDP）所有累计反应值均为正值，表明 R&D 投资和创新产出在研究期内能够有效促进经济增长，这是一个积极现象。从不同种类的 R&D 投资来看，经济增长累计响应值最大的是基础研究（0.0032），其次是应用研究（0.002），最后是试验发展（0.0011）。该结果表明，越偏向于理论的研究对经济增长的促进作用和效率越大，这与学术界很多已有研究一致。理论研究在经济发展中所起的作用并非立竿见影，但却必不可少。因此，在未来发展中，东北三省 R&D 投资需尽可能少些"功利"与"急躁"，将目光放得更长远些，增加对基础研究、理论研究的投资力度。

表 5- 6　R&D 投资、科技创新产出对经济增长的广义脉冲响应分析结果

时期	ln GDP 的响应					
	ln R&DBR	ln R&D AR	ln R&DED	ln R&D TOTAL	ln TVTM	ln DPG
1	0	0	0.0002	0.0006	0.0007	0
2	−0.0001	0.0003	0.0006	0.0005	0.001	0.0001
3	0.0003	0.0002	0.0008	0.0003	0.0008	0
4	0.0005	0.0004	0.0009	0.0006	0.001	0
5	0.0004	0.0005	0.0006	0.0007	0.0013	0
6	0.0004	0.0003	0.0003	0.0004	0.0015	0.0001
7	0.0005	0.0002	0	0.0002	0.0015	0.0002
8	0.0005	0.0001	−0.0004	0.0003	0.0019	0.0003
9	0.0004	0	−0.0009	0.0003	0.0023	0.0004
10	0.0004	0	−0.0012	0.0004	0.0025	0.0006
累计	0.0032	0.002	0.0011	0.0042	0.0144	0.0017

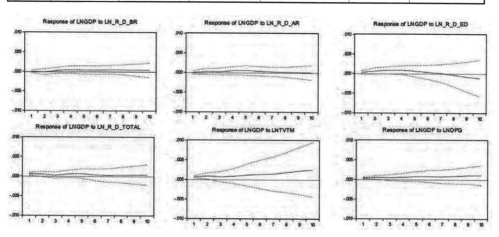

图 5-10　R&D 投资、科技创新产出对经济增长的脉冲响应曲线

从不同种类科技创新成果来看，经济增长对东北三省技术市场成交额（ln TVTM）的累计响应值（0.0144）明显大于东北三省专利申请授权数（ln DPG）

的累计响应值（0.0017），说明从数字上看，技术市场成交额比专利申请授权数更能激励经济增长。主要原因有以下两点：第一，东北三省授权专利的质量不高，对经济增长难以发挥促进作用。东北三省科研产出质量偏低，尤其是专利过多集中于技术含量低的外观设计等实用主义发明，而技术含量高、理论性强的研发专利数量则相对较少。这就导致专利申请授权数对经济增长的刺激作用有限。第二，新授权的专利需要通过技术密集型产业和高技术产业在技术市场上的交易来发挥作用。也就是说，东北三省专利申请授权数（ln DPG）要通过东北三省技术市场成交额（ln TVTM）来影响经济增长，而从专利到技术又存在一定的转化率，并非所有专利都能转成技术， 东北三省的科研成果转化率较低。

图 5-10 可以更直观地反映表 5-6 的现象。GDP 在 R&D 总投资（ln R&D TOTAL）、基础研究（ln R&DBR）、应用研究（ln R&D AR）和试验发展（ln R&D ED）的冲击下都呈现出正反馈回路，但反应均不明显。这样的反馈回路表明 R&D 投资能够激励经济增长，但效果仍有待加强。此外，从试验发展（ln R&D ED ）的反馈回路可以看到，在试验发展的冲击下，GDP 在前 6 期均为正反应，但在第 7 期降为 0，之后一直表现为负反应且一直下降。这说明，虽然表面上看，试验发展是产生经济效益最直接、见效快的投资，且其对经济增长所起的作用总体来看也是积极的，但这种积极效应更多地表现在短期。这是一个值得警惕的现象，因为东北三省的科研资金绝大部分都投入了试验发展阶段，长期来看极不利于我国科技创新水平的提升，甚至会导致下降。因此，更好地实施创新驱动发展战略，一定要避免功利主义和短期行为，更加注重对理论研究和基础研究的投资，为我国科技创新体系建设奠定坚实基础。

（六）方差分解

方差分解多用来描述不同解释变量变化对被解释变量变化的贡献度，即每个扰动项的相对重要性。我国经济增长的方差分解结果见表 5- 7。

表5-7　我国 R&D 投资、科技创新与经济增长的方差分解分析

时期	lnGDP的方差分解结果（%）				lnGDP的方差分解结果（%）			
	标准差	lnR&D BR	lnR&D AR	lnR&D ED	ln GDP	标准差	ln GDP	ln TVTM	lnDPG
1	0.001	0.182	1.536	0.735	97.547	0.001	100	0	0
2	0.001	10.391	5.339	2.363	81.907	0.002	85.459	12.591	1.95
3	0.002	15.978	9.123	2.674	72.225	0.003	78.045	20.839	1.117
4	0.002	18.229	12.81	2.025	66.935	0.003	75.348	23.702	0.95
5	0.002	19.364	14.589	2.921	63.126	0.004	73.544	24.185	2.271
6	0.002	20.323	14.123	6.624	58.93	0.004	70.597	24.013	5.389
7	0.003	21.545	12.567	12.278	53.609	0.004	66.326	23.656	10.018
8	0.003	22.919	11.014	18.294	47.772	0.004	61.587	23.13	15.283
9	0.003	24.169	9.929	23.658	42.244	0.005	57.325	22.507	20.168
10	0.003	25.113	9.287	28.039	37.562	0.005	53.977	21.976	24.047
平均	0.002	17.821	10.032	9.961	62.186	0.003	72.221	19.66	8.119

表 5-7 包含了两个方差分解的结果。从不同种类 R&D 投资对经济增长（ln GDP）的影响份额可以看到，除 ln GDP 自身之外，平均影响份额最大的首先仍然是基础研究（17.821%），其次是应用研究（10.032%），最后是试验发展（9.961%），表明越是偏向理论研究对经济增长的积极作用就越大。从不同种类的创新产出对经济增长的影响份额可以看到，除 ln GDP 自身之外，全国技术市场成交额（ln TVTM）的平均影响份额（19.66%）明显大于国内专利申请授权数（ln DPG）的平均影响份额（8.119%）。

（七）结论

在研究期内，东北三省 R&D 投资、科技创新与经济增长之间存在长期稳定的关系。不同种类的 R&D 投资对创新产出与经济增长发挥的作用存在差别。总体来看，R&D 总投资的表现和基础研究一致，间接说明了基础研究的重要性。利用脉冲响应函数研究东北三省 R&D 投资、科技创新与经济增长之间的交互情形与动态响应路径，比较清晰地描绘了"研发—创新—经济"之间的动态关系。首先，东北三省专利申请授权数和全国技术市场成交额在面临 R&D 总投资冲击下的累计响应值均为负值，但在不同种类 R&D 投资（基础研究、应用研究和试验发展）冲击下的累计响应值却均为正值，这表明东北三省不同种类的 R&D 投

资组合效果并不理想，R&D 投资结构有待进一步合理化。此外，相较而言，试验发展的累计响应值大于基础研究和应用研究，表明东北三省绝大多数创新成果都是在试验发展阶段产生的。其次，经济增长变量在 R&D 投资和创新产出冲击下的累计响应值均为正值，且越偏向理论的研究对经济增长的促进作用和效果越好。试验发展对经济增长的冲击在前期为正，后期为负，说明试验发展对经济增长的激励主要作用于前期，也表明过于注重对试验发展的投资从长期来看不利于创新系统的发展。此外，东北三省 R&D 投资、科技创新成果产出与经济增长之间关系较为复杂。

方差分解的结果说明，就 R&D 投资的相对贡献度来看，东北三省经济增长受基础研究的影响份额最大，应用研究次之，最后是试验发展；就科技创新成果的贡献来看，东北三省经济增长受国内专利申请授权数的影响份额明显大于全国技术市场成交额的影响　份额。

三、调整东北老工业基地研发投资的建议

（一）优化 R&D 投资结构

增加理论研究尤其是基础研究的投入力度。目前我国正处于大力建设创新型国家、实施创新驱动战略的历史节点。构建科学、合理、协调的现代化科技创新体系是当下最重要的任务。与西方发达国家相比，我国 R&D 经费无论是投入强度还是投入结构都存在很大的改进空间，更重要的是，我国科研经费的管理体制存在不少漏洞，导致研发管理方面存在大而不强、多而不专的问题。因此，我国需要进一步深化科研经费管理体制改革。从本部分的研究结果来看，越是偏向于理论的研究越有助于创新成果的产生和经济增长。然而，理论研究往往无法快速产生经济效益，导致企业积极性不高。对此，政府要充分发挥主导作用，积极优化 R&D 资金分配，大力建设以企业为主体、市场为导向、政府为引导的现代化产学研创新系统；积极联合各高校、科研院所，引导、支持、帮助、激励这些理论研究的创新主体充分利用好 R&D 经费开展研发活动。此外，政府还要努力营造科学研发的风气，改革"浮躁""急进""短平快"的科研考核体制，通过多种手段提高大家对理论研究尤其是基础研究的兴趣，努力推动更多原创性成果甚

至核心技术的研发。

（二）增加科技创新成果的产业化转化效率

一般来说，科技创新体系建设最重要的是理论研究和成果转化。本文的实证研究表明，我国科技创新成果在"从专利到技术，从技术到效益"的转化过程存在比率不高、效率低下的问题，这是对宝贵资源的极大浪费。要想充分发挥科技创新对经济增长的驱动作用，实现科技创新对经济发展的引领，关键在于创新转化体制的设计是否顺畅、合理和科学，能否实现创新链、产业链和资金链的无缝对接，以及研发投入、科技创新和经济发展的高度融合。对此，建议各级政府努力加强对产学研协同创新体系的建设与完善，支持高校、科研院所与企业更多合作，联合设立更多研发机构、产业园、技术孵化园等产学研用一体化程度较高的产业技术创新联盟。此外，还要大力完善科技创新成果的市场交易体系和监管制度，落实对科学技术创新转化相关工作的引导、激励、纠错与推进。

第六章　投资模式与投资政策匹配度的研究

第一节　投资模式概述

一、天使投资

天使投资（Angel Investment）最早起源于 19 世纪的美国，通常指自由投资者或非正式风险投资机构对原创项目或小型初创企业进行的一次性的前期投资，他们和机构风险投资一起构成了美国的风险投资产业。天使基金的发展模式主要包括以下几种：

（一）天使投资人

天使投资人多指富裕的、拥有一定的资本金、投资于创业企业的专业投资家。在美国，《证券交易委员会 501 号条例》和《1993 证券法》D 条例中明确了可以成为天使投资家的"经鉴定合格投资者"的标准：投资者必须有 100 万美元的净资产，至少 20 万美元的年收入，或者在交易中至少投入 15 万美元，且这项投资在投资者的财产中占比不得超过 20%。

我国天使投资人主要有两大类，一类是以成功企业家、成功创业者、VC 等为主的个人天使投资人，他们了解企业的难处，并能给予创业企业帮助，往往积极为公司提供一些增值服务，比如战略规划、人才引进、公关、人脉资源、后续融资等，在带来资金的同时也带来联系网络，是早期创业和创新的重要支柱。另一类是专业人士，比如律师、会计师、大型企业的高管以及一些行业专家，他们虽然没有太多创业经验和投资经验，但拥有闲置可投资金，以及相关行业资源。

（二）天使投资团队

对于个体天使投资人来说，很多人除投资人的身份外还有自己的本职工作，他们会遇到以下几个问题：项目来源渠道少，项目数量有限；个人资金实力有限，难以分散投资；时间有限，难以承担尽职调查等烦琐的工作；投资经验和知识缺乏，投资失败率高。

于是，一些天使投资人组织起来，组成天使俱乐部、天使联盟或天使投资协会，每家有几十位天使投资人，可以汇集项目来源、定期交流和评估，会员之间可以分享行业经验和投资经验。对于合适的项目，有兴趣的会员可以按照各自的时间和经验，分配尽职调查工作，并可以多人联合投资，以提高投资额度和承担风险。

美国的天使团队非常发达，有超过 300 家天使团队（Angel Group）遍布各州，其中有半数以上的天使团体联合起来，成立了天使投资协会，来促进相互之间的信息交换，也促进天使投资相关政策的发展。中国也有不少类似的天使投资俱乐部和天使联盟，比较典型的是上海天使投资俱乐部、深圳天使投资人俱乐部、亚杰商会天使团、K4 论坛北京分会、中关村企业家天使投资联盟等。

（三）天使投资基金

天使投资基金的出现使得天使投资从根本上改变了它原有分散、零星、个体、非正规的性质，是天使投资趋于正规化的关键一步。投资基金形式的天使投资能够让更多没有时间和经验选择公司或管理投资的被动投资者参与到天使投资中来，这种形式将会是天使投资发展的趋势。

在美国和欧洲，天使投资基金已得到比较充分的发展，其财力、资源、团队能将一个初创阶段的公司带到很高的发展阶段，投资成功率要比个人天使投资高很多。在现阶段，中国个人天使投资还未得到充分发展，给了天使投资基金更多的发展机会，拥有更多的资金、更专业化的团队、更广泛资源的有组织的机构化天使将会成为发展潮流。

随着我国天使投资的发展，投资基金形式的天使投资在我国逐渐出现并变得活跃。一些投资活跃、资金量充足的天使投资人，设立了天使投资基金，进行更为专业化的运作。

（四）孵化器形式的天使投资

孵化器，有广义与狭义之分。广义的孵化器主要指有大量高科技企业集聚的科技园区，如深圳南山高科技创业园区、陕西杨陵高科技农业园区、深圳盐田生物高科技园区等。狭义的孵化器是指，一个机构围绕着一个或几个项目对其孵化以使其能够产品化。现阶段孵化器与天使投资融合发展主要有两种模式：

1.政府主导的孵化器与天使投资融合发展模式

政府主导的孵化器是非营利性的社会公益组织，组织形式大多为政府科技管理部门或高新技术开发区管辖下的一个事业单位，孵化器的管理人员由政府派遣，运作经费由政府全部或部分拨款。在这种模式下，孵化器以优惠价格吸引天使投资机构入场，充当天使投资与创业企业之间的媒介。

2.企业型孵化器与天使投资融合发展模式

企业型孵化器为市场化方式运作孵化器，以保值增值为经营目标，自负盈亏。这种类型的孵化器，多采用自己做天使投资的运作模式，使孵化、投资、管理实现一体化，减少投资成本的同时也减少了投资风险，其运作过程充分地利用了资源配置，提高了资本效率。

（五）投资平台形式的天使投资

随着互联网和移动互联网的发展，越来越多的应用终端和平台开始对外部开放接口，使得很多创业团队和创业公司可以基于这些应用平台进行创业。比如围绕苹果 App Store 的平台，就产生了很多应用、游戏等，让许多创业团队趋之若鹜。

很多平台为了吸引更多的创业者在其平台上开发产品，提升其平台的价值，设立了平台型投资基金，给在其平台上有潜力的创业公司投资。这些平台基金不但可以给予创业公司资金上的支持，而且可以给他们带去平台上丰富的资源。

二、风险投资

风险投资（英语：Venture Capital，缩写为 VC）简称风投，又译称为创业投资，主要是指向初创企业提供资金支持并取得该公司股份的一种融资方式。风险投资是私人股权投资的一种形式。风险投资公司为一专业的投资公司，是由一群具有科技及财务相关知识与经验的人组合而成的，经由直接投资获取投资公司股权的方式，提供资金给需要资金者（被投资公司）。风投公司的资金大多用于投资新创事业或是未上市企业（虽然现今法规上已大幅放宽资金用途），并不以经营被投资公司为目的，仅提供资金及专业上的知识与经验，以协助被投资公司获取更大的利润为目的，所以是一追求长期利润的高风险高报酬事业。

风险投资一般采取风险投资基金的方式运作，风险投资基金在法律结构上，采取的是有限合伙形式。风险投资公司，作为普通合伙人管理该基金的投资运作，并获得相应的报酬。在有限合伙这个制度下设立风险投资基金（风险资本），投资者是有限合伙人（Limited Partner），风险资本家是一般合伙人（General Partner），双方通过签订契约来组建风险投资公司。

风险资本投资，可发生在最初的种子资金，也可投资商业模式已成熟的企业，风险资本家提供融资是为了通过最终的退出。例如公司在首次公开募股 IPO 中，向公众出售股票，或者被投公司直接被大型公司并购。

风险投资的轮次有：种子轮、天使轮、A 轮、B 轮、C 轮、D 轮、Pre-IPO、IPO。

三、私募股权投资

私募股权投资（PE）是指通过私募基金对非上市公司进行的权益性投资。在交易实施过程中，PE 会附带考虑将来的退出机制，即通过公司首次公开发行股票（IPO）、兼并与收购（M&A）或管理层回购（MBO）等方式退出获利。简单地讲，PE 投资就是 PE 投资者寻找优秀的高成长性的未上市公司，注资其中，获得其一定比例的股份，推动公司发展、上市，此后通过转让股权获利。私募股权投资模式主要有以下几种方式：

（1）增资扩股投资方式。增资扩股就是公司新发行一部分股份，将这部分新发行的股份出售给新股东或者原股东，这样的结果将导致公司股份总数的增加。

（2）股权转让投资方式。股权转让是指公司股东将自己的股份让渡给他人，使他人成为公司股东的民事行为。

（3）其他投资方式。除了上述两种投资模式外，还可以两者并用，与债券投资并用，以实物和现金出资设立目标企业的模式。

四、政府和社会资本合营投资（PPP）模式

政府和社会资本合营投资（Public-Private Partnership）模式，又称 PPP 模式，即政府和社会资本合作，是公共基础设施中的一种项目运作模式。在该模式下，鼓励私营企业、民营资本与政府进行合作，参与公共基础设施的建设。按照这个广义概念，PPP 是指政府公共部门在与私营部门合作过程中，让非公共部门所掌握的资源参与提供公共产品和服务，从而实现合作各方达到比预期单独行动更为有利的结果。与 BOT 相比，PPP 的主要特点是，政府对项目中后期建设管理运营过程参与更深，企业对项目前期科研、立项等阶段参与更深。政府和企业都是全程参与，双方合作的时间更长，信息也更对称。

PPP 模式内涵应至少包含以下三种核心要素之一。

（1）融资要素。学者 Ghavamifar 对 PPP 模式类型的调研结果显示，由私人部门承担融资责任是区分 PPP 模式和传统方式的重要因素。实践中，私人部门参与投融资能有效减轻政府财政负担，加快基础设施建设。

（2）项目产权要素。此处项目产权为权利束，不仅指所有权，而且包含经营权和收益权等权利。根据产权经济学，特许私人部门拥有项目所有权或项目经营权和收益权，可以激励私人部门进行管理和技术创新，从而提高 PPP 项目的建设运营效率。同时，特许私人部门运营基础设施，有利于促进公共部门机构改革，消除冗员现象。

（3）风险分担要素。共同分担风险是 PPP 模式与传统方式的重要区别所在，PPP 模式中公私部门按照各自承担风险能力的大小来分担风险，不仅能够有效地降低各自所承受的风险，还能加强对整个项目的风险控制。因此，本文将 PPP 模式的内涵界定为：公共部门与私人部门之间的合作关系，在风险共担、利益共享的基础上，公共部门充分利用私人资源进行基础设施投融资、设计、建设和运营维护全部或部分工作，以更好地为公众提供服务和满足社会公共需求。

政府和社会资本合作模式是在基础设施及公共服务领域建立的一种长期合作关系。通常模式是由社会资本承担设计、建设、运营、维护基础设施的大部分工

作，并通过"使用者付费"及必要的"政府付费"获得合理投资回报；政府部门负责基础设施及公共服务价格和质量监管，以保证公共利益最大化。当前，我国正在实施新型城镇化发展战略。城镇化是现代化的要求，也是稳增长、促改革、调结构、惠民生的重要抓手。立足国内实践，借鉴国际成功经验，推广运用政府和社会资本合作模式，是国家确定的重大经济改革任务，对于加快新型城镇化建设、提升国家治理能力、构建现代财政制度具有重要意义。

PPP 具体包括以下几种模式：

1.BT 模式

BT（Build Transfer），是政府利用自身资源将某个基础设施项目授权给企业法人，由企业法人自身进行投融资和建设，建设期满之后再按照相关协议收购，并一次性或分期向投资者支付项目总投资及确定利润的项目建设方式。

在 BT 模式下，政府根据当地社会和经济发展需要对项目进行立项，完成项目建议书、可行性研究、筹划报批等前期工作，将项目融资和建设的特许权转让给投资方（依法注册成立的国有或私有建筑企业），银行或其他金融机构根据项目未来的收益情况对投资方的经济等实力情况为项目提供融资贷款，政府与投资方签订 BT 投资合同，投资方组建 BT 项目公司，投资方在建设期间行使业主职能，对项目进行融资、建设、并承担建设期间的风险。项目竣工后，按 BT 合同，投资方将完工验收合格的项目移交给政府，政府按约定总价（或计量总价加上合理回报）按比例分期偿还投资方的融资和建设费用。政府在 BT 投资全过程中行使监管，保证 BT 投资项目的顺利融资、建设移交。投资方是否具有与项目规模相适应的实力，是 BT 项目能否顺利建设和移交的关键。

2.BOT 模式

BOT（Build Operate Transfer），是政府利用自身资源将某个基础设施项目授权给由私人企业组建的项目公司，由该公司进行投融资和建设，项目建成后在经营特许期内由该公司自行进行经营管理，用来回收成本并赚取利润，特许期结束后将项目无偿地移交给政府的建设方式。这种模式下的投资者一般会要求政府保证最低收益率和提供其他优惠活动。BOT 经历了数百年的发展，为了适应不同的条件，衍生出许多变种：

①BOOT（build—own—operate—transfer）：即建设—拥有—运营—移交。这种方式明确了 BOT 方式的所有权，项目公司在特许期内既有经营权又有所有权。

②BOO（build—own—operate）：即建设—拥有—运营。这种方式是开发商按照政府授予的特许权，建设并经营某项基础设施，但并不将此基础设施移交给政府或公共部门。

③BOOST（build—own—operate—subsidy—transfer）：建设—拥有—运营—补贴—移交。

④BLT（build—lease—transfer）：建设—租赁—移交。即政府委托投资人建设项目，在项目运营期内，政府有义务成为项目的租赁人，在租赁期结束后，所有资产再转移给政府公共部门。

⑤BT（build—transfer）：建设—移交。即项目建成后立即移交，可按项目的收购价格分期付款。

⑥BTO（build—transfer—operate）：建设—移交—运营。

⑦ITO（investment—operate—transfer）：投资—运营—移交。即收购现的基础设施，然后再根据特许权协议运营，最后移交给公共部门。

⑧ROO（rehabilitate—operate—own）：改造—运营—拥有。

⑨LBO（Lease-Build-Operate）：租赁—建设—经营。

⑩BBO（Buy-Build-Operate）：购买—建设—经营。

3.TOT 模式

TOT 是英文 Transfer-Operate-Transfer 的缩写，即移交—经营—移交。TOT 方式是国际上较为流行的一种项目融资方式，通常是指政府部门或国有企业将建设好的项目的一定期限的产权或经营权，有偿转让给投资人，由其进行运营管理；投资人在约定的期限内通过经营收回全部投资并得到合理的回报。双方合约期满之后，投资人再将该项目交还政府部门或原企业的一种融资方式。

4.TBT 模式

TBT 模式是 BOT 和 TOT 模式的组合模式，以 BOT 为主。其实就是政府将一个已建项目和一个待建项目打包处理，从而获得一个稳定且长期的协议，以保证收入的逐年增加。在 TBT 模式中，TOT 的实施是辅助性的，采用它主要是为了促成 BOT。TBT 的实施过程如下：政府通过招标将已经运营一段时间的项目和未来若干年的经营权转让给投资人；投资人负责组建项目公司建设和经营待建项目；项目建成开始经营后，政府从 BOT 项目公司获得与项目经营权等值的收益；按照 TOT 和 BOT 协议，投资人相继将项目经营权归还给政府。

第二节　投融资激励政策概述

财政投融资激励政策，是指财政部门制定的激励经济主体对符合国家产业政策和投资政策且具有良好经济效益或社会效益的项目或领域进行投资和融资的政策。制定财政投融资激励政策应该同时考虑政策目标、政策工具以及相关的配套政策。

一、财政投融资激励政策的目标

财政投融资激励政策目标包括最终目标和具体目标，财政投融资激励政策的最终目标可以界定为相关的三个目标：产业振兴、经济增长和福利增长。这三个目标均以国家和东北三省地方的振兴老工业基地总体规划为依据。产业振兴是指对东北三省的经济有重要影响的支柱产业开工充分，产销两旺。经济增长可以用地区生产总值来表示，是指在支柱产业的带动下，地区生产总值按照预定的规划实质性地稳定增长。福利增长是指人民生活福利指数按照正常速度和幅度提高，人们安居乐业，生活愉快，紧密相关的各项指标不断优化。例如，自然环境不断净化，人均收入按照接近于全国平均增长的速度和幅度正常提高，住房面积逐步扩大，就业率逐步提高等。财政投融资激励政策的具体目标包括一般性目标和阶段性目标。一般性目标是适合于各阶段的目标，包括完成发展规划、调动投融资积极性、保障资金供应、提高投资效益和效率、增强经济活力、福利指标优化等。完成发展规划是指国家规划、行业规划及省级地方规划所列的投资项目、经济目标一一落实，全面实现。调动投融资积极性，保障资金供应，是指企业和个人及金融机构，积极投资或筹集资金，使投资项目所需资金得到满足。提高投资效益和效率是指投资项目因财政激励政策的支持而加快建设周期，按计划投产使用，取得良好的经济效益或社会效益。增强经济活力是指投资于各项经营活动正常进行，呈现欣欣向荣的景象。福利指标优化是指能够反映一个地区福利水平的各项指标不断优化。例如，自然环境不断净化、人均收入按照接近于全国平均增长的速度和幅度正常提高、住房面积逐步扩大、就业率逐步提高等。

二、财政投融资激励政策的工具

财政投融资激励政策的工具包括存量国有资本增值融资政策及投资返还、比例补助、税收优惠、特许债券、财政贴息、鼓励贷款等政策。以上政策中，国有资本存量增值融资政策适用于各阶段，其他政策可以分阶段重点实施。在外部支持阶段，即国家财政强力支持阶段，中央财政所使用的财政投融资激励政策工具主要有投资返还、比例补助和税收优惠。在自助为主阶段，即地方财政强力支持阶段，地方财政所使用的财政投融资激励政策工具主要有财政贴息、鼓励贷款、比例补助等。

（一）国有资本存量增值融资政策

东北地区有一个比较突出的特点，就是解放以来国家向东北三省投入较多的资金，使东北三省沉淀了巨额的国有资产，其原始投入的用于经营的资金可以称之为国有资本。现在一提到振兴东北老工业基地，一般人首先想到的就是国家给钱，就是增量投入。国家对振兴老工业基地给以财政支持，实施增量投入固然重要，但是对于已经投入的资本保值增值更不能忽视。如何利用好存量资本和存量资产，通过存量资本自我融资，这是一个比增量投入更加重要的问题。存量资本自我融资，能够充分发挥早期投入资本的作用，大大减轻国家财政的压力，是解决东北三省振兴老工业基地资金问题的最佳途径。因此，国家应该首先考虑实施国有资本存量增值融资政策，支持东北地区老工业的振兴。此处所说的国有资本存量增值是一个市场概念，这里所说的"值"是指市场价值。存量国有资本增值，是指存量国有资本因在金融市场上交易价格上涨而实现的市场价值上升。存量国有资本增值融资，就是在存量国有资本市场价值增值后，将存量国有资本部分出售，从而达到筹集资金的目的。

（二）分阶段实施的政策工具

在外部支持阶段，可以重点实施投资返还、比例补助、税收优惠和特许债券等政策工具。投资返还就是国家把来自东北三省的财政收入特别是税收，根据东北三省的大中型项目的投资需要，按照一定比例返还给地方财政，用于国家支持的大中型投资项目。该政策有五个要点：一是返还比例与各省自己上交的财政收入总额挂钩；二是专款专用，返还的资金必须用于指定的大中型投资项目；三是该项目一定要有良好的经济效益（经营性项目）或社会效益（基础设施项目）；四是投资于经营性项目的资金折合为国家股本，由国家作为控股股东或参股股东；五是要建立严格的投资管理责任制。比例补助就是对于影响地区经济的重要投资项目，由中央财政按照已经到位的其他渠道的资金总额的一定比例给予资金补助。该政策的要点是：投资项目为非经营性的基础设施项目；投资项目已经竣工并且交付使用，或者处在收尾阶段，且在财政补助后一定能够竣工交付使用；财政补助款支出后，其相应部分的资产列为国有资产。

税收优惠就是中央财政本着放水养鱼的指导思想，实行税收减免政策和以税抵息政策。以税抵息就是列入国家计划的投资项目竣工投产以后，可以用应上交的税金作为偿还商业银行贷款利息的资金来源。该政策的要点是：投资项目必须列入国家计划；投资项目必须经济效益良好，社会效益非负；投资项目竣工后才决定是否享受以税抵息政策；该项目只能享受一定比例或者一定期限的以税抵息政策；该项目在经济寿命期内应该为国家或地方提供一定的税收收入；抵息的税金转换为国有股本。

特许债券是指经有关部门批准，为振兴老工业基地大型项目发行专项企业债券或者建设债券，中央财政针对该种债券实施激励政策。该政策的要点是：发行债券要经过批准；发行主体是项目业主；购买债券的投资者是企业和个人；发行债券筹集的资金必须专款专用，专门用于某一项目；凡是购买该种债券的投资者，其利息收入免征所得税；项目投产后，企业可用税前利润归还债券本息。在自助为主阶段，地方财政所使用的财政投融资激励政策工具主要有财政贴息、鼓励贷款、比例补助等。

财政贴息就是由中央财政和地方财政拨付一定的资金给商业银行，作为商业银行向老工业基地大中型项目发放优惠低息贷款与正常贷款之间的利差亏损。该政策的要点是：投资项目应该是列入国家计划的经营性的大中型投资项目；财政部门对该项目没有拨款支持；财政部门只能针对商业银行对该项目贷款已经到位的利差部分。鼓励贷款是指鼓励商业银行向振兴老工业基地大中型项目发放贷款的财政激励政策。该政策的要点是：投资项目应该是列入国家计划的大中型项目；该项目应该具有良好的经济效益且社会效益非负；鼓励措施为：对于向确定的振兴老工业基地大中型项目发放贷款产生的利息收入，免征商业银行应缴的营业税和所得税。

比例补助的对象主要是非经营性项目和对地方经济有带动作用的项目，补助比例根据地方财政财力情况而定。需要说明的是分阶段是相对的，并不是说在外部支持阶段实施的政策在自助为主阶段不能用，或者说在自助为主阶段实施的政策在外部支持阶段不能用，而是说政策支持的力度在各阶段有所不同。

三、财政投融资激励政策的配套政策

（一）外商直接投资政策

财政投融资激励政策应该与外商直接投资政策取向保持一致。例如，对于军工企业和关系国计民生的重要领域，从国家经济安全出发，对于外商投资是应该有所限制的，财政投融资激励政策不鼓励外商向国家限制的领域投资。

（二）民间投资政策

例如对于煤、石油、天然气、铁矿石等自然物质开采，应该以国有企业或国有独资企业为主体，而严格限制民间开采，民间开采自然不在财政投融资激励政策鼓励的范围之内。再如，民间投资保护政策问题。如果仅仅有财政激励政策，而民间投资者的合法利益缺乏保障，就会压抑其投资的积极性。民间投资者合法利益主要包括人身安全、合法财产安全、收益的权利、守法经营的权利和名誉等，这些合法利益不受侵害，民间投资者才能大胆投资。完善保护投资者合法利益的主要措施是完善法律法规条款，明确界定民间投资的合法利益，公平税负，加强政府廉政建设，同时加大社会治安的力量。

（三）股市融资政策

在实行财政投融资激励政策的同时，国家在新股票发行与配股审批方面应该向东北三省倾斜。由于股票发行的溢价效应，其筹资效果要远远优于财政激励政策的效果，而且减轻财政负担。

（四）鼓励创业的政策

鼓励创业的重点是科技创新。鼓励创业的政策主要体现为：简化审批程序、提高审批效率、降低创业门槛、减少行政收费、杜绝不必要的各项检查评比，建立事后科技补助制度，即对于科技开发成功、社会效益明显者给予适度资金补助或奖励。

（五）国有资本运营政策

鼓励现有国有企业以支柱产业为中心进行重组改制，成为若干股份有限公司，优先批准在上海证券交易所和深圳证券交易所发行股票并上市流通，然后在一定期限之后，允许公司的国有股本高价减持，所变现的资金用于东北老工业基地的建设。

第三节　东北老工业基地投融资模式现状
及存在的问题

一、东北老工业基地投融资模式现状

（一）风险投资发展情况

风险投资主要包括 VC 和 PE。2014 年以来，风险投资在我国得到高速发展，但从风险投资机构数量和投融资规模来看，东北三省还处于相对滞后状态。以黑龙江省为例，根据清科私募通数据统计，截止 2019 年 12 月，黑龙江省创业投资企业一共 174 家，多数注册在哈尔滨市，包括资产管理公司、战略投资者、信托、券商直投、vc、pe 等 5 类，以 vc、pe 和资产管理为主（见图 6-1）。全行业资产过千亿,投资能力近 400 亿,融资规模 55 亿。多数企业成立于 2014 年、2015 年,但仍有 127 家企业尚无任何投资项目。

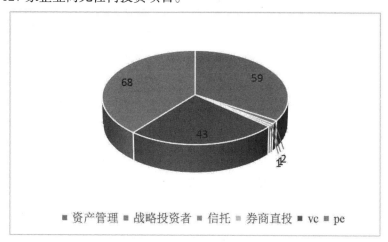

图 6-1　黑龙江省创投企业类型及数量(截止 2019 年 12 月)

数据来源:清科私募通

截止 2019 年 9 月,黑龙江省创投行业总投资规模为 160 亿左右,投资高峰出现在 2015、2016、2017 三年。(见图 6-2)

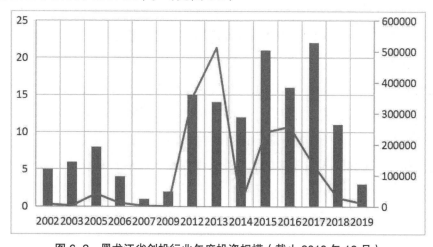

图 6-2　黑龙江省创投行业年度投资规模(截止 2019 年 12 月)

数据来源:清科私募通

（二）产业引导基金设立情况

2016 年，国家发改委提出设立东北振兴基金。自此，东北三省陆续设立了各种类型的产业基金。2019 年以来，引导基金的数量和规模都得到一定提升。

吉林省产业投资引导基金成立于 2015 年，目标规模 100.00 亿元人民币，由吉林省股权基金投资有限公司负责管理。投资领域为农业和大健康。

2016 年 6 月，辽宁省政府高度重视，在财力十分紧张的情况下，利用财政历年结余的存量资金，建立总规模 100 亿元的辽宁省产业（创业）投资引导基金。2019 年 10 月 15 日，在国家发展改革委的指导下，天风证券与朝阳市人民政府签署金融合作协议，发起设立百亿级产业基金。

2019 年 10 月 25 日，黑龙江省设立龙江振兴基金。龙江振兴基金的主要投资方向以黑龙江省区域内企业为主，对黑龙江省区域内企业的投资总额原则上不低于基金可投规模的 60%。具体领域包括：高端装备与机器人、新一代信息技术与人工智能、新材料、航空航天、生物与新医药、新能源与节能、资源与环境、现代农业。

（三）PPP 模式投资现状

2014 年以来，东北三省 PPP 累计入库项目、累计落地项目数、累计开工项目和开工率不断增加，项目主要分布于生态建设和环境保护、市政工程、教育、医疗卫生、水利建设等行业。2019 年 3 月初，《财政部关于推进政府和社会资本合作规范发展的实施意见》发布后，东北三省进一步加强入库审核和规范管理。从横向情况来看，东北三省中，辽宁省项目数和投资额均居于前列，但在全国排名靠后。如图 6-3 和图 6-4，2020 年 1 月管理库净入库项目和投资额地区分布图所示。

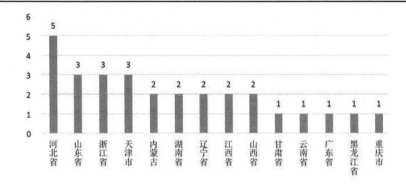

图 6-3　2020 年 1 月管理库净入库项目分布图

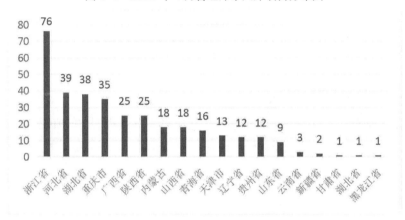

图 6-4　2020 年 1 月管理库入库项目投额地区分布图

第四节　东北老工业基地投融资政策现状
及存在的问题

一、东北老工业基地投融资政策现状

从投融资激励政策的角度，按照支持政策的力度、内容和东北地区自我发展能力，参照东北地区发展阶段的划分，阶段性目标分为两大政策阶段，即外部支持阶段和自助为主阶段。外部支持阶段是国家财政强力支持阶段，时间为 2015 年以前。此阶段的特点是东北三省地方财力较弱、外资较少、民间投资能力也不足，需要国家财政给予较强支持。在这一阶段，阶段性的具体目标是激活东北地区的振兴改造发展和创新动力。自助为主阶段是地方财政强力支持阶段，时间大约是 2016 年至 2020 年，这一阶段是中央财政减弱财力支持，地方财政加大支持力度阶段。在这阶段，阶段性具体目标是增强东北地区的自我持续发展和创新能力。

（一）财政激励政策

我国在 2004 年推出的"振兴东北老工业基地"的税收政策主要包括增值税和所得税两个方面。在增值税方面，试点主要在装备制造业、石油化工业、冶金业、船舶制造业、汽车制造业、农产品加工业（以下简称"六行业"）进行，允许企业对其购进、自制或通过融资租赁方式取得的固定资产及其运输费用抵扣进项税额。该政策在实际执行时采取"增量退税"的方式，即纳税人当年实际抵扣的固定资产进项税额不会超过当年新增的增值税税额，且进项税额不能在购进资产时直接抵扣，而是仍须先缴纳这部分税款，之后再进行退税。与增值税的"六行业"试点不同，所得税政策面向全部工业企业，允许企业对其已拥有或新投资的固定资产和无形资产，可在当前折旧年限的基础上按不短于原年限４０％的比例缩短折旧或摊销年限。表 1 从内容、行业范围、时限和实际操作四个方面对这两项政策进行比较

表 6-1　东北三省固定资产增值税政策和所得税政策比较

	内容	行业范围	时限	实际操作
增值税	进项税可抵扣	"六行业"	2004 年 7 月 1 日后购进	增量退税
所得税	提高折旧率	工业企业	所有固定资产	直接扣除

（二）创业投资政策

黑龙江省于 2017 年 4 月出台《关于促进创业投资持续健康发展的实施意见》提出：要培育和完善创业投资机构体系；在拓宽创业投资资金融资渠道方面，要大力培育和发展合格投资者；要落实创业投资税收政策，充分发挥政府资金杠杆作用，引导民间投资等社会资本投入；完善创业投资相关制度、创业投资退出机制，优化监管环境、商事环境、信用环境，严格保护知识产权，营造良好的创业投资市场环境，做大做强创业投资行业。

吉林省于 2017 年 2 月出台了《关于促进创业投资持续健康发展的若干政策措施》，从完善创业投资机构体系、支持个人投资者从事创业投资活动、鼓励合格投资者参与创业投资、引导开展股债联动业务创新、争取各类国家基金支持、落实创投企业税收优惠政策、引导社会资本进入创业投资领域、提升省产业（创业）投资引导基金专业化水平、建立创业投资与政府项目对接机制、创新国有创业投资体制机制、不断完善创业投资退出机制、充分利用市场化退出渠道、优化创业投资市场环境、促进创业投资行业双向开放等角度，制定了促进创业投资发展的若干政策措施。

辽宁省于 2015 年 10 月份出台《辽宁省产业（创业）投资引导基金设立方案》（辽政发[2015]50 号）及 3 个附件，初步完成了一系列的文件、文本的制定，包括：《辽宁省产业（创业）投资引导基金管理办法》《辽宁省产业（创业）投资引导基金专家评审委员会工作规则》《辽宁省产业（创业）投资引导基金管理中心工作规则》《辽宁省产业（创业）投资引导基金参与基金托管银行招投标办法》《辽宁省人民政府印发关于国有企业参与设立产业（创业）投资基金若干政策意见》引导基金参与设立有限合伙制基金合伙协议示范文本引导基金参与设立有限合伙制基金委托管理协议示范文本；引导基金参与设立有限合伙制基金银行托管协议示范文本等等。

（三）股权投融资政策

哈尔滨市于 2018 年 11 月 21 日出台《哈尔滨市人民政府关于进一步促进股权投资基金业发展的若干政策意见》，通过实施税收、财政、人才扶持政策，加快推进股权投资基金集聚发展，拓宽企业投融资渠道，培育经济增长新动能，激发各类市场主体活力。设立哈尔滨新区、哈尔滨工业大学、哈尔滨工程大学等股权投资服务"双创"示范区。

吉林省于 2016 年出台《吉林省人民政府关于进一步促进全省民营经济加快发展的实施意见》，提出鼓励发展股权投资基金，鼓励民间资本参股政府设立的产业发展引导基金。同时制定了《吉林省股权投资基金管理暂行办法》，以促进吉林省股权投资基金业发展，建设多层次资本市场体系，努力打造成东北亚股权投资基金聚集地。

（四）政府和社会资本合营相关政策

2014—2016 年，东北三省陆续出台了政府和社会资本合营的相关政策，具体见下表总体而言，东北三省在配套制度供给方面表现出滞后性，抑制 PPP 模式更好地应用，直至 2016 年 12 月，吉林省才与中国 PPP 基金签署合作设立省级 PPP 基金的协议。

表 6-1　东北三省制定出台地方 PPP 相关文件情况一览

省份	地方政府出台相关 PPP 文件
黑龙江	省级文件：黑政发［2015］4 号，黑政办发［2015］9 号、［2015］63 号 市级文件：哈政发［2015］2 号
吉林	省级文件：吉政办发［2015］6 号、［2015］18 号 市级文件：长政发　［2014］14 号
辽宁	省级文件：辽政办发［2014］46 号，辽财债发［2015］474 号、475 号，辽政发［2015］37 号 市级文件：沈政发［2015］10 号、14 号，沈政办发［2015］14 号，鞍政发［2014］28 号，辽市政办发［2015］6 号、8 号

二、东北老工业基地投融资模式与政策匹配度存在的问题

（一）地方政府越位与市场竞争缺位之间的矛盾

由于东北地区产业转型过程中的投融资所进入的主要是基础设施项目和产业转型项目，而这些项目往往带有一定的公益性和垄断性，因此，在实施这些项目时，需要政府与市场的共同努力。由于政府的越位和市场竞争的缺位，两者之间难以达成平衡，导致产业转型过程中投融资效果难以发挥。协调两者之间的矛盾必须使这些项目受到人大、政协和政府管理部门的监督和管理，基础设施的收费必须向社会征询意见，接受社会监督，公开基础设施运营账目。

（二）融资环境恶化，导致产业转型资金供给不足

从现实发展情况来看，东北地区除了区位劣势、基础设施落后之外，融资的服务环境建设也存在明显的滞后性。就信息环境建设而言，东北大部分地区信息化建设滞后，工作方式过于死板，大多数项目都是封闭式的运作方式，域外资金或是本地资金常会产生投无可投的问题，项目信息不够透明，来自社会各界的投

资者无法获得公开、公平、公正的市场竞争机会，投资兴趣大大降低，造成资金供给严重不足。此外，东北地区的地方融资服务落后也是造成资金吸引力低的重要因素。在东北的资源型城市中，大多数服务手段落后，审批程序复杂，办事环节多、节奏慢，甚至会产生互相推诿的现象。在这种投资环境中，投资者没有足够的耐心和信心，因此造成资金供给不足问题。

（三）融资渠道单一，创新不足

首先，东北地区的公共投资资金仍主要靠政府和借贷，政府资金和国内金融机构贷款占据投资总额的大多数。这说明东北地区的投资过度依赖于政府，民间投资积极性不足。这直接导致东北地区产业转型资金数量远不能满足实际需要，而且筹资成本过高，大大降低了产业转型的动力与效果。进一步而言，政府公共投资的银行融资可能正在给银行系统带来大量不良资产，孕育着较大的金融风险。同时债务负担过重已经使许多地方政府陷入困境，一些地方财政长期无法支付银行本息，政府债务问题很可能会进一步危害到经济的稳定发展。最后，由于东北地区的投融资体系僵化，制度创新明显不足，难以吸收民间资本进入实体经济。东北地区的地方政府不仅承担着项目规划的作用，并且大部分项目能够开工是城市政府向上级政府"跑项目"得来的。在国内的大多数城市中，城市基础设施建设已经使用 BOT、TOT、PFI 和 PPP 等模式筹集资金，政府利用一部分资本金撬动大规模的、不同渠道的资金投入基础设施建设领域。而在东北地区的产业转型过程中，这些创新的投融资模式仍未得到广泛的应用，从而导致东北地区产业转型的效果难以迅速体现。

（四）管理不当，投融资使用效率低

东北地区为寻求转型资金，常常处于一种"投资饥渴"的状态。政府千方百计抓项目引进资金，却忽视了对引进资金和投入资金的监管，造成资金使用效率低下的问题。由于政府介入程度过深，引发融资监管上的错位、越位和缺位，大大降低了政府对资金的调控能力和引导能力。另外，由于管理不当，东北地区的融资市场秩序混乱，项目重复建设，资源浪费严重。同时，由于融资的管理权分散于发改、财政、银行等多个管理部门，各部门分头制定政策，往往造成彼此间相互牵制的问题，直接影响融资活动的开展。此外，这还在一定程度上造成资金

的不合理分配，导致资本积累的难度加大，存在资产贬值的风险；分别管理无法形成规模，就会产生资金使用效率低下的问题。进一步而言，由于政府在某些领域的投资中扮演着主导者的角色，导致这些领域缺乏市场经济因素，不按市场规律办事，资金利用率低。

第五节　东北老工业基地产业转型中的投融资政策设计

在资源依赖型区域经济转型的条件下，需要充分结合内外部的资源优势，建立完善的、能够有效运行的金融业，将产业优势和资源优势合理有效地转化为经济优势，从而实现经济的成功转型和可持续发展。

一、转变传统观念

要想推行有效的投融资政策，东北地区首先必须转变传统的观念。转变观念是转型的首要条件。只有摒弃旧式的传统观念，才能避免效率的低下，才能在新时代的步伐中逐步发展、逐步完善、逐步实现经济转型的创举。从旧式的思想中解放出来，顺应时代发展的趋势，能够为转型发展打下坚实的思想基础。东北地区的地方政府要从经济增长依赖资源的思维定式中走出来，打破保守封闭的观念，通过思想解放来实现生产力的解放，激发群众的积极性和创造力，激发内在动力，从而推动东北地区经济的可持续增长。

二、建立完备的金融组织与支持体系

完善的金融组织体系是区域经济转型的有效保障，是科学有效的投融资政策的落脚点。东北地区通过金融支持资源型城市转型的组织机构的建设、国有商业银行的支持、地方金融机构和国外金融机构的支持来开展投融资活动。

（一）金融支持资源型城市转型的组织机构的建设

东北地区资源型城市的转型升级是一项系统复杂而持久的工程。在东北地区产业升级的过程中，应该强化国家职能部门对东北地区的政策支持，保证信贷资源对东北产业转型的支撑作用。具体而言，国家应该成立专门的协调领导机构，组建东北地区资源型城市转型金融支持办公室，具体负责制定东北地区特殊的信贷政策，完善相关的金融支持措施。针对东北地区不同资源型城市的特点，从信贷扶持手段、信贷支持力度等方面进行适当调整。

（二）多层次区域金融机构的设立与完善

区域金融机构是银行体系乃至整个金融体系的主题，对于区域经济的成功转型具有主导作用。加强区域金融机构的建设，需要从以下方面展开：首先，东北地区国有商业银行需要进一步优化信贷投资结构。东北地区国有商业银行需要逐步加强金融资源的有效配置，借助东北地区经济转型的机遇，将重心放在效益较高的公共事业、高新产业等产业上，并加大对传统支柱型产业的信贷支持力度，从以往的高耗能低效益的劣势行业中走出来，投入到高产能、高信用等级的优势产业中，从而提高贷款的盈利水平，为东北地区的经济转型提供有力支持。其次，充分发挥区域性中小商业银行的支持作用。中小商业银行的资金实力相对国有商业银行而言较为薄弱，无法为大企业提供融资服务，但能够为中小企业提供资金来源，是中小企业外部融资的重要渠道。究其原因，主要是中小金融机构在提供服务时对中小企业有信息优势，其本地域的支持作用尤为明显。中小银行的支持能够有效促进东北地区相关产业的发展。最后，加强东北地区非银行类金融机构的发展。证券公司、担保公司、信托公司、租赁公司等非银行类金融机构的实力不容小觑。东北地区需要通过与非银行金融机构紧密联系，不断创新金融工具、创新金融业务，拓宽东北地区的金融宽度，促进东北地区经济的有效转型。

（三）区域外金融机构的建设

东北地区金融业应该遵循开放式的发展模式，从而吸引更多的外来资本。通过东北地区地方政府的干预和市场机制来进行协调，并以金融为先导促进地区的经济转型，这对于处于转型阵痛期的东北尤为有益。此外，东北地区需要不断吸引区域外的金融机构进行投资，通过制定多种优惠政策来吸引外来投资，从而为东北地区金融业的发展提供强有力的支持。

三、拓宽融资渠道，保证转型资金的有效供给

通过资本市场，能够快速有效地筹集经济转型所需要的资金。由于东北地区大多为资源型城市，上市企业的数量普遍偏少，有的城市甚至没有一家企业。在东北地区转型升级的过程中，通过资本市场融资具有很大的发展潜力。发展区域资本市场，需要积极支持各种基金，加大民间资金的投入，支持企业债券市场的大力发展，增加证券市场的投资。同时，还需要建立完善的风险防范机制和处理机制，从而对投资人的合法权益进行维护。首先，地方政府可以建立地方企业的上市培育辅导体制机制，服务好地方企业的上市工作。其次，政府通过各种方式鼓励企业利用上市重组、收购兼并等方式，实现企业的扩张与转型。最后，东北地区地方政府可以通过市政建设债券，解决东北地区资源型城市转型所需的资金。具体而言，东北地区的城市可以设立城市建设公司、发行城市建设债券，促进城市基础设施建设的资金供给。此外，国家可以特事特办，出台专项的政策规定东北地区地方政府的债券使用额度，从而保证转型的顺利推进。

开展金融机构以适当方式依法持有企业股权的试点。当前，融资难、融资贵依然是困扰我国企业特别是民营经济的主要问题。其中较为突出的是，企业直接融资仍然不高。与此同时，商业银行依靠间接融资"吃利差"的日子越来越不好过。一方面，股权融资业务以其轻资本、高收益的特点，正在成为商业银行提升盈利能力、加快转型的重要创新方向；另一方面，商业银行以适当方式依法持有企业股权，将有效减少中间环节、降低企业融资成本，顺应企业股权融资的巨大需求，有利于提高投融资效率。

建立东北地区转型产业投资基金。能够减轻企业的信贷压力，提供东北地区转型所需的资金。同时，也能够将社会上的闲散资金有效利用起来，提升资本的配置效率。具体而言，东北地区的地方政府可以通过调研分析筛选出优势产业以及未来的重点培育产业，由政府出面引进国内外的资本公司或者通过公募手段调动社会资本。此外，东北地区的地方政府可以申请由发改委牵头，由政策性银行

等机构共同成立东北地区转型产业投资基金，重点投资于东北地区的优势产业以及重点培育的新兴产业。

四、着力实现国有资产增值

第一，允许东北地区上市公司现有国有股在适当的市场行情时减持一定比例以筹集建设资金，用于地方政府重大项目投资来源或者上市公司国有股东直接管理的投资项目投资来源。应该明确：哪家上市公司由哪一级政府哪个部门具体管理，由谁决定减持价格区间，减持比例是多大，投资项目应该具备哪些条件才能够使用国有资本增值融资，使用额度是多少，减持的股本是否在以后低价买回，购买对象、比例、价位如何确定等。国有股本增值融资应该纳入地方级财政预算中。如果国有股本增值融资投向经营性项目，则应该折合成新项目的国有股本。

第二，是对于尚未成为上市公司（即其股票在证券交易所未上市交易的股份有限公司）的国有企业或国有控股、参股企业，应该尽可能通过资产重组，使这些企业的国有资产成为已经上市的公司的国有股本或者成为新的股份有限公司，优先批准其在上海证券交易所或深圳证券交易所发行股票并上市交易。

第三，是将振兴老工业基地的重大项目，并且是需要财政拨款支持的大项目，纳入发行新股的国有控股或参股的股份有限公司或者其股票已经上市流通的国有控股或参股公司投资的对象，然后由公司将发行新股获得的资金投入到这些项目中去。

第四，股票已经上市的国有控股或参股公司，可以通过配股、定向增发等方式筹集资金，向振兴老工业基地的项目投资。

第五，在股价很高时，在股票市场出售一部分国有股份，筹集建设资金投向振兴老工业基地项目投资。

在投融资问题上，建议国家向国有资本比较集中的东北三省实行倾斜政策，优先核准东北三省国有资本进行重组，组建若干家新的股份有限公司，在上海证券交易所或深圳证券交易所发行股票并上市；允许东北三省含有国有股的上市公司通过高价减持国有股或者配股或者增发股份的形式筹集建设资金向振兴老工业基地建设项目投资；允许含有国有股的上市公司通过重组把一些非上市国有企业整合到上市公司去，实现国有股本的保值增值。

五、提高利用外资规模与水平

外资对于地区的经济增长与产业的转型调整发挥着重要的作用。东北地区的外资利用程度处于较低水平，无法为产业的转型升级提供长期持续的现金流。在东北地区的转型过程中，资源型城市的地方政府应坚持实施外向型的发展战略，加大招商引资力度，努力提高利用外资的规模和水平，更好推进资源型城市产业结构调整。第一，东北地区应推动基础设施建设，改善地区的投资环境，增强外资的吸引力。地方政府应该在交通、城市公共设施等方面加大投入，引入多元化的民间资本，改善地区的投资环境，从而增强引入外资的吸引力。第二，政府应该出台多元化、多层次的引入外资优惠政策。东北地区政府可以在国家东北老工业基地振兴的相关优惠措施基础上，设置适合引入外资的优惠政策细则，如在外资准入领域、外资并购国企、外资企业的税费减免和进出口税费等方面享受更加优惠的政策，提升东北地区引进外资的政策优势。第三，可以通过新兴的商业模式引进外资。东北地区可以通过 PPP、BOT 等新兴的融资模式引进外资，使其共同参与东北地区的项目建设，提升外资的利用效率。第四，鼓励外资投向新兴可持续发展的行业。由于东北地区正处于转型的关键时期，地方政府在引进外资时，应该努力提升外资的引入质量与水平，将外资引导到新能源、高新技术产业等有利于促进产业结构调整的行业中去，从而更好地实现东北地区的产业调整与优化。

六、建立"多评合一"的中介服务新模式

探索建立多评合一、统一评审的新模式。加快推进中介服务市场化进程，打破行业、地区壁垒和部门垄断，切断中介服务机构与政府部门间的利益关联，建立公开透明的中介服务市场。

2019 年以来，我省民间投资增速持续下滑。在影响民间投资的诸多因素中，有民营企业反映，一些中介服务机构在与政府脱钩后，依然存在项目繁多、审查重复、评审效率不高、中介费用较高等问题，企业不堪重负。对各类评估评审事

项进行有机整合，实现多评合一，有利于减少事项、避免重复、提高效率、降低费用。

七、提供投资项目高效核准和审批保障

（一）坚持企业投资核准范围最小化

坚持企业投资核准范围最小化，原则上由企业依法依规自主决策投资行为。在一定领域、区域内先行试点企业投资项目承诺制，探索创新以政策性条件引导、企业信用承诺、监管有效约束为核心的管理模式。

除极少数关系国家安全和生态安全、涉及全国重大生产力布局、战略性资源开发和重大公共利益等的企业投资项目外，一律由企业依法依规自主决策，政府不再审批。建立企业投资项目管理负面清单制度、权力清单制度和责任清单制度。

实行这一模式至少需要三个条件。一是要以清晰、完善、可操作的发展规划、产业政策、技术标准、安全标准等准入性政策条件为前提；二是要以健全的社会信用体系为基础，对失信企业实行联合惩戒、对守信企业实行联合激励；三是要有全面、高效、有约束的监管、处罚制度为保障。

第七章 投资节奏影响因素的分析

第一节 "新常态"下东北老工业基地投资节奏影响因素识别

本部分以"新常态"下东北老工业基地产业结构转型投资节奏动因及目标为依据，从产业结构合理化及高级化角度出发，以文献为基础，梳理归纳其他学者观点，同时参考区域振兴评价报告，分析"新常态"背景下东北老工业基地产业结构转型投资节奏中投资节奏的影响因素，并应用 DELPHI 专家调查法对阻碍程度较强的影响因素进行识别，以求为破解"新东北现象"，实现产业结构转型投资节奏目标提供理论依据。根据 DELPHI 专家调查法，绘制影响因素识别路线如图 7-1 所示，并依据具体步骤进行如下分析。

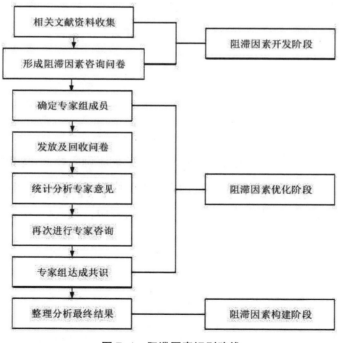

图 7-1 阻滞因素识别路线

首先，影响因素开发阶段。从内外部双重视角分析，"新常态"下东北老工业基地产业结构转型投资节奏目标的实现既受政府和区域层面外部影响因素影响，也受产业和企业层面内部影响因素制约，因此本章参考大量相关文献和《2016东北老工业基地全面振兴进程评价报告》，主要从政府、区域、产业和企业层面筛选"新常态"时期阻碍东北老工业基地产业结构转型投资节奏的相关因素，然后根据学者们的研究对影响因素进行梳理和分析，对可能成为阻碍东北地区产业结构转型投资节奏的影响因素进行汇总，并形成第一轮专家咨询问卷（见附录二）。

其次，影响因素优化阶段。专家调查法需根据研究问题所涉及的范围确定专家人数，一般为10—50人。因此依据本章研究内容确定问卷咨询对象为政府、企业及高校老师，其中政府部门发放10份，企业发放20份，高校老师发放20份，共发放50份。第一，对初步确定的第一轮咨询问卷以邮件等网络形式进行发放，并在规定时间内收回政府8份、企业18份、高校老师20份，问卷返还率高达92%，说明此次问卷有效。第二，对收回的问卷进行汇总分析，综合考虑各位专家意见，对各个因素的影响程度取加权平均数，进而识别出影响程度较强的影响因素（即3分以上的影响因素），包括政府层面的市场化水平、政府干预强度、对外开放强度，区域层面的自然资源丰裕度、基础设施建设、全社会劳动生产率，产业层面的产业成长程度、工业化结构比重数、产业就业弹性系数、第三产业占比，企业层面的技术创新能力和国有工业企业占比。同时根据专家补充意见，区域层面增加城镇化水平、劳动力总供给，产业层面增加产业结构偏离度，企业层面增加民营企业规模，从而形成第二轮专家咨询问卷（见附录三）。第三，将第一轮调查问卷的分析结果告知各位专家，同时发放第二轮咨询问卷，并就此次问卷专家组达成共识，认为此次问卷涉及的指标影响程度均较大，即可作为实现"新常态"下东北老工业基地产业结构转型投资节奏目标过程中较为重要的影响因素。

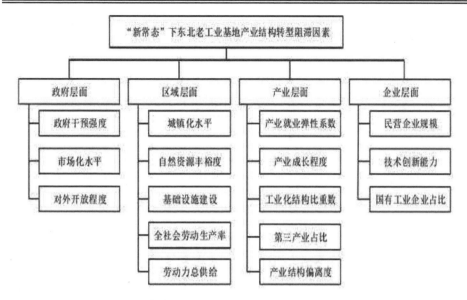

图 7-2 "新常态"下东北老工业基地产业结构转型阻滞因素

最后，影响因素构建阶段。根据专家最终意见，整理得出"新常态"下东北老工业基地产业结构转型投资节奏影响因素如图 7-2 所示。

第二节 "新常态"下东北老工业基地产业结构转型投资节奏影响方式

根据影响因素的来源，将"新常态"下东北老工业基地产业结构转型投资节奏影响因素分为外部影响因素和内部影响因素。其中外部影响因素主要包括政府和区域层面，这些影响因素严重阻碍政府职能转变，同时影响区域资源利用效率提升；内部影响因素则包括产业和企业层面，主要制约产业结构协调发展、抑制企业创新发展活力，从而阻碍"新常态"下东北老工业基地产业结构转型投资节奏。

一、外部因素的影响方式

（一）通过影响政府职能转变阻碍产业结构转型投资节奏

"锈带复兴"成功经验表明，政府对于推动工业区产业结构向合理化、高级化方向转型具有主导性作用，因此在"新常态"阶段转变政府职能、提高市场化水平及对外开放程度，既是东北老工业基地全面深化改革的重要目标，也是衡量政府宏观调控能力的主要标准。

政府干预与市场调节相结合是推动区域经济良性发展的关键。然而，"新常态"下东北地区政府干预程度过高，同时又存在政府缺位现象，此外，政府财政支出结构失衡、宏观调控不到位和管理方式不配套等问题也较为严重，这些都影响了东北地区政府职能转变的效率和速度，从而大大提高了市场交易成本和社会成本，影响企业良性竞争及新兴产业发展，同时导致该地区市场化进程缓慢且水平较低，影响政府职能转变，阻碍资源合理配置，从而制约"新常态"下产业结构转型投资节奏升级。

改革开放四十年的成功实践证明，提高对外开放程度不仅是政府落实改革开放战略、推动区域经济发展、带动产业结构转型投资节奏的关键举措，同时也是推进政府行政管理体制改革的重要内容。然而"新常态"阶段东北地区对外开放程度与东部沿海发达地区仍存在较大差距，对外贸易发展较慢、利用外资规模较小，严重影响产业投入产出效率，并对国际间经济合作与技术交流十分不利，尚未形成对政府职能转变的倒逼效应，进而影响东北地区市场规模、生产要素配置、国际贸易竞争力及产业结构转型投资节奏升级。

（二）通过影响区域资源利用效率阻碍产业结构转型投资节奏

产业结构转型投资节奏主要是指资本、土地、科技、劳动力和企业家才能等生产要素在区域内合理流动、重新配置的过程，而该过程的实现取决于要素资源配置方式转变和配置效率提高，因此区域资源配置现状对实现产业结构转型投资节奏、推动区域经济发展具有重要影响。然而，"新常态"时期东北地区城镇化、劳动力供给、基础设施建设等因素影响了资源利用效率，进而阻碍了产业结构转型投资节奏的实现。

城镇化过程是生产要素重新配置的重要体现，也是实现区域要素资源合理流动的必然要求，然而"新常态"下东北地区城镇化发展规划主要是建立在国有重化工业基础上，加之该地区城镇化质量不高且分工十分不明确，导致城镇人口素质降低、环境污染严重、能源消耗过多等一系列问题，同时也制约了劳动力及土地资源利用效率的提升，影响了"新常态"时期产业结构转型投资节奏的进程。

劳动力作为区域产业发展的助推力，是经济发展过程中最为活跃的生产要素，但"新常态"下东北地区经济增速放缓、区位优势衰退，加之人口老龄化现象严重，导致区域人口逐渐外流、劳动力供给减少、人口红利逐渐消失，这也使得以劳动密集型产业为主的东北老工业基地发展受阻。加之该地区劳动者素质低下、生产设备和技术落后，导致区域生产能力较弱、科技创新能力严重匮乏，从而导致社会生产效率低下，同时也阻碍该地区发展高新技术，影响人力资源效率，制约产业结构转型投资节奏升级。

自然资源和基础设施建设作为区域经济发展必要的生产要素，既是社会生产过程中重要的物质基础，也是影响区域资源利用效率的重要指标，同时对区域产业布局、技术创新发展和产业结构转型投资节奏具有重要影响。工业化初期东北老工业基地凭借区域资源优势，重工业和资源型产业发展迅速，但由于长期过度开采、资源浪费严重和技术投入不足，东北资源逐步枯竭，传统产业优势逐渐丧失。尤其进入"新常态"阶段，东北地区产业结构性问题更为凸出，加之经济基础薄弱、建设投资不足、政府管理不善，导致该地区要素市场化配置滞后，从而影响区域资源利用效率、制约产业结构转型投资节奏。

二、内部因素的影响方式

（一）通过影响产业协调发展阻碍产业结构转型投资节奏

产业间协调发展是产业结构转型投资节奏的必然要求，也是区域经济发展的重要助推力，但"新常态"阶段东北老工业基地产业发展存在严重的结构性问题，从而影响产业协调发展，阻碍产业结构转型投资节奏升级。

产业就业弹性系数和产业结构偏离度主要是从产业和就业角度分析该地区产

业综合发展水平，其中产业就业弹性系数主要是指产业发展对就业的拉动作用，而产业结构偏离度则是分析产业结构与就业结构的差异程度。在经济增速下行压力下，东北地区传统重化工业和劳动密集型产业发展受限、新兴产业开发投入不足，因此对就业的带动作用较差，导致该地区城镇失业人口从2008年的98.05万人上升到2016年的112.63万人，增幅高达14.87%。加之产业间就业结构不合理，导致该地区三次产业的就业人数存在较大差距，同时第一、二产业劳动力并未合理向第三产业流动，进而阻碍"新常态"时期产业结构和就业结构协调发展，影响产业结构转型投资节奏进程。

产业成长程度则较为直接地反映出产业发展水平和发展速度，即产业成长性。然而"新常态"时期东北地区在经济发展过程中盲目追求经济效益，忽视产业自身发展能力的提升，包括技术开发滞后且投入不足，同时严重缺乏自主创新及服务意识，从而导致该地区制造业转型升级困难、农业现代化水平偏低、服务业创新能力不足且发展水平相对于滞后，因此制约产业竞争力提升，影响产业协调发展及结构性转型调整。

工业化结构比重数是分析工业化进程和产业结构素质的重要系数，第三产业占比则是分析产业结构高级化的重要指标。"新常态"下东北地区工业和服务业发展水平与沿海发达地区仍存在较大差距，主要表现在高技术产业和生产性服务业市场份额偏低，技术发展及创新能力较弱、资源配置不合理、资金投入不足、产业结构单一且存在严重趋同现象，导致高端制造业和新兴服务业发展落后，加之区域产业在发展过程中对现有资源禀赋的开发和利用程度较低，从而制约产业间协调发展，阻碍产业结构优化升级。

（二）通过影响企业创新阻碍产业结构转型投资节奏

企业作为市场主体，其技术创新能力是推动区域经济发展、振兴东北老工业基地的重要保障，也是促进产业结构转型投资节奏升级、增强企业市场竞争力的主要动力，同时也是应对经济"新常态"、构建产业新体系的必然要求。

民营企业是市场经济体制下最为活跃的经济主体，同时对于增加就业、推动创新、改善民生、稳定经济等方面具有积极作用，但"新常态"时期东北地区由于营商环境较差、融资渠道狭窄且企业管理不规范，导致民营企业规模较小且发展相对于滞后，同时研发投入不足、技术设备落后、政府对市场经济干预较大，导致该地区资源配置不合理且利用率较低，从而阻碍民营企业技术创新能力提升，致使产业结构转型投资节奏异常艰难。

"新常态"时期东北地区受计划经济残余影响，政府对企业行政干预过多，导致国有企业在技术改造过程中带有较强的行政色彩，同时自主创新能力不足、市场化改革滞后，使得国有企业技术发展不成熟、产品层次较低、新兴产业发展落后。此外，"新常态"时期东北地区国有企业技术储备及研发投入严重不足，同时缺乏与高校及科研院所的技术合作，导致该地区国有企业改革滞后、科技创新能力较弱，从而阻碍产业结构转型投资节奏目标的实现。

第三节　"新常态"下东北老工业基地产业结构转型投资节奏影响程度

一、模型原理及变量说明

贝叶斯模型平均法（BMA）是一种应用贝叶斯理论来解决模型不确定性问题的统计分析方法。首先根据先验信息确定解释变量的先验概率，然后通过贝叶斯分析框架计算出所有解释变量的后验包含概率，并将解释变量按后验包含概率大小进行排序。假设待估模型中有 K 个解释变量 $X_i = \{X_1, X_2, \cdots, X_k\}$，那么就有 2^k 个模型对被解释变量 y 进行回归，并将所有的模型定义为 $M_I = \{M_1, M_2, \cdots, M_k\}$，而每个模型的一般式为：

$$y = \alpha + \beta X_i + \varepsilon_i \qquad (7\text{-}1)$$

式（7-1）中样本数据 $y_i = (y_1, y_2, \cdots, y_t)^T$，其中 y_t 表示 t 时刻的观测值，假设模型 M_i 的先验概率为 $P(M_i)$，则模型的后验概率 $P(M_i|y)$ 的计算公式如下：

$$P\left(M_{i}|y\right)=\frac{p\left(M_{i},y\right)}{p\left(y\right)}=\frac{p\left(y|M_{i}\right)}{p\left(y\right)}=\frac{p\left(y|M_{i}\right)p\left(M_{i}\right)}{\sum_{i=1}^{2^{k}}p\left(y|M_{i}\right)p\left(M_{i}\right)} \qquad (7\text{-}2)$$

从式（7-2）分析可知，后验概率是通过先验概率的加权平均计算得出的，其中 $p\left(t|M_{i}\right)=\int p\left(y|\theta_{i},M_{i}\right)p\left(\theta_{i}|M_{i}\right)d\theta_{i}$ 表示模型 M_{i} 中 θ_{i} 的先验分布密度，而 $p\left(y|\theta_{i},M_{i}\right)$ 是指样本数据的似然值。

通过后验概率可计算出解释变量对应回归系数的后验包含概率、后验均值和后验方法，具体公式对应如下：

$$p\left(\beta|y\right)=\sum_{i=1}^{2^{k}}p\left(\beta|M_{i},y\right)p\left(M_{i}|y\right); \qquad (7\text{-}3)$$

$$E\left(\beta|y\right)=\sum_{i=1}^{2^{k}}E\left(\beta|y,M_{i}\right)p\left(M_{i}|y\right); \qquad (7\text{-}4)$$

$$Var\left(\beta|y\right)=\sum_{i=1}^{2^{k}}\left[Var\left(\beta|y,M_{i}\right)+E^{2}\left(\beta|y,M_{i}\right)\right]p\left(M_{i}|y\right)E\left(\beta|y\right)^{2} \qquad (7\text{-}5)$$

其中，$\beta=\left(\beta_{0},\beta_{1},\cdots,\beta_{k}\right)$ 设为模型 M_{i} 中各回归系数的向量。

二、BMA 模型构建

基于贝叶斯模型平均法（BMA）的基本思想，以本章第一节中分析得出的"新常态"下东北老工业基地产业结构转型投资节奏影响因素为解释变量，以"新常态"下东北老工业基地产业结构优化为被解释变量，构建模型如下：

$$y=\alpha+\beta_{1}GIS_{i}+\beta_{2}ML_{i}+\beta_{3}OD_{i}+\beta_{4}NRA_{i}+\beta_{5}IC_{i}+\beta_{6}UL_{i}+\beta_{7}TLS_{i}+\beta_{8}SLP_{i}+\beta_{9}IEF_{i}$$
$$+\beta_{10}IG_{i}+\beta_{11}PIS_{i}+\beta_{12}TIS_{i}+\beta_{13}DEO_{i}+\beta_{14}PES_{i}+\beta_{15}TIA_{i}+\beta_{16}GIE_{i}+\varepsilon_{i} \qquad (7\text{-}6)$$

其中，i 表示年份，y 表示"新常态"下产业结构优化（ISO），并选用"新常态"下产业结构合理化和高级化两项指标综合分析被解释变量，其中产业结构合理化由泰尔指数计算得出、产业结构高级化计算公式为第一产业与第三产业比值，并对两项指标分别赋予 0.5 的权重，然后对其进行加总求和即为产业结构优化最终数值，并从政府、区域、产业和企业四个层面分析影响因素对产业结构转型投资节奏优化的影响程度。

表 7-1　解释变量名称及指标应用处理方式

变量类型	变量名称及符号	指标应用处理方式	文献出处
政府层面	政府干预强度（GIS）	扣除科教文卫及社会保障后的财政支出/地区GDP	李成等[28]，2015
	市场化水平（ML）	社会消费品零售总额/地区 GDP	李成等[28]，2015
	对外开放程度（OD）	进出口总额/地区 GDP	孔婷婷等[29]，2014
区域层面	城镇化水平（UL）	城镇人口/地区总人口	张芷若等[30]，2019
	自然资源丰裕度（NRA）	采矿业固定资产投资/全社会固定资产投资	马珣[31]，2020
	基础设施建设（IC）	基础设施建设投资的对数	沈建光等[32]，2020
	全社会劳动生产率（SLP）	地区 GDP/就业总人数	孔薇等[33]，2017
	劳动力总供给（TLS）	就业总人口数的对数	于玲[34]，2016
产业层面	产业就业弹性系数（IEF）	就业人数增长率/地区 GDP 增长率	元霞等[35]，2009
	产业成长程度（IG）	第三产业增长率/地区 GDP 增长率	元霞等[35]，2009
	工业化结构比重数（PIS）	工业总产值占比与劳动人数占比相乘后开方	周正祥等[36]，2015
	第三产业占比（TIS）	第三产业产值/地区 GDP	王馥瑶[37]，2018
	产业结构偏离度（DEO）	三次产业就业人数比重与三次产业产值比重绝对差之和	王馥瑶[37]，2018
企业层面	民营企业规模（PES）	民营企业固定资产投资的对数	金同杰[38]，2020
	技术创新能力（TIA）	国内三种专利申请受理数的对数	曹瑞丹[39]，2020
	国有工业企业占比（GIE）	国有工业企业资产/工业企业总资产	曹瑞丹[39]，2020

　　变量名称及指标应用处理方式如表 7-1，同时为分析变量间的相对于重要性，指标处理方面采用比值形式，对于绝对量较大的数值为防止异方差出现，采用对数化进行处理。

　　基于"新常态"研究背景及最近数据的可得性，本文选取 2008-2016 年连续九年的数据进行统计分析，样本数据来源于《中国统计年鉴》《辽宁统计年鉴》《吉林统计年鉴》和《黑龙江统计年鉴》，其变量的描述性统计分析如表 7-2 所示。

表 7-2　变量的描述性统计分析

变量	均值	中位数	最大值	最小值	标准差
产业结构优化（ISO）	0.2478	0.2667	0.2854	0.1946	0.0327
政府干预强度（GIS）	0.1194	0.1205	0.1355	0.1002	0.0093
市场化水平（ML）	0.4192	0.3916	0.5558	0.3699	0.0566
对外开放程度（OD）	0.2108	0.2081	0.3001	0.1108	0.0648
自然资源丰裕度（NRA）	0.0447	0.0445	0.0640	0.0301	0.0111
基础设施建设（IC）	8.7976	8.8203	9.1300	8.2747	0.2594
城镇化水平（UL）	0.5929	0.5960	0.6167	0.5669	0.0179
劳动力总供给（TLS）	8.6551	8.6669	8.7143	8.5815	0.0423
全社会劳动生产率（SLP）	7.9691	8.6917	9.7922	5.3280	1.5585
产业就业弹性系数（IEF）	−0.4092	0.1210	0.4031	−5.2203	1.7048
产业成长程度（IG）	2.7450	1.2372	15.9683	0.1119	4.6978
工业结构比重（PIS）	0.336	0.3416	0.3464	0.2869	0.0189
第三产业占比（TIS）	0.4052	0.3867	0.4972	0.3693	0.0417
产业结构偏离度（DEO）	1.8203	1.8478	2.0744	1.5187	0.1920
民营企业规模（PES）	9.4806	9.4667	9.8731	8.8416	0.3315
技术创新能力（TIA）	11.1166	11.3014	11.5789	10.4459	0.3709
国有工业企业占比（GIE）	0.5370	0.5321	0.5844	0.5038	0.0259

三、测度过程及模型检验

（一）测度过程

根据本章第三节构建的模型对产业结构转型投资节奏影响因素进行计量回归分析，计量工具为 R-3.4.3。以"新常态"下东北老工业基地产业结构投资节奏优化为被解释变量，以影响因素为解释变量，运用贝叶斯模型平均法对式（7-6）进行实证分析，结果如下表 7-3 所示。

表7-3 产业结构转型投资节奏影响因素的 BMA 估计结果

变量名称及符号	后验包含概率	后验均值
技术创新能力（TIA）	0.9460	0.6207
劳动力总供给（TLS）	0.9293	−0.7664
第三产业占比（TIS）	0.8316	−0.6901
对外开放程度（OD）	0.3402	0.0709
政府干预强度（GIS）	0.2898	−0.0322
市场化水平（ML）	0.2677	0.0579
国有工业企业占比（GIE）	0.2562	−0.0052
工业化结构比重数（PIS）	0.2132	0.0160
民营企业规模（PES）	0.2110	0.0050
全社会劳动生产率（SLP）	0.2017	0.0011
产业结构偏离度（DEO）	0.0891	0.0069
产业成长程度（IG）	0.0822	−0.0090
产业就业弹性系数（IEF）	0.0771	0.0069
城镇化水平（UL）	0.0512	−0.0911
自然资源丰裕度（NRA）	0.0427	0.0069
基础设施建设（IC）	0.0365	0.0006

表 7-3 将产业结构转型投资节奏影响因素按后验包含概率大小进行排序，现依据排序将影响因素分为四组，第一组后验包含概率大于 90%，包括技术创新能力和劳动力总供给，说明这两个变量是产业结构转型投资节奏影响因素模型中极为重要的解释变量；第二组概率处于 50%-90%之间，包括第三产业占比，说明该变量是产业结构转型投资节奏的重要影响因素；第三组后验包含概率处于 20%-50%之间，包括对外开放程度、政府干预强度、市场化水平、国有工业企业占比、工业化结构比重数、民营企业规模和全社会劳动生产率，说明这些变量对产业结构转型投资节奏存在一定的影响；第四组为剩下的六个变量，其后验包含概率均小于 20%，说明该组变量解释能力最弱。根据 Sala-i-Martin、Fernadez 等人的研究，将后验包含概率在 50%以上的前两组变量视为本研究的关键性影响因素。

（二）稳定性检验

在稳定性检验中首先将模型先验分布设定为均匀分布，进而得到模型大小的先验假设（Piror）与后验分布（Posterior）比较图。从图 7-3 可知，后验模型大小均值为 3.8308，即应选 3 或 4 个变量作为实证模型的解释变量，而本章实证分析中的前两组确定了 3 个关键性解释变量，因此与理论值基本相符。

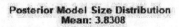

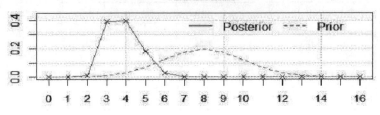

图 7-3　Model Size

图 7-3 模型大小的先验假设与后验分布比较图 7-4 是依据贝叶斯法得出的后验模型概率，其中 PMP（MCMC）是根据贝叶斯 MCMC 取样规则计算得出的迭代计数频率，PMP（Exact）是依据似然函数为标准计算得出的后验模型概率。从图 7-4 分析可知，二者几乎重合且相关系数为 0.9882，说明迭代计数频率是解析似然函数的高度近似，因此本章所做的 BMA 模型整体拟合效果较好。

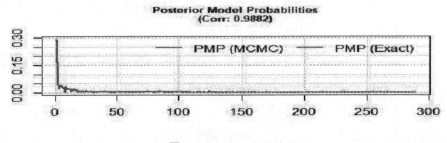

图 7-3　Index of Models

（三）测度结果分析

由实证分析可知，在前两组确定的三个关键性解释变量中有两个为内部影响因素，包括企业层面的技术创新能力和产业层面的第三产业占比，而外部影响因素只包含一个区域层面的劳动力总供给，因此内部因素影响程度强于外部影响因素。从测度结果可知，技术创新能力的后验包含概率为 0.9460，说明"新常态"下东北地区的技术创新能力是影响产业结构转型投资节奏最为重要的影响因素，而后验均值为正值，表明技术创新能力和产业结构转型投资节奏存在正相关性，即技术创新能力越低对产业结构转型投资节奏愈加不利。技术创新能力对一国或地区产业结构转型投资节奏和经济发展具有重要推动作用，"新常态"下东北老工业基地高新技术企业数量、从业人数和主营业务收入均呈下降趋势，而 R&D 经费投入强度微弱，技术和资本壁垒都将十分不利于战略性新兴产业的培育及发展，影响企业创新绩效，致使"新常态"下东北老工业基地产业结构转型投资节奏困难。

劳动力总供给的后验包含概率为 0.9293，说明该变量同样是"新常态"下东北老工业基地产业结构转型投资节奏极为重要的影响因素，后验均值为负值，说明"新常态"下东北老工业基地劳动力总数虽较高，但对推动产业结构转型投资节奏并未产生积极效应。主要可从以下三方面分析原因：第一，劳动力质量并未提升，即第一、二产业劳动力不能合理流向以服务业为主的第三产业，导致第三产业人力资源缺乏的同时也将阻碍新兴产业培育和发展，因此不利于推动"新常态"下东北老工业基地产业结构的转型升级；第二，劳动力素质不高，主要由于东北地区劳动者学历普遍偏低且多数劳动者缺乏过硬技术，导致劳动力难以较快推动和适应新兴产业发展，这将严重阻碍东北地区未来产业结构转型投资节奏和升级；第三，劳动力总量虽高，但下降趋势较为显著且人口老龄化现象严重，因此该地区人口红利逐渐消失而人才红利又缺乏，加之经济发展后劲不足，这些都对"新常态"下东北老工业基地产业结构转型投资节奏升级产生不小的阻碍作用。

第三产业占比的后验包含概率为 0.8316，说明第三产业占比是"新常态"下东北老工业基地产业结构转型投资节奏的重要影响因素，后验均值为负值，同样说明东北地区第三产业增加值绝对量虽较高，但增速缓慢，因此并未对该地区产业结构转型投资节奏起到显著推动作用，这也从侧面反映出"新常态"下东北老工业基地产业结构转型投资节奏升级并不只是单纯地提高第三产业产值，更重要的是制造业转型和以服务业为主的第三产业升级。"新常态"下东北地区服务业发展多以传统服务业为主，所涉及的金融业和信息服务等生产性服务业发展滞后，总体规模和生产总值均较低，同时专业性较差、竞争能力较弱且城乡及区域间差异较大，导致市场化水平不高、社会化程度偏低、区域经济发展受阻，这种市场环境也对中低端制造业向高端制造业转型发展十分不利，因此严重阻碍"新常态"下东北老工业基地产业结构转型投资节奏。

第三组影响因素的后验包含概率均处于20%-50%之间，可视为有效解释变量，同时说明在"新常态"时期该组指标对东北地区产业结构优化仍存在一定影响。其中对外开放程度、工业化结构比重数、民营企业规模、市场化水平和全社会劳动生产率的后验均值均为正数，这意味着东北地区对外开放和工业化水平较低，加之民营企业发展受限，市场化水平和劳动生产率发展滞后，使得"新常态"下东北地区产业结构转型投资节奏较困难。而政府干预强度和国有工业企业占比的后验均值均为负数，表明政府干预过度和国有工业企业占比较高阻碍了该地区产业结构转型投资节奏，制约了区域经济和产业结构发展。此外，第四组影响因素的后验包含概率均低于20%，说明该组变量相较其他变量而言影响程度最弱且不能成为阻碍产业结构转型投资节奏的有效解释变量。

第四节 "新常态"下东北老工业基地产业结构转型投资节奏突破路径

突破产业结构转型投资节奏困境既需考虑外部市场的大环境，还需分析东北区域的实际状况，因此本章参考国际"锈带复兴"成功经验及失败教训，同时考虑产业结构转型投资节奏影响因素，以产业结构转型投资节奏目标为依据，结合区位优势理论、内生增长理论、制度及技术创新理论，分别从制度、区位、产业和企业层面提出"新常态"下东北老工业基地产业结构转型投资节奏突破路径。

一、制度层面突破路径

习近平总书记多次强调，坚持体制机制重构不仅是东北老工业基地产业结构转型投资节奏的关键点，更是实现东北振兴的治本之策，因此在"新常态"时期，东北老工业基地更应坚持改革道路，坚决破解体制机制阻碍，从而更好地与市场对接，增强东北地区市场经济意识，提高区域市场化水平。

（一）体制重构

东北地区体制重构的主要内容即经济体制和政治体制重构，重点是以适应"新常态"为要求，以市场需求为导向，通过简政放权，打破计划经济壁垒，带动产业结构转型投资节奏发展。洛林工业区的成功转型经验表明，政府对于实现区域产业结构转型投资节奏和经济发展具有重要影响。因此首先应发挥政策导向作用，促进东北老工业基地改造升级，同时坚持政府与市场相结合，限制政府过度干预，推进放管结合及服务型政府建设，并在转变政府职能的同时打造良性市场竞争环境，引领经济发展"新常态"，进而实现体制重构带动产业结构转型投资节奏；其次通过体制创新调整政府和企业的利益关系，实现国有企业股份制改革，培育发展中小型企业，同时建立现代企业制度、完善企业内外部治理机制、优化资源配置、加快市场融合，进而实现"新常态"下东北地区国有企业体制角色转换，打破国有企业垄断格局；再次加大科技创新投入，根据伯明翰工业区转型经验得知，提高东北地区科技水平，鼓励企业与高校合作创建研发机构，真正实现产学研相结合，对于提高产品质量、降低生产成本和拉动企业融资具有重要推动作用；最后通过产权制度改革，实现国有企业投资主体多元化，进而激发企业发展活力，同时扩大市场开放程度，引进外资带动"新常态"下东北地区产业结构转型投资节奏。

（二）机制重构

"新常态"时期东北地区机制重构是以市场机制为主导、以效率优先为考量，对管理机构、治理范式和发展体系进行规划，主要包括产业扶持、市场运行、投融资及合作机制等。总结鲁尔区的转型经验可知，制定转型发展的长效机制是实现区域经济转型和产业结构升级的重要助推力，也是激发产业发展活力的重要保障，因此政府在推动产业结构转型投资节奏过程中首先应建立产业扶持机制，包括援助资源型、劳动密集型衰退产业，培植发展生物医药、智能装备及新型材料等新兴产业，同时淘汰重化工行业落后产能，通过政府与各部门的合作建立东北地区可持续发展机制，积极改造传统产业，培植发展新兴产业，同时完善生态补偿机制，从而更好地解决衰退产业遗留问题，处理好经济发展与生态环境关系。其次构建市场运行机制，主要要求规范政府行为，健全地方政府权利，从而实现法律决策规范化，通过打造服务型政府，减少政府对市场经济干预，实现政企分离，提高区域市场化水平，完善市场竞争机制。再次保障资金支持，建立投融资机制，完善混合所有制经济体制，打破落后国有经济体制限制，实现资金良性周转。最后构建区域合作机制，加强区域技术交流，例如与广东、江苏等大城市合作打造联合园区创新模式，合理运用城市资源，实现区域资源共享及合作开发，推动产业结构转型投资节奏升级。

二、区位层面突破路径

曾经的东北老工业基地区域资源丰富、工业化水平较高，而"新常态"阶段东北老工业基地经济增速长期处于全国经济增速的下游位置，因此老工业基地区内和区间重构成为扭转局面、加快转型的重要突破路径，也正是二者结合才能更好地发挥区位优势、激发地区潜能、实现资源合理配置，从而突破产业结构转型投资节奏困境，实现区域经济重振。

（一）区内重构

"新常态"下东北老工业基地区内重构主要是以三大产业为依据，强调省域内部产业结构优化升级，并通过政府、企业及高校的合作形成产业聚集区和经济增长合力，实现产业重组和企业发展。同时总结底特律和巴库工业区产业结构转型投资节奏失败教训，认为"新常态"下东北地区企业首先应保护传统优势资源，继续做大做强农业、工业、生物制药等优势产业，同时加强区域内经济协作及技术交流，并以市场需求为基本导向，有侧重地培育和发展信息产业、高端制造业及新能源汽车等新兴产业，从而打破过去长期存在的单一产业结构格局，建立企业多元化经营战略。其次，在政府主导下秉承区内秩序化和体系化原则，并根据地方特色，因地制宜建立区域内产业集群化发展模式，从而实现人力资源和技术资源重组，而这种区域内资源重组及再利用，也将极大地提高资源利用效率，推动市场化进程加快，从而带动区内产业升级。最后，通过政府、企业及高校的合作，打造东北地区高新技术产业开发区，主要是在保护脆弱生态环境的基础上搞活落后产业、开发高新科技产业，同时根据生态、产业和综合设施投入发展情况，整合区域内部系统，加大资金和研发的投入力度，推动区域经济发展、带动产业结构转型投资节奏升级。

（二）区间重构

"新常态"时期东北地区区间重构主要强调打破区域行政壁垒，促进省域合理分工、资源合理流动及配置，从而加强省域间信息交流及技术合作，实现区间资源重构和产业经济合作。并从以下几方面提出产业结构转型投资节奏突破路径：第一，以外部环境为依据进行产业布局，产业结构转型投资节奏离不开政策引导、交通布局等外部环境的影响，因此"新常态"下东北地区在转型过程中应以此为依据将区域间的土地、资本、技术和劳动力资源进行重新分配，同时合理规划区域资源，提高资源配置及利用效率，从而形成具有良性竞争关系的经济协作区。第二，消除区域壁垒、加强区域合作，依据区位优势和市场发展趋势研究，将东北地区划分为产业发展核心区、扩展区和辐射区，从而将"新常态"下东北老工业基地打造成为特色产业基地，实现企业兼并重组，适当扩大优势企业规模，整合淘汰高污染、高耗能企业，同时增强上下游企业间协作，真正实现区域资源共享，降低企业生产成本、提高企业外部经济效益。第三，建立东北地区产业集聚区，通过省域间合理分工，避免产业结构趋同和资源浪费，从而提高产业生产效率，形成经济增长合力，提高工业区的核心竞争力及自主创新能力，增强区域发展外向型经济能力。

三、产业层面突破路径

产业链整合和产业链优化延伸是产业层面突破产业结构转型投资节奏困境的关键性举措，也是实现结构转型目标的必然要求，因此产业创新路径的实施对加快"新常态"下东北老工业基地产业结构转型投资节奏、增加产业生产总值、提升区域产业竞争力具有重要现实意义。

（一）产业链整合

从匹茨堡工业区转型经验分析得出，老工业基地若想在产业层面突破结构转型困境，首先关键的就是进行产业链整合，包括一体化整合、外包、结盟和产业链融合，节约企业内外部生产成本，同时运用内部技术创新、外部政策配合等手段打造新型产业链，改变传统产业发展模式。然而东北老工业基地由于产业关联度较差、产业链条割裂，导致产业难发展、企业难生存，因此为了实现产业结构转型投资节奏和企业利润最大化目标，需要通过调整从原材料到产品的企业交易关系，推动产业链重构，并围绕"新常态"带来的产业增长新思维，通过并购重组、战略联盟及产权转让等方式进行要素配置，推动重化工业结构重构、资源依赖型产业结构重构、国有经济结构重构，同时出清过剩产能，倡导产业良性竞争，促进核心企业及核心产业的形成，打造区域自主创新品牌，建立政府、行业、市场协调机制，发挥政策上的支持，引导产业链高效整合，带动原材料工业、装备制造业及其他优势行业发展，进而加快"新常态"下东北地区产业结构转型投资节奏目标实现。

（二）产业链优化延伸

伯明翰工业区的复兴策略表明产业间协同配合、加强交流的重要性，主要通过区域及产业间的市场博弈带动产业转型升级，实现产业间的优势互补及扩展延伸。但"新常态"时期东北地区由于产业链断裂、价值链松散和技术创新投入不足，导致该地区产品附加值较低、市场竞争力较差，从而制约产业结构转型投资节奏升级。因此为更好地实现产业结构转型投资节奏，首先应借助本土资源优势，对第一产业进行深加工与精加工，并将现代科学技术及管理模式融入其中，提高吉林、黑龙江和辽宁三省农业产品附加值，增强农业竞争力，提高农产品出口比重。其次通过引进外资实现东北老工业基地技术及管理模式创新，并与科研院所及高校加强合作，建立产学研合作发展模式，从而提高东北地区资源利用效率和科技创新能力，推动第二产业从设计到生产的技术创新，以科技加速产业升级。最后发挥第三产业催化剂作用，以互联网为基础、以物流业为保障，给予第一、二产业后续发展支持，以信息化带动工业化的方式促进产业健康、持续发展，形成东北老工业基地三元经济发展结构，从而促进产业内部转型升级、推动产业结构向合理化方向迈进。

四、企业层面突破路径

"新常态"阶段企业价值链增值和企业综合实力提升是企业自主创新能力提升的重要体现,通过技术创新推动传统产业改造,拉动新兴产业发展,提高产业生产效率,增加产品附加值,进而突破产业结构转型投资节奏障碍,破解"新东北现象"。

(一)企业价值链增值

企业层面将基于价值链增值角度,并结合"新常态"下东北老工业基地企业发展新动能,采用互联网技术改造企业产品设计、生产制造、制度管理等环节,提升市场竞争力,增加高新技术研发投入比例,提升企业创新能力,激活内生动力,从生产的各个环节进行重新配置与管理,通过协调资源、优化配置,降低生产、运输、销售各流程成本,实现合作共赢目标。首先,整合企业价值链,在保留企业核心技术的基础上将边缘业务通过外包或结盟等方式进行处理,加快研发竞争性核心产品及衍生产品,提升"新常态"下东北地区企业竞争力。其次,推动价值链转移,实现资金、技术和人才资源向研发、营销、设计等高附加值领域转移,从而提高东北地区资源利用效率、增加产值利润率,保证企业长远发展竞争优势。再次,实现价值链重构,通过利润再投入实现企业内部资源增值,采用优化供应链实现外部资源增值,通过企业整体优化配置,减少资源浪费等现象,实现"新常态"下东北地区企业价值和社会价值最大化。最后,构建高效人才培养模式,通过制定合理的薪酬福利制度激发员工的积极性,同时增加创新型、管理型人才培养投入,保障人力资源和技术资源支持,提升企业管理水平和自主创新能力,增强高新技术产业竞争力,推动"新常态"下东北地区产业结构向合理化、高级化方向转型。

(二)企业综合实力提升

东北老工业基地产业结构转型投资节奏要求企业从全局战略高度出发,不仅考虑合作者也应关注各方利益竞争者,同时结合经济"新常态"发展要求,增强企业战略合作、降低生产成本，最终实现利益最大化目标。一方面通过共享机制打破供产销分立格局，实现信息共享、文化融合，减少竞争压力，提倡用户参与机制，注重客户感受，有所侧重地提高产品质量，开发特色性产品，增加产品价值，提升"新常态"下东北地区企业综合竞争实力。另一方面创新企业生产及储运模式，实现低成本行业与高利润行业相结合，达到资金分流、降低风险等目的。在生产方面做到准确决策，既要扩大生产范围又要拒绝盲目生产，真正做到有的放矢生产，提高市场占有率；在储运方面以客户订单需求为导向进行组织生产，从而降低库存积压和破损风险，提升企业综合效益，带动"新常态"下东北地区产业结构优化。

第五节　东北老工业基地振兴难的主体性问题

主体性问题其实就是关于"主体"本身的问题，因为主体性是依赖于主体而存在的，在与政治经济学相融合的过程中，这种主体性可以体现为一种思想，一种施政方针，主体可以是国家，也可以是地方政府，同时也会体现在当地的民众思想中。东北老工业基地振兴多年来，虽然取得了积极成效，但是发展速度相对于较慢。其实对比之下，发展慢就相当于落后。在这种竞争的大环境下，通过对东北地区发展环境、施政方针、思维模式的研究，不难发现在主体性方面存在的一系列顽疾，长期以来束缚着生产力的进一步解放。

一、文化惰性长期存在

从整体看，东北文化是一种不同于中原农耕文明社会的独特文化。早期东北地区的文化是在农耕和游牧文化的基础上形成的，后期随着大量移民浪潮的涌现，东北文化呈现出多元化与兼容性的特征。具体来说，游牧文化粗犷豪放的特征使得东北地区形成了粗放的生产方式，虽然后期这种生产方式被逐步替代，但是它还是在一定程度上影响着东北的经济增长方式。丰富的自然资源使得东北人养成了悠闲的生活方式，形成了靠天吃饭的农业意识，阻碍了东北地区农耕文化向商业文化的有效转变。后期随着大量移民的涌入，东北的游牧文化与农耕文明逐渐发生改变，但是良好的自然条件、地广人稀的生存环境使得移民文化不仅没有孕育出进取精神和挑战意识，反而在原本封闭文化与汉族传统文化的影响下，形成了东北人保守封闭、怕变求稳的生活态度。比如，冬季受寒冷的气候影响，老百姓大都存在"猫冬"的传统思想和做法，很少有选择外出务工或者通过其他渠道挣钱谋生的想法，这与南方省份盛行外出务工形成鲜明对比，因此群众在经济收入方面就逐渐拉开差距。这些文化惰性特点与东北计划经济体制相结合，使得东北文化呈现出惰性特征，与构成社会主义市场经济的固有要求发生冲突，在一定程度上导致了市场营商环境差、经济对外开放低的情况。

二、"官本位"思想浓重

长期受计划经济体制影响，经济呈现出浓厚的依附色彩。随着计划经济体制向社会主义市场经济体制转变，东北经济出现滑坡，归根溯源是没有迅速转变思想认知。具体来说，一方面东北人在计划经济长期作用下形成了"等、靠、要"的思想逻辑，高度依赖政府；另一方面东北人对权力和领导的高度依赖，使得"官本位"意识盛行。比如，受"官本位"思想影响，东北地区的大学生毕业后基本首选体制内工作，因为体制内会相对于稳定，能够较好地规避失业风险，而很少会选择到企业就业或者自主创业。长此以往，便极易导致一种"权力异化"现象，严重影响市场经济的正常塑造和市场氛围的形成。原本最具创新力和朝气的年轻人，在传统思维的影响下，大都选择从政，导致市场经济的主体越来越缺乏人才接续，便形成了一种死循环。另外"官本位"思想的盛行，往往也会导致一种权利崇拜，贪污腐败案件发生的风险较大，这也是导致营商环境差的重要原因。从整体上看，东北人这种固有思维惯性的存在，在一定程度上破坏了市场经济秩序，限制了民营经济的发展，提高了社会经营成本，遏制了东北地区经济的健康发展。

三、市场商品意识薄弱

东北地区特殊的发展历史与丰富的自然资源，使东北形成了自给自足的小农意识,这种意识的长期存在阻碍了商品经济的形成与发展,进而抑制了东北经济的活力。具体来说,一方面,计划经济体制的惯性与"官本位"意识的盛行,使得东北地区不仅没有形成尊商、重商的文化氛围,反而形成了轻商文化氛围,创业意识淡薄。另一方面,在东北长期惰性文化的熏陶下,东北民众大多数追求稳定的生活方式,性格中固有的不思进取、怕变求稳因素,使得他们对经商这种行为存有畏惧,更愿意选择"铁饭碗"的工作或者外出打工,而不愿意经商冒险。再加上东北民众长期以来思想相对于保守,对于新事物认知程度低,市场经济理念作为一种现代经济思想理念在短期内很难被接受。因此,在多种因素作用下,形成了商品经济意识薄弱、创业精神匮乏的东北文化体系,进而导致东北地区市场化程度不高,尤其是民营经济缺少创新发展动力,没有良好的营商环境,限制了东北经济的持续增长。

四、法治规则意识欠缺

东北人有着明显的地域性格特质,通常给人以豪爽、讲义气的印象,在东北经常出现"情理"大于"法理"的现象。东北人日常生活中遇到上学、就业、就医等问题,通常想到的是"找人"来"解决""安排",很少能够想到通过正常规则流程来办理,规则规矩意识淡薄。从政府层面看,也存在法治政府建设落后、引导和监管不到位、政府信息公开渠道不畅、整体法律服务咨询不发达等问题。因此,从主观和客观两个方面都没有形成法制规则意识的软环境。由此形成的"走后门"、拉关系等做事方法是一种破坏契约精神的行为,公平、公正的市场与制度环境不可避免地会受到腐蚀,还会在一定程度上削弱市场规则的作用;并且作为一种潜在规则,也会增加关系圈之外人员的交易成本,影响资源配置效率。种种情况都不利于市场经济在东北地区的健康发展,会抑制东北地区市场化发展水平。

第六节　培育东北老工业基地新动能的主体性认识

一、东北老工业基地拥有的客观优势要素

东北地区是我国经济社会的重要有机组成部分，其振兴发展与国际国内发展形势深度融合。近年来，国际国内形势深刻变化，"一带一路"倡议、自贸区等利好政策纷纷实施，放眼周边的东北亚局势，朝核问题趋于缓和，与日韩经贸合作不断拓展，尤其是近年来习近平总书记到东北调研，以及作出的系列重要指示批示，都为新一轮东北振兴带来了重要发展机遇。

（一）新一轮振兴发展政策

东北振兴是国家重大战略，振兴发展任务具有长期性、复杂性，不是一蹴而就的短期工程。当前东北老工业基地所面临的历史条件、现实基础和主要矛盾与2003年实施振兴战略之初相比已经发生了深刻变化。因此，新一轮振兴发展政策也具有时代性。从国家政策文件看涉及多个方面，有全口径的总体规划，如，《国务院关于近期支持东北振兴若干重大政策举措的意见》《中共中央国务院关于全面振兴东北地区等老工业基地的若干意见》《推进东北地区等老工业基地振兴三年滚动方案（2016-2018）》等；还有各领域支持政策，如，《关于促进东北老工业基地创新创业发展、打造竞争新优势的实施意见》《关于深化国有企业改革的指导意见》《关于国有经济发展混合所有制经济的意见》《贯彻实施质量发展纲要2016年行动计划》《促进科技成果转移转化行动方案》《关于支持老工业城市和资源型城市产业转型升级的实施意见》《关于支持东北老工业基地全面振兴深入实施东北地区知识产权战略的若干意见》等。

（二）东北亚区域新形势

2013年，国家提出构建"一带一路"重大倡议，出台了愿景与计划，从规划布局看，把东北地区定位为向北开放的窗口，打造"中蒙俄经济走廊"，重点发挥与俄罗斯、蒙古接壤的优势，发挥通道互联互通作用。在助力"一带一路"建

设过程中，东北三省各有不同侧重，辽宁省充分发挥陆海优势作用；吉林省打造中蒙俄开发开放经济带；黑龙江省提出了构建"龙江丝路带"，重点打造"一个窗口，四个区"。通过加强通道建设，开通了长满欧、哈欧、哈俄等"中欧班列"，打通了向欧洲延伸的新通道，进出口贸易更加便捷。东北地区位于东北亚中心地带，在气候、资源、人口等各个方面具备比较优势，发展空间大，潜力大。东北亚地区六国人口占全球人口23%，生产总值占全球经济总量19%。长期以来，东北亚地区国家有着深远的交流历史和交流合作基础，人文相近、文化相通，在经贸、科技、人文等领域合作成果较多。如，20世纪80年代，黑龙江省与日本友城新潟县在农业方面合作取得重大成果，引进了日本寒地水稻旱育稀植技术，使东北地区水稻产量大幅度提升，有力保障了国家粮食安全。近年来，特别是伴随"一带一路"倡议实施东风、中俄关系处于历史最好时期、朝鲜半岛无核化问题取得积极进展、与日韩关系缓和等积极要素，不论是官方还是民间对外交流合作都取得新成效。按国别统计，日本和韩国分别是中国的第二和第三大贸易伙伴。其中，中日和中韩贸易额均超过3000亿美元，中俄贸易额突破1000亿美元，中蒙贸易额接近80亿美元，未来东北亚区域合作潜力巨大。

（三）区域协同发展战略

世界经济全球化仍然是大势所趋，各地区之间发展你中有我、我中有你，相互依存和合作的关系已经成为标志，东北振兴发展绝不能搞自我封闭、闭门造车，应更多地加强区域合作。

第一，应强化东北三省的区域内部协同发展。东北三省在地理位置上呈"同"字形，从南到北是单线程，只有辽宁省有出海口，且三省在历史、人文、资源禀赋等多个方面都具有相似性。随着国际国内竞争压力加大，区域间内部抱团发展成为一种趋势，如京津冀、长三角、珠三角地区，已经给出区域协同发展的成功先例。因此，东北三省应谋求在政策制定、市场准入等方面的协同发展，而不应内部恶性竞争，因为东北三省是一种地缘捆绑式经济，可以说是一荣俱荣，一损俱损。

第二，应强化与区域外合作。从当前看，全国经济发展一盘棋，东北地区概莫能外，应主动做好与发达地区的联系合作。从地域上看，东北地区紧靠京津冀地区，与山东省等沿海发达省份隔海相望，应主动借重京津冀发展优势，主动承接产业转移，深入学习山东省新旧动能转换经验模式。要主动落实好国家对口合作机制，多向江苏、浙江、广东学习，丰富对口合作内涵，重点学习发达省份的先进经验、先进思想、先进理念。2019 年，东北三省与对口合作省份已签署了近210 份合作协议。强化干部人才双向交流，截至 2019 年 4 月份，已互派挂职干部400 余名，开展干部、企业家培训 6000 多名。

（四）自贸区建设

自贸区建设是中国适应经济全球化的重要选择，必将成为加快区域经济发展的新引擎。截至 2019 年，东北三省共批复辽宁、黑龙江两个自贸区。

1. 2016 年批建的辽宁自贸区

成立 3 年多来，区内企业由原来 1.2 万户增长到现在的 5.8 万户，新增注册资本 6987 亿元；全面完成国家总体方案赋予辽宁自贸试验区的 123 项试验任务；一批"辽字号"制度创新成果复制推广；已有 217 家东北亚外资企业入驻。2019年，辽宁自贸区财税收入是成立前的 3.3 倍，进出口总额是成立前的 1.7 倍，固定资产投资是成立前的 3 倍，金融机构数量是成立前的 55 倍。一批重大项目相继落户，英特尔等 34 个 10 亿元以上项目落户自贸区，亿元以上项目新增 551 个，2000万元项目新增 2117 个。3 年来，123 项国家赋予的试点任务全部完成。辽宁自贸区以制度创新为核心，先后有 7 项辽宁经验在全国复制推广。

2. 2019 年新批建黑龙江自贸区

自贸区挂牌半年来，总体方案 89 项试点任务明确了成员单位责任分工，提出了落实方案。黑龙江省财政、海关、金融等十余个部门结合总体方案责任分工，相继出台了支持自贸试验区建设的配套措施和支持政策。哈尔滨片区出台了"黄金 30 条"，黑河片区出台了《自贸片区十条招商政策》《互市贸易九条优惠政策》，绥芬河片区制定了《促进经济发展扶持办法》，各片区向精准招商引资、培育特色产业聚焦发力。

二、政府培育新动能的主体性内涵

自国家概念诞生以来，政府作为治理国家机器运行的机构而存在，考量一个政府行政能力和效率的高低，政府官员的素质能力水平成为重要参考因素。政府具有制定施政方针政策、引导社会发展方向的重要作用，因此，在东北地区发展动能转换的关键时期，政府的主体性发挥显得至关重要，政府主体性发挥其实也就是领导者主体性的发挥。笔者认为，当下东北地区政府应该不断在提升改革意识、服务意识和开放意识上下功夫。

（一）体制改革意识

一个政府只有善于改革，勇于改革，才能不断适应变化发展的国际国内形势，才能更好解决经济社会发展中遇到的新问题。在主体性视角下的东北改革应该是一种直面问题、主动作为的改革。东北振兴虽然已经取得了积极成果，但是仍然存在有效投资需求严重不足、新旧动能转换任务艰巨、国企改革需要进一步加大力度、投资营商环境亟待改善等问题。因此，做好新一轮东北振兴，从政府角度的改革应重点做好以下几个方面。

1.加快经济体制改革

东北老工业基地改革重点要处理好两个方面的关系，合理确定中央政府、地方政府和国有企业的权利和责任，减少对国有企业、市场行为的直接行政干预，加强综合引导和监督。东北地区的发展是自己的事情，在用好国家振兴发展利好政策的前提下，要充分发挥地方政府的主体责任，做好统筹谋划、战略设计。

2.深入推进国企改革

不论从资产规模还是在地方国有经济占比看，东北老工业基地国资国企深化改革的难点和重点是央企改革。因此，东北老工业基地国企改革的深化应当首先从央企改革全面推进，加快完善现代企业制度，大力推进重点行业骨干企业改制，彻底解决厂办大集体问题，合理界定大集体产权，完成产权制度改革。

3.做强做大民营经济

进一步扩大民营企业进入基础服务领域限制。及时完善民营经济企业的地方性法规和政策，对于非公有制经济和产权保护、信用规范、退出机制等问题应尽快研究和立法，强化行政部门执法行为。健全面向中小企业的服务体系，加快创业孵化基地建设。改善中小企业的金融服务，解决融资难问题。

4.强化非制度性建设

加强思想建设，引导摒弃原有落后思想观念，坚持务实高效，坚决摒弃"等、靠、要"思想，打破政策依赖，积极挖掘自身潜力；破除"官本位"思想，不断提高公共服务质量，不断更新观念，开阔视野；培养创新精神，营造创新氛围；及时调整精神风貌，面对唱衰东北的论调，要加强舆论引导，防止部分媒体抹黑、唱衰、妖魔化东北；要继续推进各项改革，给干事者撑腰，给创新者扶持，提振广大干部群众振兴东北的信心和底气。

（二）产业规划意识

产业规划，又称产业布局，是对一个地区在产业定位、体系结构、空间分布等方面的科学规划。

1.坚持产业结构的合理性

产业结构由一二三产构成，通常从产业结构比例可以看出一个地区的发展特点。制定规划时并不是要一味发展第三产业，并不是第三产业发达了就意味着该地区整体实力发达。产业结构调整具有过渡和传承性，应结合本地区地域优势资源、发展历史特点来调整确定，三产的比例是一个相得益彰的动态平衡系统。例如，东北地区具有土地优势和资源优势，也有着良好的工业基础，因此第一产业和第二产业占比高是必然现象。因为第三产业涵盖面较广，综合来看东北地区也具有发展旅游、餐饮、文化产业的潜力，因此东北地区三产结构应该是稳住一产，确保国家粮食安全；巩固二产，夯实装备制造业基础；提升三产，深入挖掘三产发展优势。

2.科学设计产业发展重点方向

产业规划中培育发展新产业领域与新一轮培育新动能密切相关。在近期国家振兴东北有关政策中指出，应加快改造传统产业，同时积极培育壮大新兴产业，积极发展高端装备制造业、引进国外先进技术，促进提高自主创新能力。大力支持发展核电、交通、高档机床等，另外积极扶持做强集成电路、石墨、卫星、机器人等方面产业，形成产业集群。努力用好 5G 技术，争取在物联网方面有所突破。

（三）营商服务意识

加快政府职能从经营型、干预型向服务型、监督型转变，努力打造服务型政府，其实质上就是要转变政府职能，核心是要强化营商环境改革，应重点做好以下几个方面：

（1）打造廉洁高效的政务环境。进一步理顺政府和市场关系，下放审批权限，精简审批事项，再造审批流程；加强诚信政府建设，规范招展商引资行为；提高政务公开水平，提高政府工作透明度，建设以"亲""清"为主要特征的新型政商关系。

（2）打造完善的基础设施环境。提升市政基础设施承载力，健全多层次社会服务设施，优化城市生态环境。

（3）打造公平的法治环境。建立规范执法、司法体系，建立多元化商事纠纷解决机制。

（4）建立诚信规范的市场环境。建立健全中小企业服务机制，健全市场监督体系，提升市场服务能力。

（四）对外开放意识

多年来，东北地区在外贸依存度、利用外资比重、外贸出口占 GDP 比重来看，与沿海发达地区存在较大差距，对外开放在助力全面振兴方面的作用没有有效发挥。强化开放意识，是政府主体发挥能动性的重要方面。

（1）主动融入"一带一路"等国家重大开放战略。国家开放战略是地方开放的根本和依据，应主动发掘配合国家层面开放的自身优势和潜力。如，在配合"一带一路"建设中，黑龙江省重点发挥原有中东铁路（绥芬河—满洲里）的路线作用，同时积极与俄罗斯远东发展战略对接，打通从符拉迪沃斯托克（海参崴）的入海口，开展陆海联运。

（2）扩大对外经贸合作。坚持"引进来"与"走出去"相结合，对外开放应更加主动积极，大力拓展对外交往区域和领域，通过建立高质量国际友好城市拓展对外开放渠道。积极支持本地有实力的企业参与国际竞争，加强与世界 500 强企业的合作，争取更多外企落户。打造对外开放新平台，发挥好中俄博览会、东北亚博览会功能。

（3）加快推进自由贸易试验区建设。应深入挖掘国家自贸区政策红利，做到政策"吃干榨尽"，主动借鉴国内外自贸区建设先进经验，同时结合本地实际，形成适合自身的可推广做法。重点加强金融、营商、管理等方面制度建设，尽早形成与国际接轨的营商规则。

三、企业培育新动能的主体性内涵

企业作为经济发展的基本动力单元，在社会发展中是除政府以外推动经济发展的另外一个主体，企业主体性能否有效发挥，不仅关乎企业本身，更关乎地区经济的整体。在东北新一轮振兴发展中，培育新动能，加快动能转换的直接主体就是企业，企业是创新发展和成果转化的关键。因此，面对东北过"重"的产业结构、大而不强的科技水平，企业应该进一步对接市场、强化技术、管理等方面创新，注重引进资金人才，加快成果转化。

（一）市场导向意识

企业自产生的一刻起，其最根本的目的就是获得盈利，只有产品和服务能够卖出去，实现交易才能获利。面对激烈的行业、产品竞争，企业应把目光投向市场，从管理、技术、设计、营销、服务等方面制定系统性的市场化规划，时刻紧跟市场潮流趋势。

1.产品的市场导向意识

市场需求是创新型企业运行发展的基础，企业在进行创新活动前期，应先通过各种市场调研了解并分析市场需求，再制定相应的创新方案。创新成果转化为产品时，需要不断提升市场意识，为创新成果转化率的提升提供基础，以提升创新型企业的绩效。在产学研战略联盟中，应该突显企业的主体地位，强化市场意识，充分利用学研方的设备、人才、知识，提升智力资源和人才资源的利用效率，实现创新资源优化配置，不断提升创新成果的转化率。

2.管理的市场导向意识

现代企业管理制度的形成有着几百年的发展形成历史，它的形成与市场经济体制的诞生发展密不可分。主要包括质量管理、生产管理、供应管理、销售管理、研究开发管理、人事管理等方面。在产权管理方面应确保企业运行的自由法人地位，私营企业、家族企业在做强做大后要逐渐做到去家族化；在企业管理模式方面应选用现代企业经理人制度，引进优秀人才，在薪资方面给予绩效奖励；在企业管理方法方面采取竞争机制，坚持做好将员工利益与企业发展相联系，适当采用末位淘汰等方法，保持团队的竞争力。

3.营销的市场导向意识

营销是实现产品走向市场，实现价值并取得利润的最终依靠。现代市场营销理念仍然应坚持"顾客需要什么，就生产什么"的理念，坚持创新营销理念、营销方法、创新手段收集市场需求，利用大数据等技术，通过系统分析，侧面掌握市场和产品的定向需求度；树立品牌意识，坚持以高品质赢得客户信赖；创新营销手段，运用好当下活跃的新媒体加强宣传推广；创新产品使用反馈，对用户的反馈意见做好收集运用。

（二）科技创新意识

创新驱动对于企业创新发展，实现国家的创新战略有着重要意义。所谓战略，是指企业高层领导者根据企业资源、面临形势、经历的微观经济环境，结合企业自身的愿景和目标，制定的长远发展规划。企业的创新战略制定应当充分考虑以下几点。

（1）实施系统创新，从技术、制度、管理和文化等多方面开展创新活动，力争实现全要素创新的目标。企业创新发展过程中，要加大创新投入力度，完善科技研发中心和技术创新平台；通过规划新的生产要素组合方式、变革原有的生产关系，加快向现代企业制度改革，完成向创新型企业的转变；尽管技术创新是企业创新过程的核心，但是一套行之有效的管理方式和管理理念能够保证并促使企业技术创新持续高效运行。

（2）不断提升企业的自主创新能力。企业应当依靠自主创新来提升自身的研发能力，保证科研开发与科技创新的主体地位，通过原始创新迅速掌握国内外先进研究成果和技术，并最终取得核心关键技术。加快完善自身创新发展模式和机制，制定详细的工作方案，了解自身差距和努力方向，促使自主创新成为企业的自觉行动。

（3）打造产学研合作机制。在创新活动中，技术创新的主体是企业，但是缺乏创新思想的企业是难以达到技术创新目的的，因此企业需要加强与高等院校和科研院所的合作。应加强企业与高等院校、科研院所的合作开发项目，实行研究、开发、制造相结合的具有整体连贯性的合作模式。

（三）产品质量意识

企业能否长久发展重在信誉，然而信誉的根本依据是产品质量，质量好才能为企业赢得信誉口碑，因此在培育质量意识过程中应做好如下方面。

1.形成重视质量的企业文化

质量意识不是一朝一夕形成的，首先在企业管理层要有质量意识，并且要常抓不懈。质量意识的形成和巩固得益于企业要不断开展系统性的质量教育，产品设计、研发、销售等各个环节要融入其中。要努力营造形成重视产品质量的企业文化氛围，在员工进入企业的那一刻起，就应强化质量教育培训，使质量教育融入其思想和血液中；企业从管理层到普通员工都能树立一种精益求精的观念，把提高企业产品质量作为工作职责，更作为一种社会责任和人生追求。

2.对产品生产过程严格监督管理

产品的质量与生产过程是否严格遵守生产标准密不可分，因此应重视对生产流程各环节的监督监管，即使工人具有良好的质量教育和质量意识，难免也会存在疏忽大意之时。企业应完善产品质量标准，对工人进行定期产品质量标准、操作规范等考试，建立绩效工资制；建立产品质量监督部门，授予产品质量监督权，创新检测抽查方法，定期形成检测报告，供企业管理层参考；进一步完善产品问责机制，使每个工人都具有危机意识，从而倒逼树立企业主人翁意识。

3.着力打造知名品牌

利用品牌效能扩大企业的市场份额并增强市场竞争力。增强企业在品牌创新、品牌保护以及品牌国际化方面的意识；加大科技能力的重视程度，聚集有效资源并达到整合品牌资源的目的，提升品牌质量和影响力；拓展品牌传播途径，增强品牌在市场上的影响效力；优化品牌的国家化建设进程，提升品牌的国际竞争力和知名度。

（四）人才管理意识

在培养创新型人才方面，企业应该加大培育和引进企业创新所需要人才的力度。创新型企业应该加强具有创新观念的人才培养，他们具有较强的创新精神，进而推动企业乃至整个行业的创新发展。一是要培育具有创新观念的企业家。坚持以经济效益为主的考核标准，适应市场经济模式的变化。淘汰以往的官员化企业家制度，实行职业经理人制度，选择具有高级管理经验的管理人员。创新企业家收入分配方法，结合年薪制将创新成果的奖励收入发放到企业家手中。二是培育一批创新型人才，营造适合创新型人才成长和发展的环境。重视引进国外优秀人才，加强以人为本的企业发展观建设。三是企业要着力组建科技创新团队，用好重点实验室等研发平台，强化学术交流培训，帮助科研人员掌握先进技术。完善人才奖励机制，促进人才成长。创新人才的激励方案是从人才的物质、精神以及发展方面共同实施的。首先，在人才的物质奖励方面，应积极响应"按劳分配"的劳动政策，加大生产要素的生产效率，对于处在企业关键位置的高层次人才，可以通过股权期权制或谈判工资制来鼓励。同时，建立合理有效的绩效考评机制，可以对创新型人才实行年薪制。另外，为了激发创新型人才的长期创新积极性，企业可以实施创新成果长期激励机制。强化人才精神激励，如，带薪休假、资助创新活动等。总之，企业应该更加注重对科技人员的奖励措施，使科技人员具有丰富的资源条件、丰厚的资金奖励、富有影响的社会地位，提高高层次人才的流动性，努力达到各尽其职、人尽其才的目的。

四、培育新动能的主体性内涵

从马克思价值主体性哲学理论看，培育新动能是社会实践的一种，实践作为人的生存方式，具有事实性和价值性。实践的价值性质是实践本性的体现，实践就意味着能动地改变世界。在实践活动中，人是单一的主体，有了对价值追求的人，才有了主体性，社会进步、经济发展是人民大众的一种群体性价值诉求。面对新环境、新形势，为更好地推进新一轮东北振兴取得新成果，使经济社会发展取得质的飞跃，将价值主体性理论与政治经济学知识相结合，创新剖析政府和企业这两个主体在培育新动能的过程中展现的价值主体性内涵是本研究的关键。

（一）面向自身的革新性

基于马克思主体性哲学理论观点，其理论产生于实践理论基础之上，实践是社会的人生存的基本方式。因此，马克思的主体性哲学也就是一种人本哲学，相对于其他西方人本哲学理论，他的理论更体现了一种实践本体论内涵。人本学与主体性理论之间在哲学上具有契合点，这个契合点就是人这个主体如何主动认识世界、改造世界，这种认识的方向既有面向外部世界，也有面向自身的认识。在认识论上，实践具有无休止性，认识也具有无限性，对自我的革新性也便成为主体性哲学的重要特质。主体的自我革新性，存在也仅存在于人这个主体，区别于动物，因为我们谈主体性都是基于实践和认识的范畴，在哲学上动物区别于人的根本之处也是动物没有能动意识，所以也就不具有主体性。主体只有在适应不断发展变化的形势的同时，不断激发自我革新精神，才能不断进步发展，不断适应变化的环境。自我革新性是一种意识的能动性，这种革新性不是凭空存在的，而是需要主体有一定的品质，需要非凡的勇气和胆魄，做到敢于自我革新，敢于不同常人，敢于"不走寻常路"，敢于承担自我革新的后果。具体到经济社会领域，个人、政府、企业主体性的发挥，很关键的一点便是要具有主体的自我革新性，不改革没有出路，改革才能有机会。

不论是政府还是企业，其自我革新都是在不断进行的，有的雷厉风行，有的潜移默化。放眼今天的中国，作为世界第二大经济体，取得如此成绩最重要的就是我国很好地坚持了改革开放的基本国策，从中央到地方、从经济制度到分配制度都进行了重大改革，都是深化国家体制改革的重要体现。地方是国家的重要组成部分，落实好国家大政方针至关重要，同时如何发挥地方主体性，善于自我革新，创造性开展工作，显得格外珍贵。自我革新对于企业界更是极端重要，企业要想在激烈的市场竞争中存活，必须不断革除与市场不相适应的旧体制，在自我发现问题、改正问题中前行。如，过去20年中国的房地产业取得了长足发展，孕育了诸如万达、绿地、碧桂园等一批地产巨头，其中万达集团的成功发展堪称自我改革的典范。万达集团历史上共经历5次改革转型，1989年万达集团在大连成立，只是一家本地小房企；20世纪90年代，万达从大连的一个不知名的民企，主动到更加发达的广州发展房地产业；2003 年从房地产企业转向文化产业；2012 年开始跨国发展，开展跨国收购；2015 年开始从重资产向轻资产转型，为了融资，还银行贷款、降低负债率，不惜贱卖大批酒店文旅资产，同时放弃收购美国电视制作公司迪克·克拉克，出售了在英国伦敦和澳大利亚的项目，可以说是以壮士断腕的决心来推进改革转型。

东北老工业基地在培育新动能的过程中，激发主体的革新性是基础，要敢于刀刃向内，敢于向计划经济的旧体制余孽亮剑，敢于触动垄断集团的既得利益。政府主体性革新意识应包括继续强化体制机制改革，继续做好产业结构调整，继续优化发展营商环境。企业主体性革新意识应包括加快国企改革、加快民营企业发展，不断升级技术创新，建立现代企业制度。

（二）面向环境的能动性

从能动性的定义来看，能动性即对外界或内部的刺激或影响做出积极的、有选择的反应或回答。人的能动性与无机物、有机生命体、高等动物的能动性有别，称为主观能动性。在主体性哲学中，人作为主体的基本载体，能动性是主体的本质属性之一，也是人活动的基本表现之一。人之所以成为主体，是因为各种创造性活动源于人，人通过实践来改造世界的过程就是一个价值创造的过程。从人这个主体出发进行分析，从自然的生物角度，与动物没有其他区别，人也是一种大自然最基本的存在物；但是从人的社会性角度看，人又与自然中的其他事物有所区别，人能够通过社会实践来改造自然，使自然的改造物不断地具有社会属性，为人这个主体所服务和支配。因为人的天生意识性，当自然环境和社会环境发生变化时，不管这种外界刺激是正面主动的还是侧面被动的，人作为主体其主体性都会自然显现，都会做出能动反应。作为社会治理和发展的主体，政府如何发挥好能动性则至关重要。因此，如何抢抓新事物、新机遇，这将是发挥政府能动性的关键，往往一个新技术、新现象的出现能够引领一个时期，带动一个产业，搞活一座城市。正如上海抢抓自贸区先行先试，贵州抢抓建设大数据中心，山东省新旧动能转换试验区，海南建设国际自由贸易港建设，青岛抢抓打造工业互联网中心，杭州打造国际会议目的地城市……

对于企业来说，发挥能动性的方面更广。如，近年来，新能源汽车逐步崛起，

2018 年中国新能源汽车销量达 125.6 万辆，是 2014 年 7.5 万辆的 16.7 倍，发展迅猛。2019 年初新能源汽车特斯拉进驻上海，1 月份开工，12 月份新车下线，只用了不到一年时间就向客户交付汽车，创下了全球汽车生产商在中国开工投产速度纪录。2019 年，比亚迪丢掉了蝉联 3 年全球新能源汽车冠军的称号，而夺得第一的正是当下火热的特斯拉汽车。2019 年特斯拉共计销售新能源汽车 36.78 万辆，而比亚迪则销售出 22.95 万辆，前者是后者的 1.6 倍。不难看出，特斯拉汽车销售成绩的取得正是主动抢抓了中国新能源汽车市场，正如总裁马斯克所说的"特斯拉以'加速世界向可持续能源的转变'为使命，中国市场对于我们实现这一愿景十分重要。"

东北老工业基地在培育新动能的过程中，激发主体的能动性是关键。政府层面执政者应充满振兴信心，应更加积极主动地开展工作，把步子迈得再大一些，不要畏首畏尾，深入挖掘自身发展优势，做到"人无我有，人有我强"。主动走出去寻找各种发展商机，抢抓国家发展战略机遇和产业机遇，敢于争取，不妄自菲薄。企业层面应抢抓新一轮产业革命和技术革命机遇，利用好东北地区高校和科技人才优势。

（三）面向未来的超越性

在主体性哲学中，如前分析主体具有革新性和能动性，这都是主体在行为上意志自由的体现，因为人这个主体的终极目标是自由，自由是革新性和能动性的统一，是真善美的统一。只有在自由的状态下，人才能成为人要达到终极目标的根本追求。超越性有两层含义：一是就过程而言，人的创造活动是具有面向未来的开放性；二是就人生存的价值和意义而言，人总要超越感性必然性的束缚，以人本身的活动为目标。因为历史是进步发展的，人同样也是不断进步改变的，在实践基础上的超越性，同样具有历史性，超越性并无止境，超越性随着新目标的出现具有永恒适用性。

对于政府而言，超越性应涵盖规划的前瞻性、制度的科学性、发展方式的先进性等。我国有制定经济社会发展规划的传统，目前我国处在"十四五"规划初期，五年发展规划具有一定的前瞻性和超越性，多年来对我国经济和社会发展起到了很好的指导性。2018 年以来，中美贸易战持续升级，扩展到科技等领域，归根结底就是美国想要限制中国发展，一个重要原因就是《中国制造 2025》等聚焦自主创新和高科技产业政策的出台。美国副总统彭斯说："中国通过《中国制造2025》意欲控制世界 90%的最先进产业，并通过使用'窃取'的技术，大规模地铸犁为剑"。由此可见技术创新前瞻性的重要性。众所周知，5G 通信技术是一项具有跨越性、革命性的技术。近年来，华为公司 5G 技术取得重要成果，截止 2019年底，全球已有 34 个国家的 62 个运营商正式宣布 5G 商用，华为就支持了其中的 41 家。2019 年，德国专利数据公司 IPLytics 发布的最新 5G 行业专利报告显示，华为以 3147 件专利排名第一，三星以 2795 件排名第二，中兴以 2561 件排在第三。相比之下美国在 5G 技术领域已经失去相对于优势，为了限制中国 5G 技术发展，美国利用限制供应商向华为出售芯片等各种手段进行打压。由此可见，我国在 5G领域的技术积淀和体现的超越性，已经引起世界第一科技强国的忌惮。总体看，5G 技术的领先发展必将对未来我国科技和经济社会发展提供坚强的技术保障。

东北老工业基地在培育新动能的过程中，应更好地激发主体的超越性。因为东北老工业基地有着完备的工业基础，在关键领域具有技术优势，当前新一轮技术革命是重要机遇。政府层面应进一步拓展思路，放开视野，做好新一轮振兴发展规划，制定切实可行的可实现的超越性目标，强化区域协同发展。企业层面应做好发展战略规划，善于抢抓机遇，趋利避害，促进企业实施转型发展，积极适应新一轮技术革命需求，在技术、产品、服务等层面进行跨越式创新。

第八章　投资节奏与投资效率的分析

第一节　投资节奏中产业政策与投资效率

中国政府在经济发展中占据权威地位，属于"强政府干预"的性质，表现形式之一是政府制定一系列政策法规来支持产业发展，放松金融管制或配给金融资源，在资源配置中发挥重大作用。政府是企业面临的重要外部因素，企业行为在很大程度上受到政府的影响。投资是企业财务决策的起点，资本投资反映企业生产能力的变化和未来经济发展的方向。为了研究投资节奏中产业政策是否能够有效促进企业的资源配置，需要衡量企业的投资效率。政府实施产业政策，有宏观的政策和经济目标，主要在于弥补市场失灵，运用行政手段进行资源配置。资源受到产业政策干预，会在相关作用下流入企业，受产业政策支持的企业在投资方面拥有更多地机会，产业政策会促进企业投资，提高企业的投资水平，调整企业的产能，对企业的投资效率产生影响。地方政府在具体实施产业政策时，并不是所有企业都得到了扶持，产业政策存在差异化的执行特征，差异化执行产业政策会扭曲企业的技术选择、进入与退出市场的决策，导致企业间的资源错配。从"五年规划"扶持产业的角度看，有较多传统产业受到产业政策扶持，这些行业缺乏比较优势，可能会导致产能过剩，降低资源配置效率。

中国经济面临较多不确定因素，当企业不确定未来产业发展方向时，为了减少不确定因素对自身的影响，企业更愿意响应政府的呼吁，投资于产业政策支持的行业。当行业中其他企业响应政府政策时，会进一步刺激企业投资并产生投资的"羊群效应"，由于市场复杂性且存在信息不对称、代理等一些问题，影响地方政府实施产业政策的效果，企业无法达到最优投资水平，影响企业的投资效率。在产业政策确定情况下，企业在进行投资决策时，将更多地依靠产业政策。产业政策支持会强化市场的乐观预期，催生投资的"潮涌现象"，促使企业盲目扩大投资，虽然提高了企业的投资水平，但降低了企业的投资效率。基于此，提出如下假设：假设 1：相对于未受到产业政策支持的企业，受产业政策支持企业的投资水平较高，但投资效率较低。

第二节　投资节奏中产业政策、资源配置与投资效率

产业政策是由国家制定并实施的，其主要目的是为了弥补市场缺陷并有效配置资源。政府通过产业政策干预经济、分配社会资源、优化产业结构来促进经济增长，政府主要通过财政补助、税收优惠和银行信贷来配置资源。产业政策支持的行业或企业易获得财政补助，一方面，受扶持的企业可以获得中央专项资金及政策优惠；另一方面，受产业政策支持的企业是促进当地产业转型升级、拉动经济的突破口，因而地方政府也会为其提供地方性财政补助。地方政府作为产业政策的实施者，由于与企业之间存在信息不对称，难以详细知悉企业的经营情况和未来的发展情景，可能在发放补助时无法最优配置财政资源，进一步影响企业在投资过程中把控投资节奏的投资决策。产业政策也会运用税收优惠来优化产业结构和调节社会经济的发展，支持某些特殊地区、产业和企业的发展。税收优惠通过免除企业应缴的一定比例的税款，或者按企业缴纳税款的一定比例进行退还等来减轻企业的税负。税收减免后，这部分收入留在企业，企业可以自主决策，包括投资扩大再生产、留存为周转资金等。在政府干预市场的情况下，产业政策能影响信贷行为，引导信贷资源配置，使银行加大对产业政策扶持企业的信贷供给。一方面，为支持某些行业发展，也为实现产业政策目标，地方政府有动机和能力干预银行的信贷决策，使信贷资源向产业政策扶持的行业内倾斜，因此产业政策扶持能够改善某些企业的融资环境，使其获得信贷资源。

另一方面，当企业受到产业政策支持，则可以向银行传递良好的投资信号，使其贴上被政府当局认可的标签，帮助企业获得相应的信贷资源，给企业经营者提供更多地自由现金流。但信息不对称的存在，使得地方政府在配置资源时，不能确定最优的支持对象，地方政府配置资源更多地体现了"保护弱者"的特点。在获得资源的企业中，地方政府更倾向于将资源配置给市场竞争力相对于较弱的

企业，差异化资源配置破坏市场优胜劣汰的机制，影响企业的投资活动。

现阶段，中国的产业政策存在选择性特征，选择特定的产业、特定的企业进行扶持，被选择的企业容易获得来自各级政府的财政补助、税收优惠等资源，这些支持政策多集中于生产和投资领域，导致"羊群效应"，使企业一哄而上，造成低水平建设和产能过剩，给经济带来不利影响。地方政府为了支持当地产业的发展，会促使银行为特定的行业或企业提供信贷，银行为了降低贷款风险，往往会倾向于有政府担保的大企业，有时这些企业的生产率和效益并不好，部分银行贷款流向了效益较差的企业，这些低效率企业往往缺乏竞争力和盈利能力；而效益好竞争性强的企业没有得到信贷资源的支持，资源在政策执行过程中被特定利益集团获取。地方政府为保持本地经济增长，通过财政补助、税收优惠等政策支持当地企业，通过干预银行信贷决策为本地企业提供信贷资源，或者为陷入经营困境的企业继续提供银行贷款，使低效率企业存在过度投资，导致低效率企业难以顺利退出市场，破坏了市场公平竞争，影响优胜劣汰机制作用的发挥。地方政府作为产业政策实施的具体执行者，更偏好"产业政策导向型"的企业，使此类企业获得较多的财政补助、税收优惠和银行信贷；信息不对称的存在，使地方政府在实施产业政策时不能确定最优的扶持对象，影响资源的配置，降低资源的配置效率，对企业的投资决策产生影响，使企业盲目扩大投资，降低企业的投资效率。基于此，提出如下假设：

假设 2：相对于于未受到产业政策支持的企业，受产业政策支持的企业的政府补助、税收优惠和银行信贷较多，企业财政补助、税收优惠和银行信贷越多，投资效率越低。

第三节　市场竞争对投资节奏中产业政策、资源配置与投资效率的调节作用

产业政策是政府通过干预市场在资源中的配置以达到提高经济效益的目的，产业政策在影响企业投融资等决策时容易受到外部环境的影响，市场竞争是重要

的外部市场环境，为了达到产业政策实施效果，地方政府在实施产业政策时需要根据市场传递的信号对资源进行相应的配置。在完善的市场经济体系中，市场竞争导致的优胜劣汰机制使政策资源向高效率企业倾斜，高效率企业拥有更多地经济资源，市场竞争促进企业间资源的优化配置。当产业政策支持的行业竞争程度较大时，资源的配置效率更高，产业政策对资源配置效率的影响与企业所属行业的市场竞争程度有关。因此，市场竞争会影响地方政府实施产业政策的效果，并影响产业政策对投资效率的作用机制。

市场竞争能缓解由信息不对称导致的代理冲突，对经理人产生激励作用，表现在市场竞争能够提升信息披露的质量，对某些公司治理机制产生互补或替代作用，有利于投资者评估企业经营管理者的能力，减少管理者在事件发生之前和之后的隐藏行为，进而缓解企业的信息不对称程度，促进企业信息流通顺畅，有利于债权人监督制约管理者，促进管理者努力工作增加企业价值，减少过度投资等降低企业价值行为的发生。地方政府在实施产业政策时，由于信息不对称的存在，投资过程中更偏好"产业政策导向型"企业，使资源向此类企业倾斜，影响资源的有效配置，进而影响企业的投资决策。当市场竞争程度增加时，会降低地方政府与市场的信息不对称程度，资源的错误配置程度降低，可优化企业的投资决策。当市场竞争程度降低时，地方政府在进行市场干预时获得的信息较少，会使资源配置扭曲。企业在进行投资决策时，当市场竞争程度较低，企业从市场中获得的投资决策信息较少，为了获得产业政策资源，企业将减少对市场因素的考虑，更多地依靠产业政策进行投资决策，产业政策会强化市场的乐观预期，促使企业盲目扩大投资，影响企业的投资效率；当市场竞争程度较高时，会提升企业的信息披露质量，促使企业信息流动更加顺畅和准确，缓解信息不对称程度，使管理者在进行投资决策时更加认真细心，更加努力为企业创造价值，提高资源的配置效率。市场竞争会影响产业政策资源的配置和企业的投资决策，并对产业政策作用于企业投资效率的机制产生影响。基于此，提出如下假设：

假设3：市场竞争对产业政策作用于投资效率的机制产生影响，相对于未受到产业政策支持的企业，当市场竞争程度较低时，受支持企业的投资效率降低程度较大；当市场竞争程度较高时，受支持企业的投资效率降低程度较小。

第四节　样本选择与数据来源

本文选择在上海证券交易所和深圳证券交易所上市的 A 股公司为研究样本，样本区间为 2001-2018 年，由于要用到滞后一期的数据，所以数据所处期间为 2000-2018 年。对样本进行筛选，剔除主要数据不完整的企业，剔除金融行业类企业，剔除 ST、PT 等企业，对主要连续变量进行上下 1% 的缩尾处理，最终得到 24452 个样本。本文的数据主要来源于国泰安数据库（CSMAR）和 Wind 数据库，产业政策数据来源于手工整理的"十五""十一五"及"十三五"规划文件，行业采用三位码进行细分。本研究所使用的统计软件为 Stata。

一、变量定义

（一）投资效率

测量投资效率时，参考 Richardson 的投资效率模型，对企业的正常投资情况进行估算，将实际投资水平与估算水平之差即模型残差作为代理变量，来衡量企业的投资效率。

$$Inv_{i,t} = \alpha_0 + \alpha_1 Gro_{i,t-1} + \alpha_2 Lev_{i,t-1} + \alpha_3 Size_{i,t-1} + \alpha_4 Cash_{i,t-1} + \alpha_5 Age_{i,t-1}$$
$$+ \alpha_6 Ret_{i,t-1} + \alpha_7 Inv_{i,t-1} + \alpha_8 \sum Year + \alpha_9 \sum Ind + \varepsilon_{i,t}$$

$$（8\text{-}1）$$

模型中，$Inv_{i,t}$ 为 t 年新增投资，（购建固定资产、无形资产和其他长期资产支付的现金—处置固定资产、无形资产和其他长期资产收回的现金净额），用与总资产的比值来表示；$Gro_{i,t-1}$ 为 $t-1$ 年末主营业务的收入增长率；$Lev_{i,t-1}$ 为 $t-1$ 年末企业的资产负债率；$Size_{i,t-1}$ 为 $t-1$ 年末企业的规模，用总资产的自然对数表示；$Cash_{i,t-1}$ 为 $t-1$ 年末企业的现金持有量，用货币资金与总资产的比值来表示；$Age_{i,t-1}$ 为 $t-1$ 年上市年数，用观测年度减首次公开募股时间；$Ret_{i,t-1}$ 为 $t-1$ 年股票收益率，用考虑现金红利再投资的个股回报率表示。模型残差 $\varepsilon_{i,t}$，反映企业 i 在 t 年的投资效率情况，由于残差有正值和负值，在此统一用模型残差的绝对值表示投资效率。模型残差绝对值越大，则企业的投资效率越低；模型残差绝对值

171

越小，则企业的投资效率越高。

（二）产业政策

在衡量产业政策时，参考以往文献的研究方法，将虚拟变量 IP 作为产业政策的衡量指标。中国产业政策体系特征鲜明，作为产业政策的纲领性文件，"五年规划"意义重大。本文将基于"五年规划"文件中所涉的内容，对相关产业政策进行衡量，若企业所在的行业明确在"五年规划"文件中产业政策扶持的范围，则变量 IP 值为 1，否则 IP 值为 0。本文通过手工整理"十五""十一五"及"十三五"规划文件，若在本期文件中，涉及某一产业的内容出现相关的支持性字样，例如"大力发展""重点支持""重点发展"等，则在"五年规划"文件中将该产业定义为产业政策支持的行业，剩余的行业为非支持性行业，并按照行业划分标准将其归入相应的三位码行业。行业分类划分依据中国证监会行业划分标准（2012）。

（三）市场竞争

根据已有研究，本文采用赫芬达尔指数（HHI）来衡量市场竞争程度。

$$HHI = \sum_{i=1}^{n} \left(\frac{x_i}{x} \right)^2, X = \sum_{i=1}^{n} X_i \qquad (8\text{-}2)$$

x_i 为企业 i 的营业收入，n 为本行业内企业总个数，根据 2001-2018 每一年中行业内企业的营业收入，计算行业的市场竞争程度。HHI 指数能较好地反映市场的集中程度，HHI 数值越大，行业内企业的销售收入差异性越大，相应的市场集中度越高，市场的竞争程度越小；HHI 数值越小，行业内企业的销售收入差异性越小，相应的市场集中度越低，市场的竞争程度越大。即赫芬达尔指数 HHI 越大，市场竞争越小；赫芬达尔指数 HHI 越小，市场竞争越大。

（四）主要变量定义

表 8-1　变量定义

变量类型	变量名称	变量符号	变量定义
被解释变量	投资效率	Invest	模型（1）回归残差的绝对值
	投资水平	Inv	用（购建固定资产、无形资产和其他长期资产收回的现金净额）比上总资产表示
解释变量	产业政策	IP	产业政策虚拟变量，若企业所属行业属于产业政策支持范围，则取值为 1，否则为 0
中介变量	财政补助	Subs	企业获得与产业支持有关的补贴收入与经营收入的比值
	税收优惠	Tax	税收优惠额度与营业收入的比值，其中税收额=企业法定适用税率*利润总额−实际应交所得税
	银行信贷	Cre	企业借款收到的现金与营业收入的比值
	市场竞争	HHI	模型（2）所求数值
调节变量	现金流	Cfo	经营活动产生的现金流量净额与期初总资产的比值
	固定资产比例	Fix	企业固定资产净额与总资产的比值
	货币资金持有量	Cash	企业货币资金与总资产的比值
	企业规模	Size	总资产的自然对数
	销售利润率	Pro	企业营业利润与营业总收入的比值
	亏损状况	Loss	如果当期净利润小于 0，则 Loss 为 1，否则为 0
	托宾 Q	TobinQ	企业的市值与总资产的比值
控制变量	企业性质	SOE	当企业为国有企业时，取值为 1；否则为 0
	年度变量	Year	年度虚拟变量
	行业变量	Industry	行业虚拟变量，依据《上市公司行业分类指引》（2012）进行分类

二、实证模型

（1）为了验证假设 1，本文建立模型如下：

$$Inv = \beta_0 + \beta_1 IP + \beta_2 Cfo + \beta_3 Fix + \beta_4 Cash + \beta_5 Size + \beta_6 \Pr o + \beta_7 Loss + \beta_8 TobinQ + \beta_9 SOE + \varepsilon \tag{8-3}$$

$$Invest = \beta_0 + \beta_1 IP + \beta_2 Cfo + \beta_3 Fix + \beta_4 Cash + \beta_5 Size + \beta_6 \Pr o + \beta_7 Loss + \beta_8 TobinQ + \beta_9 SOE + \varepsilon$$

$$（8\text{-}4）$$

（2）为了验证假设 2，本文建立中介效应模型如下：

$$Invest = \beta_0 + \beta_1 IP + \beta_2 Cfo + \beta_3 Fix + \beta_4 Cash + \beta_5 Size + \beta_6 \Pr o + \beta_7 Loss$$
$$+ \beta_8 TobinQ + \beta_9 SOE + \varepsilon$$

$$（8\text{-}4）$$

$$Subs / Tax / Cre = \beta_0 + \beta_1 IP + \beta_2 Cfo + \beta_3 Fix + \beta_4 Cash + \beta_5 Size + \beta_6 \Pr o + \beta_7 Loss$$
$$+ \beta_8 TobinQ + \beta_9 SOE + \varepsilon$$

$$（8\text{-}5）$$

$$Invest = \beta_0 + \beta_1 IP + \beta_2 Subs / Tax / Cre + \beta_3 Cfo + \beta_4 Fix + \beta_5 Cash + \beta_6 Size$$
$$+ \beta_7 \Pr o + \beta_8 Loss + \beta_9 TobinQ + \beta_{10} SOE + \varepsilon$$

$$（8\text{-}6）$$

（3）为了验证假设 3，本文建立有调节的中介效应模型如下：

$$Invest = c_0 + c_1 IP + c_2 HHI + c_3 IP + c_4 Cfo + c_5 Fix + c_6 Cash + c_7 Size$$
$$+ c_8 \Pr o + c_9 Loss + c_{10} TobinQ + c_{11} SOE + e_1$$

$$（8\text{-}7）$$

$$Subs / Tax / Cre = a_0^{'} + a_1^{'} IP + a_2^{'} HHI + a_3 IP * HHI + a_4 Cfo + a_5 Fix + a_6 Cash$$
$$+ a_7 Size + a_8 \Pr o + a_9 Loss + a_{10} TobinQ + a_{11} SOE + e_2$$

$$（8\text{-}8）$$

$$Invest = c_0^{'} + c_1^{'} IP + c_2^{'} HHI + b_1 Subs / Tax / Cre + b_2 Subs * HHI / Tax * HHI / C re *$$
$$HHI + c_3^{'} Cfo + c_4^{'} Fix + c_5^{'} Cash + c_6^{'} Size + c_7^{'} \Pr o + c_8^{'} Loss + c_9^{'} TobinQ + c_{10}^{'} SOE + e_3$$

$$（8\text{-}9）$$

三、实证结果与分析

（一）变量描述性统计

本文共有 24452 个观测样本，在对主要数据变量进行统计时，为排除异常值对分析结果的影响，本文对主要连续性数据进行上下 1% 的缩尾处理，将落在 1% 和 99% 之外的数值替换成 1% 和 99% 分位数上的值，缩尾处理后的相应变量的观测值、均值、中位数、极小值、极大值和标准差见表 8-2（1）。从描述性统计结果来看，投资效率均值 0.029，企业存在非效率投资。产业政策 IP 的均值为 0.758，表明行业中有 75.8%的企业受到产业政策扶持，产业政策是政府干预和指导经济活动的重要形式。

表 8-2（1）　相关变量的描述性统计

变量	观测值	均值	中位数	极小值	极大值	标准差
Invest	24452	0.029	0.020	0.000	0.659	0.034
Inv	24452	0.549	0.040	−0.383	0.642	0.056
IP	24452	0.758	1.000	0.000	1.000	0.428
Subs	24452	0.001	0.000	0.000	0.378	0.005
Tax	24452	0.003	0.000	0.000	0.073	0.011
Cre	24452	0.419	0.268	0.000	2.870	0.509
HHI	24452	0.125	0.087	0.016	1.000	0.134
Cfo	24452	0.058	0.055	−2.075	6.409	0.117
Fix	24452	0.241	0.208	0.000	0.971	0.172
Cash	24452	0.184	0.149	0.002	0.928	0.131
Size	24452	21.985	21.784	18.996	28.520	1.268
Pro	24452	0.093	0.076	−25.939	23.054	0.391
Loss	24452	0.061	0.000	0.000	1.000	0.240
TobinQ	24452	1.866	1.511	0.000	31.400	1.210
SOE	24452	0.432	0	0	1	0.495

（二）相关系数

由相关系数表 8-2（2）可知，产业政策与投资水平存在显著的正相关关系，表明相对于于未受到产业政策支持的企业，受产业政策支持企业的投资水平较高。产业政策与投资效率存在显著的正相关关系，可知，相对于于未受产业政策支持的企业，受产业政策支持的企业投资效率模型残差的绝对值较大，企业的投资效率较低。产业政策与政府补助的相关系数为 0.053，产业政策与税收优惠的相关系数为 0.051，产业政策与银行信贷的相关系数为 0.021，均在 1%的水平上显著，说明受产业政策支持的企业易获得财政补助、税收优惠和银行信贷。财政补助与投资效率的相关系数为 0.028，在 1%的水平上显著；税收优惠和投资效率的相关系数为 0.072，在 1%的水平上显著；信贷扶持与投资效率的相关系数为 0.073，在 1%的水平上显著，说明财政补助、税收优惠和信贷扶持越多，企业的投资效率越低。赫芬达尔指数 *HHI* 与投资效率的相关系数为 0.05，在 1% 的水平上显著，赫芬达尔指数 *HHI* 越大，市场的竞争程度越小，表明市场竞争程度越低，企业的投资效率越低。相关系数中绝对值最大为 0.274，认为变量之间不存在多重共线性，初步验证了本文的假设。

表 8-2（2） 主要变量的相关系数

	Invest	Inv	IP	Subs	Tax	Cre	HHI	Cfo	Fix	Cash	Size	Pro	Loss	Tobin Q
Invest	1													
Inv	0.522**	1												
IP	0.038**	0.057**	1											
Subs	0.028**	0.033**	0.053*	1										
Tax	0.072**	0.028**	0.051*	0.054**	1									
Cre	0.073**	0.077**	0.021*	-0.01	0.036**	1								
HHI	0.050**	0.079**	-0.135***	-0.044***	0.045**	0.042*	1							
Cfo	0.079**	0.159**	0.002	-0.014*	0.061**	-0.171***	0.046**	1						
Fix	0.157**	0.301**	-0.021***	-0.054***	-0.050***	0.091*	0.130**	0.193**	1					
Cash	0.001***	-0.075	0.029**	0.066***	0.082**	-0.274***	-0.029***	0.119**	-0.355***	1				
Size	-0.135***	-0.043***	-0.078***	-0.054***	-0.007	0.165**	0.030**	0.047**	0.053**	-0.224***	1			
Pro	0.024**	0.043**	-0.001	-0.005	0.243**	-0.051***	-0.004	0.089**	-0.028**	0.086**	0.025**	1		
Loss	-0.023***	-0.068***	0.015*	0.01	-0.068***	0.113**	0.001	-0.101***	0.050**	-0.091***	-0.016**	-0.276***	1	

续表

	Invest	Inv	IP	Subs	Tax	Cre	HHI	Cfo	Fix	Cash	Size	Pro	Loss	Tobin Q
Tobin Q	-0.002	-0.042 ***	0.056* **	0.061* **	0.103* **	-0.158 ***	-0.074 ***	0.090* **	-0.121 ***	0.158* **	-0.271 ***	0.039* **	-0.023 ***	1
SOE	-0.026 ***	-0.023 ***	-0.056 ***	-0.064 ***	-0.011 *	0.090* **	0.137* ***	0.033* **	0.219* ***	-0.111 **	0.270* **	0.017* ***	0.002	-0.136 ***

注：*、**、***分别表示在10%、5%、1%的水平上显著。

（三）实证结果与分析

1.产业政策与投资效率

为验证假设1，本文对模型（8-3）和（8-4）进行回归，得到表8-3所示结果。从回归结果来看，结果（1）中产业政策与投资水平的回归系数为0.0038，在1%的水平上显著，表明相对于于未受到产业政策支持的企业，受产业政策支持企业的投资水平较高；结果（2）中产业政策与投资效率的回归系数为0.0015，在1%的水平上显著，表明相对于未受到产业政策支持的企业，受产业政策支持企业的投资效率模型残差的绝对值较大，企业的投资效率较低，支持了本文的假设1。企业现金流与投资水平的回归系数为0.0478，企业现金流与投资效率的回归系数为0.0137，均在1%的水平上显著；企业固定资产净额与投资水平的回归系数为0.0754，企业固定资产净额与投资效率的回归系数为0.0231，均在1%的水平上显著；企业销售利润率与投资水平的回归系数为0.0039，在1%的水平上显著；企业销售利润率与投资效率的回归系数为0.0013，在5%的水平上显著，表明当企业中自由现金流、资金越多，企业的投资水平越高，投资效率越低。企业亏损状况与投资水平的回归系数为-0.0142，在1%的水平上显著，企业亏损状况与投资效率的回归系数为-0.002，在5%的水平上显著，表明当企业存在亏损时，企业在进行投资决策时会更加慎重，企业的投资水平降低，企业的投资效率增加。

表 8-3　产业政策与投资水平、投资效率

	（1） Inv	（2） Invest
IP	0.0038***	0.0015***
	（4.23）	（2.60）
Cfo	0.0478***	0.0137***
	（15.87）	（7.28）
Fix	0.0754***	0.0231***
	（30.04）	（14.64）
Cash	−0.0198***	0.0001
	（−6.68）	（0.05）
Size	0.0005	−0.0023***
	（1.44）	（−11.40）
Pro	0.0039***	0.0013**
	（4.42）	（2.28）
Loss	−0.0142***	−0.0020**
	（−9.75）	（−2.22）
TobinQ	−0.0003	0.0001
	（−0.82）	（0.70）
SOE	−0.0122***	−0.0050***
	（−15.85）	（−10.33）
_cons	0.0513***	0.0861***
	（6.41）	（17.15）
Year	Control	Control
Industry	Control	Control
N	24452	24452
R-squared	0.1648	0.0745

注：括号中是 t 值，*、**、***分别表示在10%、5%、1%的水平上显著。

2.产业政策、资源配置与投资效率

为验证假设 2，相对于于未受到产业政策支持的企业，受产业政策支持企业的政府补助、税收优惠和银行信贷较多，企业财政补助、税收优惠和银行信贷越多，投资效率越低，本文对中介效应模型（8-4）、（8-5）、（8-6）进行回归，得到表 8-4、表 8-5 和表 8-6 所示结果。

从表 8-4 来看，结果（1）中产业政策与投资效率的回归系数为 0.0015，在 1%的水平上显著，表明相对于于未受到产业政策支持企业，受产业政策支持企业的投资效率较低；结果（2）中产业政策与财政补助的回归系数为 0.0005，在 1%的水平上显著为正，表明相对于于未受到产业政策支持的企业，受产业政策支持企业获得的财政补助较多；结果（3）中产业政策与投资效率的回归系数为 0.0014，在 5%的水平上显著为正，财政补助与投资效率的回归系数为 0.248，在 1%的水平上显著为正，表明当企业的财政补助较多时，企业的投资效率较低。回归结果表明，地方政府在实施产业政策时，会通过财政补助对企业的投资效率产生影响。

表 8-4　产业政策、财政补助与投资效率

	（1）	（2）	（3）
	Invest	Subs	Invest
IP	0.0015***	0.0005***	0.0014**
	（2.60）	（5.53）	（2.39）
Subs			0.2480***
			（5.93）
Cfo	0.0137***	−0.0005*	0.0139***
	（7.28）	（−1.85）	（7.35）
Fix	0.0231***	−0.0002	0.0231***
	（14.64）	（−0.92）	（14.69）
Cash	0.0001	0.0015***	−0.0003
	（0.05）	（5.13）	（−0.14）
Size	−0.0023***	−0.0002***	−0.0023***
	（−11.40）	（−5.35）	（−11.20）
Pro	0.0013**	−0.0000	0.0013**
	（2.28）	（−0.24）	（2.29）
Loss	−0.0020**	0.0002	−0.0021**
	（−2.22）	（1.13）	（−2.27）
TobinQ	0.0001	0.0001**	0.0001
	（0.70）	（2.33）	（0.62）
SOE	−0.0050***	−0.0001	−0.0050***
	（−10.33）	（−1.37）	（−10.29）

续表

	（1）	（2）	（3）
	Invest	Subs	Invest
_cons	0.0861***	0.0026***	0.0854***
	（17.15）	（3.39）	（17.03）
Year	Control	Control	Control
Industry	Control	Control	Control
N	24452	24452	24452
R-squared	0.0745	0.0231	0.0758

注：括号中是 *t* 值，*、**、***分别表示在10%、5%、1%的水平上显著。

从表 8-5 来看，结果（1）中产业政策与投资效率的回归系数为 0.0015，在 1%的水平上显著，表明相对于未受到产业政策支持企业，受产业政策支持企业的投资效率较低；结果（2）中产业政策与税收优惠的回归系数为 0.0006，在 1%的水平上显著为正，表明为相对于未受到产业政策支持的企业，受产业政策支持企业获得的税收优惠较多；结果（3）中产业政策与投资效率的回归系数为 0.0014，在 5%的水平上显著为正，税收优惠与投资效率的回归系数为 0.222，在 1%的水平上显著为正，表明当企业的税收优惠较多时，企业的投资效率较低。回归结果表明，地方政府在实施产业政策时，会通过税收优惠对企业的投资效率产生影响。

表 8-5　产业政策、税收优惠与投资效率

	（1）	（2）	（3）
	Invest	Tax	Invest
IP	0.0015***	0.0006***	0.0014**
	（2.60）	（3.20）	（2.38）
Tax			0.2220***
			（10.69）
Cfo	0.0137***	0.0029***	0.0131***
	（7.28）	（4.75）	（6.96）
Fix	0.0231***	−0.0033***	0.0238***
	（14.64）	（−6.85）	（15.13）
Cash	0.0001	0.0024***	−0.0004
	（0.05）	（4.15）	（−0.23）

续表

	（1） Invest	（2） Tax	（3） Invest
Size	−0.0023***	0.0002***	−0.0024***
	（−11.40）	（3.72）	（−11.67）
Pro	0.0013**	0.0061***	−0.0001
	（2.28）	（35.48）	（−0.14）
Loss	−0.0020**	0.0008***	−0.0000
	（−2.22）	（13.20）	（−0.20）
TobinQ	0.0001	0.0001**	0.0001
	（0.70）	（2.33）	（0.62）
SOE	−0.0050***	−0.0005***	−0.0049***
	（−10.33）	（−3.23）	（−10.13）
_cons	0.0861***	0.0101***	0.0839***
	（17.15）	（6.53）	（16.72）
Year	Control	Control	Control
Industry	Control	Control	Control
N	24452	24452	24452
R-squared	0.0745	0.1255	0.0788

注：括号中是 t 值，*、**、***分别表示在10%、5%、1%的水平上显著。

从表8-6来看，结果（1）中产业政策与投资效率的回归系数为0.0015，在1%的水平上显著，表明相对于于未受到产业政策支持企业，受产业政策支持企业的投资效率较低；结果（2）中产业政策与银行信贷的回归系数为0.0217，在10%的水平上显著为正，表明相对于于未受到产业政策支持的企业，受产业政策支持企业获得的银行信贷较多；结果（3）中产业政策与投资效率的回归系数为0.0016，银行信贷与投资效率的回归系数为0.0069，均在1%的水平上显著为正，表明当企业的银行信贷较多时，企业的投资效率较低。回归结果表明，地方政府在实施产业政策时，会通过银行信贷对企业的投资效率产生影响。

表 8-6　产业政策、银行信贷与投资效率

	（1）Invest	（2）Cre	（3）Invest
IP	0.0015***	0.0217*	0.0016***
	（2.60）	（1.81）	（2.74）
Cre			0.0069***
			（14.97）
Cfo	0.0137***	−0.5990***	0.0179***
	（7.28）	（−22.97）	（9.45）
Fix	0.0231***	−0.0318	0.0232***
	（14.64）	（−1.36）	（14.81）
Cash	0.0001	−0.6470***	0.0048***
	（0.05）	（−25.26）	（2.58）
Size	−0.0023***	0.0628***	−0.0027***
	（−11.40）	（21.42）	（−13.28）
Pro	0.0013**	−0.0418***	0.0015***
	（2.28）	（−5.46）	（2.70）
Loss	−0.0020**	0.1840***	−0.0033***
	（−2.22）	（14.79）	（−3.65）
TobinQ	0.0001	−0.0180***	0.0003
	（0.70）	（−6.38）	（1.34）
SOE	−0.0050***	−0.4720***	0.0873***
	（−10.33）	（−5.93）	（17.46）
_cons	0.0861***	0.0101***	0.0839***
	（17.15）	（6.53）	（16.72）
Year	Control	Control	Control
Industry	Control	Control	Control
N	24452	24452	24452
R-squared	0.0745	0.2503	0.0829

注：括号中是 t 值，*、**、***分别表示在 10%、5%、1%的水平上显著。

以上回归结果表明，相对于于未受到产业政策支持的企业，受产业政策支持企业的财政补助、税收优惠和银行信贷较多，企业的投资效率较低，表明地方政府在实施产业政策时，会通过财政补助、税收优惠和银行信贷对企业的投资效率

产生影响，即财政补助、税收优惠和银行信贷是产业政策与投资效率之间的中介变量。

3.市场竞争对产业政策、资源配置与投资效率的调节作用

在验证有调节的中介效应模型时，本文参考温忠麟，叶宝娟的研究方法，假设 Y 定义为被解释变量，X 定义为解释变量，W 定义为中介变量，U 定义为调节变量。

检验模型：

$$Y = c_0 + c_1X + c_2U + c_3UX + e_1$$
（8-10）
$$W = a_0 + a_1X + a_2U + a_3UX + e_2$$
（8-11）
$$Y = c_0' + c_1'X + c_2'U + b_1W + b_2UX + e_3$$
（8-12）

首先验证直接效应是否受到调节，对模型（8-10）进行回归，验证回归方程系数 c_1 和 c_3，若 c_3 显著，则直接效应受到调节；若 c_3 不显著，则直接效应没有受到调节。因此建立有调节的中介效应模型，再次验证 $(a_1 + a_3U)(b_1 + b_2U)$ 是否与 U 有关，先检验模型（8-11）中的 a_1 和 a_3 是否显著。再检验模型（8-12）中的 b_1 和 b_2 是否显著，则调节变量调节中介效应前半段路径，若 a_3 显著且 b_2 显著，则调节变量同时调节中介效应的前后两个途径。最后依次检验结果均不显著，则进一步使用 Bootstrap 法做区间检验。若至少有一个系数乘积区间不包含 0，则系数乘积的区间检验结果显著。

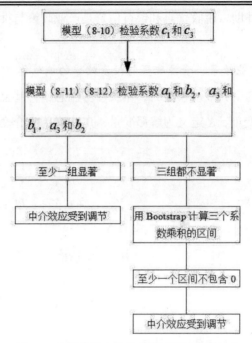

图8-1 有调节的中介效应模型层次检验流程

为验证假设3，市场竞争对产业政策作用于投资效率的机制产生影响，相对于于未受到产业政策支持的企业，当市场竞争程度较低时，受支持企业的投资效率降低程度较大；当市场竞争程度较高，受支持企业的投资效率降低程度较小。本文对有调节的中介效应模型（8-7）（8-8）（8-9）进行回归，得到表8-7、表8-8和表8-9 所示结果。

从表8-7、表8-8、表8-9 中的（1）可以看到产业政策与投资效率的回归系数为0.0037，在1%的水平上显著为正；产业政策与市场竞争交乘项与投资效率的回归系数 C_3-0.0024，但不显著，表明市场竞争对产业政策与投资效率关系的直接效应不存在调节作用。

当市场竞争对直接效应不存在调节作用，则进一步验证市场竞争对间接效应的调节作用，由图8-2有调节的中介效应路径图可知，调节变量可以调节中介效应的前半段路径，也可以调节中介效应的后半段路径，或者同时调节中介效应的前后两个路径，则有调节的中介效应为 $\left(a_1 + a_3 HHI\right) * \left(b_1 + b_2 HHI\right)$

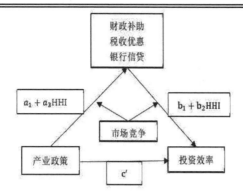

中介效应：$(a_1 + a_3 HHI) * (b_1 + b_2 HHI)$

图 8-2 有调节的中介效应路径图

表 8-7 市场竞争对产业政策、财政补助和投资效率的调节作用

	（1）	（2）	（3）
	Invest	Subs	Invest
IP	0.0037***	0.0006***	0.0012**
	（3.06）	（4.42）	（2.54）
HHI	0.0058	0.0001	0.0023
	（1.12）	（0.20）	（1.26）
IP*HHI	−0.0024	−0.0008	
	（−0.47）	（−1.32）	
Subs			0.3560***
			（5.62）
Subs*HHI			−1.2980**
			（−2.27）
Cfo	0.0136***	−0.0005*	0.0139***
	（7.16）	（−1.85）	（7.37）
Fix	0.0171***	−0.0002	0.0231***
	（9.99）	（−0.85）	（14.71）
Cash	0.0001	0.0015***	−0.0003
	（0.03）	（5.13）	（−0.15）
Size	−0.0027***	−0.0002***	−0.0023***
	（−12.41）	（−5.15）	（−11.24）

续表

	（1） Invest	（2） Subs	（3） Invest
Pro	0.0013**	−0.0000	0.0013**
	（2.28）	（−0.28）	（2.32）
Loss	−0.0024**	0.0002	−0.0021**
	（−2.59）	（1.12）	（−2.28）
TobinQ	0.0002	0.0001**	0.0001
	（1.10）	（2.27）	（0.63）
SOE	−0.0050***	−0.0001	−0.0050***
	（−9.88）	（−1.34）	（−10.29）
_cons	0.0898***	0.0027***	0.0848***
	（15.05）	（3.43）	（16.73）
Year	Control	Control	Control
Industry	Control	Control	Control
N	24452	24452	24452
R−squared	0.0865	0.0233	0.0761

注：括号中是 t 值，*、**、***分别表示在 10%、5%、1%的水平上显著。

由表 8-7 可得，结果（2）中产业政策与财政补助的回归系数 a_1 为 0.0006，在 1%的水平上显著为正，产业政策与市场竞争的交乘项与财政补助的回归系数 a_3 不显著；结果（3）中财政补助与投资效率的回归系数 b_1 为 0.356，在 1%的水平上显著，财政补助与市场竞争的交乘项与投资效率回归系数 b_2 为-1.298，在 5%的水平上显著。由于回归结果中 a_1 和 b_2 显著，表明市场竞争对中介效应的前半段路径不存在调节效应，而对中介效应的后半段路径进行调节。由于有调节的中介效应为 $(a_1 + a_3 HHI)*(b_1 + b_2 HHI)$，经过市场竞争的调节作用，产业政策通过财政补助对投资效率的中介效应为 0.0006*（0.356-1.298HHI）。由描述性统计的 HHI 的均值为 0.125，标准差为 0.134，在对市场竞争进行取值时，通常取调节变量均值上下一个标准差的距离，为[0.125-0.134, 0.125+0.134]为[-0.009, 0.259]，由于 HHI 的最小值为 0.016，所以下线取 0.016，因此，HHI 的检验区间为[0.016, 0.259]，以下验证均为此。将[0.016, 0.259]代入到 0.0006*（0.356-1.298HHI），发现整个中介效应为正。赫芬达尔指数 HHI 越大，市场竞争越小，此时相对于于未受到产业政策支持的企业，受到产业政策支持企业的财政补助越多，企业的投资效率越低，相反地，市场竞争程度越大，企业的投资效率越高。

表 8-8 市场竞争对产业政策、税收优惠和投资效率的调节作用

	（1）	（2）	（3）
	Invest	Tax	Invest
IP	0.0037***	0.0012***	0.0014**
	（3.06）	（4.51）	（2.47）
HHI	0.0058	0.0037***	0.0013
	（1.12）	（3.32）	（0.70）
IP*HHI	−0.0024	−0.0036***	
	（−0.47）	（−2.95）	
Tax			0.2250***
			（8.43）
Tax*HHI			−0.0174
			（−0.15）
Cfo	0.0136***	0.0028***	0.0131***
	（7.16）	（4.76）	（6.97）
Fix	0.0171***	−0.0032***	0.0238***
	（9.99）	（−6.68）	（15.13）
Cash	0.0001	0.0024***	−0.0004
	（0.03）	（4.19）	（−0.22）
Size	−0.0027***	0.0002***	−0.0024***
	（−12.41）	（3.83）	（−11.69）
Pro	0.0013**	0.0061***	−0.0001
	（2.28）	（35.53）	（−0.12）
Loss	−0.0024**	0.0001	−0.0021**
	（−2.59）	（0.28）	（−2.25）
TobinQ	0.0002	0.0008***	−0.0000
	（1.10）	（13.20）	（−0.18）
SOE	−0.0050***	−0.0005***	−0.0049***
	（−9.88）	（−3.18）	（−10.13）
_cons	0.0898***	0.0092***	0.0834***
	（15.05）	（5.82）	（16.46）

续表

Year	Control	Control	Control
Industry	Control	Control	Control
N	24452	24452	24452
R-squared	0.0865	0.1259	0.0788

注：括号中是 t 值，*、**、***分别表示在10%、5%、1%的水平上显著。

由表8-8可得，结果（2）中产业政策与税收优惠的回归系数 a_1 为0.0012，在1%的水平上显著为正，产业政策与市场竞争的交乘项与投资效率的回归系数 a_3 为-0.0036，在1%的水平上显著；结果（3）中税收优惠与投资效率的回归系数 b_1 为0.225，在1%的水平上显著，税收优惠与市场竞争的交乘项与投资效率回归系数 b_2 为-0.0174，但不显著。由于回归结果中 a_3 和 b_1 显著，表明市场竞争对中介效应的前半段路径存在调节效应，但对中介效应的后半段路径不存在调节效应。由于有调节的中介效应为 $(a_1 + a_3 HHI)*(b_1 + b_2 HHI)$，经过市场竞争的调节作用，产业政策通过税收优惠对投资效率的中介效应为（0.0012-0.0036HHI）*0.225，由于 HHI 的验证区间为 $[0.016, 0.259]$，将数值代入到（0.0012-0.0036HHI）*0.225，发现整个中介效应为正。赫芬达尔指数 HHI 越大，市场竞争越小，此时相对于于未受到产业政策支持的企业，受到产业政策支持企业的税收优惠越多，企业的投资效率越低；相反的，市场竞争程度越大，企业的投资效率越高。

表8-9　市场竞争对产业政策、银行信贷和投资效率的调节作用

	（1）	（2）	（3）
	Invest	Cre	Invest
IP	0.0037***	−0.0041	0.0017***
	（3.06）	（−0.35）	（2.89）
HHI	0.0058	−0.0063	0.0028
	（1.12）	（−0.12）	（1.50）
IP*HHI	−0.0024	−0.0697	
	（−0.47）	（−1.26）	
Cre			0.0073***
			（14.20）

续表

	（1） Invest	（2） Cre	（3） Invest
Cre*HHI			−0.0020*
			（−1.67）
Cfo	0.0136***	−0.6120***	0.0180***
	（7.16）	（−23.43）	（9.47）
Fix	0.0171***	−0.0203	0.0232***
	（9.99）	（−0.93）	（14.77）
Cash	0.0001	−0.6870***	0.0049***
	（0.03）	（−26.78）	（2.67）
Size	−0.0027***	0.0582***	−0.0028***
	（−12.41）	（20.44）	（−13.37）
Pro	0.0013**	−0.0330***	0.0015***
	（2.28）	（−4.27）	（2.76）
Loss	−0.0024**	0.1880***	−0.0033***
	（−2.59）	（14.93）	（−3.64）
TobinQ	0.0002	−0.0188***	0.0003
	（1.10）	（−6.69）	（1.37）
SOE	−0.0050***	−0.0608***	−0.0046***
	（−9.88）	（−9.13）	（−9.50）
_cons	0.0898***	−0.162***	0.0867***
	（15.05）	（−2.29）	（17.17）
Year	Control	Control	Control
Industry	Control	Control	Control
N	24452	24452	24452
R−squared	0.0865	0.2275	0.0831

注：括号中是 t 值，*、**、***分别表示在10%、5%、1%的水平上显著。

由表8-9可得，结果（2）中产业政策银行信贷的回归系数 a_1 为负且不显著，产业政策与市场竞争的交乘项与银行信贷的回归系数 a_3 为负，结果也不显著；结果（3）中银行信贷与投资效率的回归系数 b_1 为 0.0073，在1%的水平上显著，银行信贷与市场竞争的交乘项与投资效率回归系数 b_2 为-0.002，在10%的水平上显著。由回归结果可知 a_1 和 b_2，a_3 和 b_1 均不能同时显著，且有调节的中介效应为

$(a_1 + a_3 HHI) * (b_1 + b_2 HHI)$。由于 a_1 和 a_3 均不显著，则依次检验结果不显著，此时不能得出市场竞争是否对中介效应存在调节作用，进一步用非参数百分位 Bootstrap 法做区间检验，得到表 8-10。

表 8-10　Bootstrap 法检验市场竞争对产业政策、银行信贷和投资效率的调节作用

	Observed Coef.	Bootstrap Std.Err	z	P>z	Normal-based [95% Conf.Interval]	
_bs_1	0.000223	0.000059	3.78	0	.0001075	.0003388
_bs_2	0.000159	3.88E-05	4.09	0	.0000825	.0002347
_bs_3	9.73E-05	4.76E-05	2.04	0.041	3.89e-06	.0001906

由表 8-10 可得，用非参数百分位 Bootstrap 法做区间检验可知，三个系数乘积区间均不包含 0，因此中介效应受到调节，用赫芬达尔指数对产业政策、银行信贷与投资效率的关系进行调节，赫芬达尔指数 HHI 越大，市场竞争越小。相对于未受到产业政策支持的企业，受到产业政策支持企业的银行信贷越多，企业的投资效率越低；相反的，市场竞争程度越大，企业的投资效率越高。

以上回归结果表明，市场竞争对产业政策作用于企业投资效率的机制产生影响，赫芬达尔指数 HHI 越大，市场竞争程度越小，此时相对于于未受到产业政策支持的企业，受产业政策支持的财政补助、税收优惠和银行信贷越多，企业的投资效率越低；相反的，当市场竞争程度越大时，企业的投资效率越高。

4.稳健性检验

由于采用 Richardson 测量上市企业投资效率时，所有样本企业都存在非效率投资的情况，因此，为了避免模型产生的系统性偏差问题，进一步将模型结果进行三等分，剔除中间组，将最小组和最大组作为投资非效率组，然后对（8-4）（8-5）（8-6）相应模型进行回归，得到表 8-11、8-12、8-13 所示结果。

由表 8-11、8-12、8-13 中的（1）可得，产业政策与投资效率的回归系数显著为 0.0012，在 5% 的水平上显著，则表明相对于未受到产业政策支持的企业，受产业政策支持企业的投资效率较低。由表 8-11 中的（2）可得，产业政策与财政补助的回归系数显著为 0.0005，在 1% 的水平上显著，表明相对于未受到产业政策支持的企业，受产业政策支持企业的财政补助较多。由（3）可得，产业政策与投资效率的回归系数为 0.0011，在 5% 的水平上显著，财政补助与投资效率的回归系数

为 0.163，在 1%的水平上显著，可得出地方政府在实施产业政策时，会通过财政补助对企业的投资效率产生影响，财政补助是产业政策与投资效率的中介变量。

表 8-11 产业政策、财政补助与税收优惠

	（1）Invest	（2）Subs	（3）Invest
IP	0.0012**	0.0005***	0.0011**
	（2.30）	（5.53）	（2.15）
Subs			0.1630***
			（4.26）
Cfo	0.0105***	−0.0006**	0.0106***
	（6.26）	（−2.08）	（6.32）
Fix	0.0230***	−0.0002	0.0230***
	（16.37）	（−1.01）	（16.40）
Cash	0.0032***	0.0015***	0.0029*
	（1.93）	（5.43）	（1.78）
Size	−0.0021***	−0.0002***	−0.0021***
	（−11.55）	（−5.46）	（−11.40）
Pro	0.0013***	−0.0000	0.0013***
	（2.58）	（−0.23）	（2.59）
Loss	−0.0019**	0.00020	−0.0019**
	（−2.35）	（0.27）	（−2.36）
TobinQ	−0.0000	0.0001***	−0.0000
	（−0.03）	（2.59）	（−0.10）
SOE	−0.0046***	−0.0001	−0.0046***
	（−10.67）	（−1.29）	（−10.64）
_cons	0.0804***	0.0026***	0.0800***
	（18.02）	（3.48）	（17.92）
Year	Control	Control	Control
Industry	Control	Control	Control
N	24360	24360	24360
R-squared	0.0784	0.0239	0.0791

注：括号中是 t 值，*、**、***分别表示在 10%、5%、1%的水平上显著。

由表 8-12 中的（2）可得，产业政策与税收优惠的回归系数显著为 0.00056，

在 1%的水平上显著，表明相对于未受到产业政策支持的企业，受产业政策支持企业的税收优惠较多；由（3）可得，产业政策与投资效率的回归系数为 0.0011，在 5%的水平上显著，税收优惠与投资效率的回归系数为 0.195，在 1%的水平上显著，可得出地方政府在实施产业政策时，会通过税收优惠对企业的投资效率产生影响，税收优惠是产业政策与投资效率的中介变量。

表 8–12 产业政策、税收优惠和投资效率

	（1）	（2）	（3）
	Invest	Tax	Invest
IP	0.0012**	0.00056***	0.0011**
	（2.30）	（3.17）	（2.09）
Tax			0.1950***
			（10.50）
Cfo	0.0105***	0.0028***	0.0100***
	（6.26）	（4.78）	（5.95）
Fix	0.0230***	−0.0034***	0.0236***
	（16.37）	（−7.03）	（16.86）
Cash	0.0032*	0.0024***	0.0027*
	（1.93）	（4.17）	（1.65）
Size	−0.0021***	0.0002***	−0.0022***
	（−11.55）	（3.77）	（−11.82）
Pro	0.0013**	0.0061***	0.0001
	（2.58）	（35.51）	（0.19）
Loss	−0.0019**	0.0001	−0.0019**
	（−2.35）	（0.35）	（−2.38）
TobinQ	−0.0000	0.00081***	−0.0002
	（−0.03）	（13.08）	（−0.91）
SOE	−0.0046***	−0.00048***	−0.0045***
	（−10.67）	（−3.22）	（−10.48）
_cons	0.0804***	0.0101***	0.0784***
	（18.02）	（6.58）	（17.60）
Year	Control	Control	Control
Industry	Control	Control	Control

续表

	（1）	（2）	（3）
	Invest	Tax	Invest
N	24360	24360	24360
R-squared	0.0784	0.1266	0.0825

注：括号中是 t 值，*、**、***分别表示在10%、5%、1%的水平上显著。

由表8-13中的（2）可得，产业政策与银行信贷的回归系数显著为0.0206，在10%的水平上显著，表明相对于未受到产业政策支持的企业，受产业政策支持企业的银行信贷较多。由（3）可得，产业政策与投资效率的回归系数为0.0012，在5%的水平上显著，信贷扶持与投资效率的回归系数为0.0054，在1%的水平上显著，可得出地方政府在实施产业政策时，会通过银行信贷对企业的投资效率产生影响，银行信贷是产业政策与投资效率的中介变量。

表8-13 产业政策、银行信贷与投资效率

	（1）	（2）	（3）
	Invest	Cre	Invest
IP	0.0012**	0.0206*	0.0012**
	（2.30）	（1.72）	（2.44）
Cre			0.0054***
			（13.11）
Cfo	0.0105***	−0.6080***	0.0139***
	（6.26）	（−23.37）	（8.19）
Fix	0.0230***	−0.0254	0.0230***
	（16.37）	（−1.08）	（16.49）
Cash	0.0032***	−0.6400***	0.0069***
	（1.93）	（−25.03）	（4.11）
Size	−0.0021***	0.0627***	−0.0024***
	（−11.55）	（21.45）	（−13.19）
Pro	0.0013***	−0.0413***	0.0015***
	（2.58）	（−5.42）	（2.94）
Loss	−0.0019**	0.1850***	−0.0029***
	（−2.35）	（14.86）	（−3.60）

续表

	（1） Invest	（2） Cre	（3） Invest
TobinQ	−0.0000	−0.0175***	0.0001
	（−0.03）	（−6.24）	（0.52）
SOE	−0.0046***	−0.0650***	−0.0042***
	（−10.67）	（−9.52）	（−9.92）
_cons	0.0804***	−0.4690***	0.0814***
	（18.02）	（−5.91）	（18.29）
Year	Control	Control	Control
Industry	Control	Control	Control
N	24360	24360	24360
R−squared	0.0784	0.2505	0.0848

注：括号中是 t 值，*、**、***分别表示在 10%、5%、1%的水平上显著。

从以上结果可以看出，在检验产业政策对投资效率的影响及作用机制时，为避免模型产生的系统性偏差问题进行稳健性检验，各主要变量的结论不变，相对于未受到产业政策支持的企业，受产业政策支持企业的财政补助、税收优惠和银行信贷较多，企业的投资效率较低，即财政补助、税收优惠和信贷扶持是产业政策与投资效率的中介变量，进一步证明了本文的研究假说。

5.政策建议

产业政策的本质是政府干预资源的配置以达到调整产业结构、提高经济效益的目的。对于中国发展中的经济体而言，产业政策的存在是必要的，但产业政策在实施过程中，存在很大的运作空间，政府的过度干预使产业政策具有一定的随意性和主观性，因此，在研究产业政策的实施效果时，应该更加注重如何设计更加合理有效的产业政策。基于此，提出以下建议：

首先，政府需要明确干预的目标产业。目标产业一定是对国家的发展和经济的增长具有重要意义的产业，在制定产业的发展目标时，需要科学合理的设计，以免由于政府的过度支持使资源浪费。产业政策在实施时若以促进目标行业内的市场竞争方式展开，资源的错配程度会降低，因此，可以选择具有一定市场竞争程度的优势产业作为参考标准。

其次，地方政府在实施产业政策时要采取谨慎态度，并以充分的信息作为决策基础，监管层应注重改善市场环境，使产业政策在实施过程中的信息不对称程度降低，以使产业政策更有效，更好地发挥产业政策的功能。中国社会主义市场经济体系中，政府配置资源和市场配置资源并存，政府在配置资源时并不具备信息优势，使得资源被少数企业俘获，政府通过产业政策将资源配置到少数企业损害了行业整体的生产率，这就要求政府在实施产业政策时尊重市场，提高市场在资源配置中的作用，降低信息不对称程度。政府要发挥好服务功能，引导资源在企业间合理流动，使价格能够真正引导资源配置，避免政府干预代替市场选择。

再次，促进产业政策模式的转变。由选择性产业政策转向以补充市场不足和增进市场机能为特征的功能性产业政策，扩大产业政策在目标行业中的覆盖面，且使产业政策由选择性、差异化向普惠化、竞争性转变。产业政策转型升级的关键是遵循公平的竞争审查制度，废除违反公平、市场规则的产业政策，提高公平竞争审查制度的科学性和规范性，防止产业政策实施中滥用行政权力的行为。

最后，现阶段，中国市场经济体制仍不健全，市场优胜劣汰机制难以发挥有效作用。为更好发挥产业政策的作用，应合理制定目标行业的市场准入制度，使目标行业的市场竞争程度增大，制定和完善有利于促进市场竞争的政策，适当引入有竞争力的经营者和投资者，完善市场经济制度，促进目标行业产业结构的调整。产业政策理念应向矫正和完善市场转变，产业政策类别应向促进竞争转变，创新产业政策实施方式，增加竞争性、普惠式财税支持，让市场在配置资源中起决定性作用，更好地发挥政府功能，关注市场失灵的关键环节和核心领域，精准施策帮助产业向中高端水平迈进，加快建立和完善现代产业新体系。

第五节　公司治理对投资效率影响的研究假设与模型构建

一、研究假设的提出

中国制造业产业取得的成就有目共睹，近年来，制造业公司的投资进程一路高歌猛进，国内外对于中国制造业公司投资效率的关注也日益增多。因此，提出假设1，H1：中国的制造业上市公司存在非效率投资问题。根据公司治理的几个方面研究对投资效率的影响机理，通过构建模型进行实证分析来加以检验和证明。

因此，提出假设2，H2：中国的制造业上市公司的公司治理对其非效率投资存在一定影响与作用。根据其影响机理从股权结构角度、高管角度、激励机制角度继续提出如下假设：

假设H2a：与非国有上市公司相比，股权实际控股人类别（股权性质）为国有上市公司发生非效率投资行为概率更高。

假设H2b：高管薪酬越高，发生非效率投资行为越少。

假设H2c：第一大股东持股比例越高，公司产生非效率投资的可能性越大。

假设H2d：股权制衡度，对非效率投资行为起到积极作用。

假设H2e：独立董事比例的提高，对抑制非效率投资行为起到积极作用。

假设H2f：制造业上市公司监事会人员的持股行为，对抑制非效率投资起到积极作用。

二、样本选择与数据来源

2006年至2007年，上交所、深交所先后针对内部控制问题印发规范性文件。自此，上市公司内部控制问题在全国范围内得到学者和企业经营者的高度重视。本文以国泰安数据库、新闻媒体、政务网站为数据来源，以2012年至2018年为考察区间采集相关数据。本文所有数据处理和模型估计工作所采用的统计软件为

SPSS。针对本文的研究，对各类数据作如下处理：

（1）根据证监会所制定《上市公司分类与代码》，以上交所、证交所挂牌上市的 1600 家上市公司为研究样本，明晰上市公司代码。

（2）为确保样本数据的一致性，将残缺的变量和数据剔除。

（3）由于本文所选择的时间跨度为 2012 年至 2018 年，为降低上市第一年公司样本数据对整体结果的影响，将 2011 年以后才上市的上市公司剔除，得到 854 家样本公司。

（4）剔除被 ST 和 PT 处理的企业，因为 ST、*ST 以及 PT 类上市公司的经营状况存在问题，可能会出现财务舞弊的现象。鉴于此，本文将此类研究样本剔除，从而避免研究结果的不准确性，得到 725 家样本公司。

（5）将金融类上市公司剔除。由于金融类上市公司的会计核算方式与其他类型的上市公司存在差异，鉴于此，金融类上市公司的财务数据缺乏可比性，参考其他研究文献将金融类上市公司剔除，得到 673 家上市公司。

（6）为避免异常数据对检验结果产生不利后果，本文将借助 SPSS21.0 软件对连续变量进行 Winsorize 处理，最终得到 673 家制造业上市公司的 6124 个有效观测值，并采用 Excel2007 以及 SPSS 统计软件对数据进行处理和分析。

三、投资效率度量模型的构建与变量设计

1.度量模型的构建

在针对投资效率的实证研究领域中，广大学者普遍认可瓦格勒模型、托宾 Q 模型以及 Richardson 模型能够对投资效率进行合理、科学、可靠的度量。其中，Richardson 模型适用于解决上市公司投资过度、投资不足度量问题，是分析投资效率的重要工具。瓦格勒模型、托宾 Q 模型在度量投资效率时存在不可避免的局限性，而 Richardson 模型则借助时间序列混合面板，对企业的投资效率展开回归分析，也可以称其为残差度量模型。结合我国特殊的现实情况，本文并没有选择前两种模型，选择了 Richardson 模型。Richardson 在其研究成果中提出的以时间序列混合面板为基础的回归分析模型，是近年来国内外学者研究投资效率问题运用最广泛的模型工具。

借助 Richardson 模型，能够实现对公司现有投资水平和理论投资水平的测算。第一，Richardson 模型将投资变量定义为"资本支出+研发支出+并购—固定资产出售"；第二，该模型基于保值投资和新增投资来测算公司的理论投资水平。其中，保值投资是指公司在正常生产和运营活动中所投入的资金，新增投资是指在本财务年度上市公司新增投资项目所产生的成本。新增投资又可以划分为两个部分，分别为预期投资和非预期投资。前者是指公司基于自身的成长机会、现金存量等各项因素归纳的投资成本，而非预期投资则是指新增投资与预期投资的差值。

Richardson 模型对公司的保值投资行为和新增投资行为进行全方位的考量，并基于时间序列混合面板效应对其理论投资水平进行测算。根据公司实际投资水平与理论投资水平的差值，若差值为负，则表明公司的财务决策活动中存在过度投资行为；若差值为正，则表明公司的财务决策活动中存在投资不足现象。过度投资和投资不足均属于非效率投资的范畴。按照 Richardson 的观点，上市公司的负债水平、上市年限、成长能力与其最佳投资水平存在负向相关关系，而上市公司的经营规模、资产流动性、盈利水平与其投资规模存在正向相关关系。

国内学者在研究投资效率时会对 Richardson 模型进行优化和调整，从而进一步明晰关键影响因素。其中，学者刘慧龙对上一财务年度支出、上市年限、上市公司成长能力、股权结果等财务性指标和非财务性指标展开对比分析，其研究结果表明，决策权和管理权高度分离的上市公司更容易出现非效率投资行为。学者王彦超在其研究中则引入代理成本、自由现金流等财务性指标，按照该学者的研究结论，融资约束能够显著降低代理成本，有效提升上市公司的治理水平。

现如今的企业在理论中认为，每一个企业在新项目上的投资都存在一个最佳支出水平。依据 Richardson、Morgado、Pindado 等学者的研究，当企业的实际投资支出与潜在的最佳投资支出水平或者期望的投资支出水平发生一定程度的偏离时，非效率投资就出现了。在 Richardson 所建构的模型中纳入各类投资水平影响因素，对比上市公司理论投资水平和实际投资水平，二者的差值在模型中表现为回归残差。基于对残差正负性的判断，来识别上市公司是处于过度投资还是投资不足状态。本文依旧沿用 Richardson 的度量模型，按照 Richardson 的观点，上市公司的负债水平、上市年限、成长能力与其最佳投资水平存在负向相关关系，而上市公司的经营规模、资产流动性、盈利水平与其投资规模存在正向相关关系。其中，模型的拟合值是上市公司的最佳投资水平，而模型残差则意味着存在非效率投资现象。用于验证公司投资效率的模型（1）如下所示：

$$IV_{i,t} = \alpha_0 + \alpha_1 Growth_{t-1} + \alpha_2 FCF_{t-1} + \alpha_3 Age_{t-1} + \alpha_4 Size_{t-1} + \alpha_5 LE_{t-1} + \alpha_6 SRe_{t-1}$$
$$+ \alpha_7 IV_{t-1} + \sum Year + \varepsilon$$

2.度量模型的变量设计

度量模型的变量选择包括：

公司投资水平：公司投资，是指公司的对外投资，即公司将本公司的资产投资到其他公司作为其他公司的股份。因为公司资产本身来自股东的投资及投资收益，如果再次投资到其他公司其所有权即不再属于本公司，本公司无法对该资产的使用及收益施以充分的控制，与当初股东投资预期也有所差距。为了保证公司资产的安全，各地法律往往都会对此做出一定的限制。相比较而言，中国内地公司法限制较严，而香港则较为自由宽松，几乎没有什么限制。本文在衡量制造业上市公司的投资水平时，以其现金流量财务报表中的各类财务数据为依据，将上市公司上一财务年度的投资水平定义为：上市公司现金流量财务报表中因购买各类资产所产生的投资成本总额与处理上述资产所收回净额的差值，除以上一财务年度期末总资产后，即得到上市公司的投资水平。

企业成长能力：企业的成长能力也就是公司主营业务收入的增长率。在公司日常经营的过程中，其主营业务收入主要来源于销售收入，且销售收入是公司得以迅速发展的关键组成部分，多数公司通过向客户销售产品或提供服务来获得相应的盈利，以此来实现公司的经营战略和发展目标。本文未采用托宾 Q 模型的原因在于：首先，我国大力推行股权分置改革工作，资本市场中存在大量的非流通股，且股票市场处于不稳定的状态；其次，托宾 Q 模型需要对非流通股进行计算，缺乏统一的计算口径。鉴于此，将主营业务收入增长率作为衡量企业成长能力的替代变量，将营业收入变化值与往年营业收入的比值作为衡量企业成长能力的变量指标。

　　企业现金持有量：指的是现金为满足生产经营所需要的持有量。就企业而言，现金最佳持有量意味着现金余额为零，可是由于交易、投资动机等的要求，企业在经营过程中又必须存有一定数量的现金，企业能否保持充足的现金余额，对于减少或者避免经营风险与财务风险都有着非常重要的意义。企业的现金持有量是现金流动性和灵活性的集中体现，当企业遇到优质的投资项目时，其投资行为以充沛的现金流为重要支持。通常情况下，企业的现金流越充沛，其投资规模越大、投资行为越频繁，从而实现自身投资效益的最大化。在本文中，现金持有量的概念被定义为：上一期经营现金净流出与年初总资产的比值。

　　公司资产负债水平：负债水平彰显出上市公司资本结构的合理性。上市公司的债权人对其剩余利益享有追踪权，故会自发监督经营者的投资决策行为，由此产生相应的约束作用。本文将公司资产负债水平定义为：上一期负债与资产总额的比值。股票年回报率：表示企业股票回报，用剔除现金红利再投资的年度股票回报率来表示，一般是将股票投资的盈利除以投入资金的平均数字计算出来的。

　　企业规模：上市公司的经营规模一般用其资产总额的自然对数来衡量。通常情况下，上市公司的经营规模越大，其融资渠道越多元化，所掌握的投资机会也越多，容易出现过度投资的风险。

　　公司上市时间：参考 Richardson 模型，本文将用上市年限的自然对数来衡量公司的上市时间。

　　投资效率的度量模型变量设定如表 8-14 所示。

表 8-14　投资度量模型变量设定

变量类别	变量名称	变量定义与解释
	资本投资效率水平（Invest）	购置固定资产、无形资产或其他长期持有资产所支付成本的自然对数
被解释变量	企业成长性（$Growth_{t-1}$）	上一期主营业务收入增长率
	企业现金持有量（FCF_{t-1}）	上一期经营现金流与年初总资产的比值
	公司上市时间（Age_{t-1}）	公司上市年限的自然对数（截止至 t 年初）
	企业规模（$Size_{t-1}$）	公司资产总额的自然对数（t 年初）
解释变量	公司资产负债水平（LE_{t-1}）	上一期负债/资产总额
	股票年回报率（$SRet_{t-1}$）	现金红利再投资之外的个股年收益率
	公司投资水平（IV_{t-1}）	与因变量对应的上一期取值

四、公司治理与投资效率模型的构建与变量设计

1.回归模型的构建

公司治理能够提升公司配置和运用资源的质量，由此提高公司的投资效率。一方面，科学的公司治理机制有助于向外界及时披露公司的真实信息，降低因信息不对称问题而引发的道德风险和融资约束风险；另一方面，公司内部治理机制中所建立的监督和管理制度，能够降低代理成本所引发的一系列问题，制约经营管理者追逐私利的行为，由此提升上市公司的投资效率。结合现有的研究成果可知，若上市公司受到政府宏观干预较少且资本证券化程度较高时，公司治理对投资效率的提升效应更为显著。公司治理包含约束和激励两大机制，依据学者李鑫、李香梅、Billett、罗付岩、沈中华的研究，本文选取股权性质、第一大股东持股比例和前两名高管薪酬衡量公司治理结构的激励机制，前五大股东持股比例之和、独立董事比例、监事会人员持股与否为约束机制。以投资效率度量模型为基础，本文在模型中新增公司治理变量及公司治理变量与其他相关变量的交叉项，由此构建如下所示的模型（2），用于对假设 a 至假设 f 进行验证：

$$Inv_{i,t} = \alpha_0 + \alpha_1 RE_{i,t-1} + \alpha_2 Gov_{i,t-1} + \alpha_3 Gov_{i,t-1} \times RE_{i,t-1} + \beta Control_{i,t-1} + \gamma_{i,t-1}$$

本文的公司治理结构变量（GOV）存在 6 个维度，分别为第一大股东持股比例、高管薪酬待遇、独立董事比例、股权性质、股权制衡度、监事会人员持股与否，基于以上变量分别构建模型 a、模型 b、模型 c、模型 d、模型 e 和模型 f。

$$Inv_{i,t} = \alpha_0 + \alpha_1 RE_{i,t-1} + \alpha_2 Type_{i,t-1} + \alpha_3 Type_{i,t-1} \times RE_{i,t-1} + \beta Control_{i,t-1} + \gamma_{i,t-1}$$

（模型 a）

结合假设 2a，当预期模型 2d 中 α_3 显著为负时，此时股权性质与制造业上市公司投资效率为显著负向相关关系；

$$Inv_{i,t} = \alpha_0 + \alpha_1 RE_{i,t-1} + \alpha_2 TSEC_{i,t-1} + \alpha_3 TSEC_{i,t-1} \times RE_{i,t-1} + \beta Control_{i,t-1} + \gamma_{i,t-1}$$

（模型 b）

结合假设 2b，当预期模型 2c 中 α_3 表现为倒"U"型关系，显著大于 0，即核

心高管薪酬与制造业上市企业投资效率为显著正向相关关系；

$$Inv_{i,t} = \alpha_0 + \alpha_1 RE_{i,t-1} + \alpha_2 LSH_{i,t-1} + \alpha_3 LSH_{i,t-1} \times RE_{i,t-1} + \beta Control_{i,t-1} + \gamma_{i,t-1}$$
（模型 c）

结合假设 2c，当预期模型 3b 中 α_3 不显著时，第一大股东持股比例与制造业上市公司无线性相关关系；

$$Inv_{i,t} = \alpha_0 + \alpha_1 RE_{i,t-1} + \alpha_2 EBD_{i,t-1} + \alpha_3 EBD_{i,t-1} \times RE_{i,t-1} + \beta Control_{i,t-1} + \gamma_{i,t-1}$$
（模型 d）

结合假设 2d，当预期模型 2e 中 α_3 显著为正，此时股权制衡度与制造业上市公司投资效率为显著正向相关关系；

$$Inv_{i,t} = \alpha_0 + \alpha_1 RE_{i,t-1} + \alpha_2 OUD_{i,t-1} + \alpha_3 OUD_{i,t-1} \times RE_{i,t-1} + \beta Control_{i,t-1} + \gamma_{i,t-1}$$
（模型 e）

结合假设 2e，当预期模型 2a 中 α_3 显著为正，此时独立董事比例与制造业上市公司投资效率为显著正向相关关系；

$$Inv_{i,t} = \alpha_0 + \alpha_1 RE_{i,t-1} + \alpha_2 SUB_{i,t-1} + \alpha_3 SUB_{i,t-1} \times RE_{i,t-1} + \beta Control_{i,t-1} + \gamma_{i,t-1}$$
（模型 f）

结合假设 2f，当预期模型 2e 中 α_3 显著大于 0，即监事会人员持股与否与制造业上市企业投资效率显著正相关。

2.回归模型的变量设计

公司治理的度量变量选择包括：本文的公司治理结构变量（GOV）存在 6 个维度，分别为第一大股东持股比例、高管薪酬待遇、独立董事比例、股权性质、股权制衡度、监事会人员持股与否等，将其作为替代变量。

第一大股东持股比例：该变量是指第一大股东持股数在上市公司全部流通股中所占的比重。控股股东能够对高管人员的经营和决策行为进行监督和约束，从而有效控制代理成本问题。当第一大股东持股比例达到临界值时，控股股东与高管人员间的制衡关系将会发生变化，此时控股股东会借助自身的控制权来侵害中小股东的权益，从而实现追逐私利的目标，由此产生过度投资的行为。

高管薪酬待遇：取前两名高管薪酬总和的自然对数。薪酬是重要的激励因素，通常情况下，上市公司高管的薪酬待遇越高，其越能够和上市公司的利益目标保持一致，由此避开净现值小于 0 的投资项目，进而提升上市公司的投资效率。

股权性质类别：辛清泉以及程珂在其研究成果中指出，股权性质的差异与上市公司的投资方向和投资结果存在密切关联。按照股权性质的差异，可将上市公司划分为国有上市企业和民营上市企业两种类型，前者又可以进一步划分为中央国有上市企业和地方国有上市企业。股权性质的差异彰显出政府干预程度的不同。由于政府对国有企业在资金上的扶持是较多的，自然而然国有企业也会受到较强的政治干预，其内部治理机制和投资效率与其他民营企业存在鲜明的差异。鉴于此，本文将股权性质作为公司治理的重要维度，探究不同股权性质下上市公司治理结构与投资效率的相关性差异。当制造业上市公司的实际控制人为国有企业或地方政府时，将其记为 1；当制造业上市公司的实际控制人为民营企业或独立经营主体时，将其记为 0。当国有企业高管拥有较大的控制权且企业内部并未建立起完善有效的监督机制时，高管在私利的驱使下就会产生过度投资的行为。

股权制衡度：股权制衡度是指前五大股东持股数在上市公司全部流通股中所占的比重。若上市公司存在大量股东且股东持有的股份较少时，此时上市公司股权处于分散的状态，股东间缺乏监督高管的能力和动力。当股权集中度较高时，股东参与监管的主观意愿增强，此时高管的投资行为受到制约，其规范程度也相应提升。与此同时，由于不同股东间也存在相互监督、相互制约的关系，能够有效降低滥用私权的风险，由此改善上市公司的投资效率。

监事会持股情况：监事会持股对投资效率影响体现为，首先，监事会监管水平与投资效率存在显著正向相关关系。若是监事会专业水平越高，其对董事会和经理层监督执行能力就越好。另一方面是监事会成员的监督动机，即监事会成员能够对董事会成员、经营主体的行为进行公证、全面的监督，必然构成对被解释变量的重要因素。若监事会成员持有上市公司股份就可以将其表示为 SUB=1，监事会成员没有持有上市公司股份则表示为 SUB=0。

被解释变量投资效率的度量包括：上市公司非效率投资的大小用 Inv 表示。本度量模型的被解释变量为回归残差，基于回归残差的正负性来判断上市公司是否存在过度投资或投资不足的现象。本文的控制变量为现金净流量（FCF）、企业规模（Size）、上市年份（Year）、流动比率（Ind）。其中，不同规模企业的投资融资能力和需求存在差异，经营质量和管理水平也有所不同。通常情况下，较大规模企业的融资能力和经营实力较强，但其出现代理问题的风险也更高，相应的，其非效率投资行为更为频繁。鉴于此，第一，本文在衡量企业规模时以营业收入为标准，取其营业收入的自然对数纳入度量模型。第二，企业的经营水平与流动比率存在密切关联。流动比率的提升，意味着企业经营风险和经营绩效同时增长，故本度量模型将流动比率作为控制变量。第三，当企业面临较多的、质量较好的投资机会时，投资效率在一般情况下比较高，故将投资机会的替代变量设置为主营业务收入的增长率；第四，为避免现金净流量的差异以及不同年份差异对实证结果的影响，在度量模型中纳入现金净流量虚拟变量和年度虚拟变量作为控制变量。公司治理与投资效率的回归模型变量设定如表8-15所示。

表8-15 公司治理与投资效率的回归模型变量设定

变量类别	变量名称	变量定义与解释
被解释变量	投资效率 Inv	从度量模型的回归结果得到的非标准化残差作为该模型的被解释变量
	股权性质（实际控制人类别 Type）	如果公司控制人属于国有性质的定义 Type=0，如果不属于国有性质定义 Type=1
解释变量	前两名高管薪酬（TSEC）	前两名高管薪酬的自然对数
	第一大股东持股比例（LSH）	第一大股东持股比例
	股权制衡度（EBD）	前五大股东持股比例
	独立董事比例（OUD）	独立董事人数/全部董事会人数
	监事会人员持股与否（SUB）	若持股，记为1；若不持股，记为0
	投资机会（RE）	公司主营业务收入增长率
	现金净流量（FCF）	经营活动现金流入与现金流出差值的标准化结果
控制变量	企业规模（Size）	总资产数额取对数
	上市年份（Year）	公司从上市到计算投资支出为止的年数取对数
	流动比率（Ind）	总负债除以总资产

五、公司治理对投资效率影响的实证结果及分析

（一）投资度量模型实证结果及分析

1.度量模型的描述分析

对投资效率度量模型中各项指标极值、平均数、标准偏差的描述性分析如表

8-16 所示。

表 8-16　投资效率度量模型描述性统计分析表

	N	最小值	最大值	平均数	标准偏差
资本投资效率水平	673	0.0021	0.1356	0.0489	0.0373
企业成长性	673	1.1264	1.1758	1.1428	0.0134
企业现金持有量	673	0.0133	1.3503	0.4533	0.1017
公司上市时间	673	1.0000	20.0000	4.6131	0.5522
企业规模	673	17.862	28.051	22.187	0.1030
公司资产负债水平	673	0.0078	0.9085	0.3737	0.1944
股票年回报率	673	-0.6073	9.8935	0.4060	0.6382
公司投资水平	673	0.0031	0.1554	0.0576	0.0424

根据表 8-16 的描述性统计分析结果来看，解释变量企业成长性的最小值为 1.1264，最大值为 1.1758，均值为 1.1428，表明我国制造业上市公司主营业务收入增长率存在一定差异性；企业现金持有量最小值为 0.0133，最大值为 1.3503，均值为 0.4533；企业规模最小值为 17.862，最大值为 28.051，均值为 22.187；公司资产负债水平最小值为 0.0078，最大值为 0.9085，均值为 0.3737；股票年回报率最小值为-0.6073，最大值为 9.8935，均值为 0.4060。被解释变量企业投资效率的最小值为 0.0021，最大值为 0.1356，表明我国制造业上市企业之间的非效率投资是不同的，均值为 0.0489，这就表明我国大部分制造业上市公司没有充分利用其企业资源，所以出现了非效率投资。这说明不同公司的投资决策行为存在差异。对其原因进行分析可知，虽然这些上市公司均属于制造业的范畴，但其经营方式和投资模式均有所不同。通常情况下，若企业现金流均值大于实际投资支出，表明企业仍能够维持正常的生产和运营。

2.度量模型的回归结果及分析

本文将借助相关系数法，对制造业上市公司投资效率模型的相关系数展开回归分析，以 SPSS21.0 为辅助工具，对 2012 年至 2018 年制造业上市公司各项变量进行回归分析，具体的回归结果如表 8-17 所示。

表 8-17 投资效率度量模型回归结果

解释变量	非标准系数	T 值	标准误差	Sig
Growth	0.032	1.762	0.005	0.161
FCF	0.255	0.439	0.032	0.123
Age	0.005	1.574	0.014	0.185
Size	0.282**	4.527	0.005	0.024
LE	−1.257**	−2.651	0.009	0.047
Sret	−0.352	−1.527	0.025	0.112
IV	0.863**	17.627	0.091	0.023
Year		控制		
AdjustR^2		0.168		
F 值		16.570		
Sig		0		

注：*、**、***分别表示在 10%、5%、1%水平上显著。

对表 8-17 进行观察可知，该模型调整 R2 达到了 16.8%，说明该模型的拟合度良好。与此同时，该模型的 F 值为 16.570，这也足以说明模型的拟合度处于合理区间，即该回归模型中不同变量存在线性相关关系。用 Richardson 模型来测算企业非效率投资水平是科学合理的。根据表中的回归结果可以看出，企业成长性、企业现金持有量、公司股票年回报率以及公司上市时间均与制造业上市企业投资效率之间无显著相关性。另外，公司规模与制造业上市企业投资效率为显著正相关关系，这说明公司规模对制造业上市企业资本投资水平存在着决定性的影响。企业资产负债率对制造业上市企业投资效率有显著的负相关关系，这与 Richardson 等的研究结论是相一致的，即上一年度投资水平对制造业上市公司本年度的投资水平产生显著影响。

接下来将基于回归分析的具体结果，对不同变量与投资效率的关联程度和影响关系展开讨论：

企业成长性（Growth）。从表 8-17 中可见，企业成长性与制造业上市企业投资支出水平不存在显著相关性，从而可以看出当前国内制造业整体行业迈入新的成熟阶段，行业成长空间和增长幅度进入瓶颈期，即便提升新增资本投入水平也难以促使其获得业务收入的增长。

资产负债水平（LE）。制造产业中的上市公司本身作为资源密集型企业，其实际运作期间需要有持续的经费投入和资金支持，因而一定的资产负债有助于企业实现高资产负债率之余，通过财务杠杆缓解税务压力。但上市公司在获得收益后，会优先清偿债权人的债务，导致其破产清算风险的增加，致使管理层在评估其拥有投资机会条件之余仍然缺乏投资动力，并且导致其放弃部分项目。实证结果也表明制造业上市公司资产负债率与投资效率在5%的置信水平呈显著负向相关关系。

现金持有量（FCF）。通常，企业的投资支出同现金持有量之间关系较为密切，本次研究中所涉及的制造业上市公司中的现金持有量由于受内外环境影响较大，当其资产规模固定时，相应的投资经营行为也会趋于理性化和稳定化，此时公司管理层中的投资和决策不会受到来自现金持有量的干预和影响。因此，实证结果也表明公司现金持有量与投资支出水平之间不存在显著相关性。

公司规模（Size）。对于制造型企业而言，其资产规模的提升和扩张意味着新增资金投入的提升，而资产规模的缩小和减少也表明制造业上市公司在扩大自身经营规模上的投资成本呈现出持续降低的趋势。当制造业上市公司处于发展期时，其经营规模的发展壮大势必会造成投资成本的上涨。由此可知，制造业上市公司经营规模与投资效率存在显著正向相关关系。

公司上期投资支出水平（IV）。制造业上市企业上期投资支出水平对本期投资支出水平具有正向促进作用。换言之，当上期投资效率良好时，其本期投资支出效率也相对于理想，由此为上市公司制造持续性的收益，相应的投资活动也能够为企业争取更为广阔的成长空间。本文实证分析结果证实，制造业上市公司上期投资水平与其投资效率具有显著正向相关关系。

公司上市时间（Age）。制造业上市年限与其投资决策行为存在密切关联。当上市公司遭遇全新的投资项目时，首先会对投资项目的投资回报率展开理性分析。公司随着上市年限的增长，形成了完善的内部治理机制和管理制度，此时冲动投资行为会受到内部规章制度和规范规则的限制。鉴于此，虽然这一系数为正，表明上市公司上市年限与其投资支出正向相关，但该系数未经过检验。立足于规模效应可知，上市公司的上市年限与其投资效率无显著相关关系。

公司股票年回报率（SRet）。通常情况下，上市公司的经营能力和管理水平越强，其所发行的有价证券在资本市场中的表现越良好。但结合实证分析的结果来看，制造业上市公司股票年回报率与投资效率无显著相关关系，这从侧面折射出我国二级资本市场缺乏健全的交易环境。虽然我国资本市场中投资者的风险意识不断提升，其投资行为也逐渐向理性回归，但仍然存在不可避免的投机行为。

（二）公司治理与投资效率模型实证结果及分析

1.回归模型的描述分析

公司治理与投资效率回归模型各项变量的描述性统计结果如表8-18所示。

表8-18 公司治理与投资效率回归模型描述性统计结果

	N	最小值	最大值	平均数	标准偏差
投资效率	673	−0.512	0.462	0.062	0.252
股权性质	673	0.000	1.000	0.425	0.493
前两名高管薪酬	673	12.432	16.672	13.638	0.704
第一大股东持股比例	673	0.053	0.721	0.350	0.137
股权制衡度	673	0.003	0.541	0.167	0.113
独立董事比例	673	0.415	1.000	0.675	0.153
监事会人员持股情况	673	0.000	1.000	0.290	0.456
现金净流量	673	−0.604	0.521	0.088	0.255
企业规模	673	17.862	28.051	22.187	0.103
上市年份	673	1.000	20.000	4.613	0.552
流动比率	673	0.007	1.791	0.223	0.153
投资机会	673	0.0031	0.1554	0.0576	0.0424

对表8-18进行观察，可掌握投资效率、股权性质、第一大股东持股比例等各个变量的基本情况。解释变量股权性质最小值为0.000，最大值为1.000，均值为0.425；前两名高管薪酬最小值为12.432，最大值为16.672，均值为13.638；第一大股东持股比例最小值为0.053，最大值为0.721，均值为0.350，会对企业产生较大控制，容易出现一股独大；股权制衡最小值为0.003，最大值为0.541，均值为0.167，即股权制衡度整体较低，但两极分化现象较为严重；独立董事比例所占比例较高，能够对高管人员的经营决策行为进行有效制衡；不同高管间的薪酬水平

存在较大差异。由表 8-18 可知，样本企业投资效率的平均值为总资产的 0.062，样本企业现金净流量的平均值为 0.088，核心高管薪酬平均值是 13.638，最小值是 12.432，说明样本公司高管薪酬大体接近，并且不同主体差异性不明显；股权性质平均值为 0.425，说明了所选样本制造业上市企业中有大约 57.5% 的企业实际控制人是国有制造业上市企业。

2.回归模型的结果及分析

公司治理与投资效率回归模型中各项变量的统计结果如表 8-19 所示。

表 8-19　公司治理与投资效率回归模型统计结果

变量	被解释变量：Inv					
	股权性质	前两名高管薪酬	第一大股东持股比例	股权制衡度	独立董事比例	监事会人员持股与否
常数项	0.172***	-0.193***	-0.138***	-0.134**	-0.141**	-0.158
	（6.00）	（-7.05）	（-5.05）	（-4.91）	（-4.88）	（-5.82）
RE	-0.004	-0.071***	0.005	-0.016	-0.102**	-0.100**
	（-0.52）	（-9.27）	（0.22）	（-1.46）	（-9.31）	（-9.30）
GV	0.004	-0.031***	0.032	-0.010	-0.056**	-0.065**
	（0.43）	（-2.82）	（1.15）	（-0.34）	（-2.41）	（-2.54）
GV×RE	-0.042***	0.088**	0.089	0.064*	0.172**	0.073**
	（-3.23）	（2.35）	（1.2）	（1.75）	（2.03）	（3.51）
GV²×RE			-0.172**			
			（-2.71）			
FCF	0.035*	-0.012	0.124**	0.122***	0.008	0.005
	（1.65）	（-0.14）	（5.41）	（6.23）	（0.41）	（0.33）
Size	0.013***	0.015***	0.017***	0.010***	0.012**	0.009**
	（8.45）	（9.63）	（7.25）	（7.54）	（9.55）	（8.05）
Year	-0.031***	-0.032***	-0.010	-0.022	-0.042**	-0.024**
	（-4.74）	（-4.56）	（-1.22）	（-0.27）	（-5.82）	（-4.17）
Ind	-0.002***	-0.003**	-0.005***	-0.003**	-0.002***	-0.001***
	（-5.36）	（-6.03）	（-11.74）	（-9.97）	（-6.52）	（-8.97）
样本数	673	673	673	673	673	673
AdjustR²	0.110	0.119	0.153	0.138	0.132	0.127

注：*、**、***分别表示在 10%、5%、1% 水平上显著。

对第 1 列的实证结果进行观察可知，Adjust R^2 数值大小为 0.110，数据结果表明股权性质能够显著解释投资效率，其对变异值的解释水平接近 11%。GV×RE 系数为-0.042，在 1%的置信水平上呈现显著负向相关关系，这表明股权性质为国有企业时，投资效率显著降低。对于制造业企业内部而言，企业中控股股东对企业只可以获得所有权，没法构成对剩余资本的索取权，作为实际控股人的地方政府缺乏监管经营决策者的动力。与此同时，由于国有企业本身存在特殊的股权结构和性质，同时承担着推动本区域经济发展的公共责任，故出现过度投资行为是在所难免的，此时假设 2a 成立。

根据第 2 列实证结果，Adjust R^2 数值为 0.119，这一数据表明高管薪酬水平能够有效解释投资效率，其对变异值的解释水平接近 11.9%。GV×RE 系数为 0.088，在 5%的置信水平上呈现显著正向相关关系。实证结果表明当上市企业中核心高管的薪酬水平相应提升后，其企业投资效率水平也会相应提升。当其提高薪酬后，核心高管将以企业利益为前提考虑自身利益，对投资项目作出客观比较和评估，减少投机倒把的钻空行为，通过优势项目的选择增加其企业的投资效率水平，假设 2b 被验证。

根据第 3 列实证结果，Adjust R^2 数值大小为 0.153，该数据结果表明第一大股东持股比例能够显著解释投资效率，其对变异值的解释水平接近 15.3%。GV×RE 系数为-0.172，在 5%的置信水平上呈现显著负向相关关系。可以看出第一大股东持股比例与制造业上市企业投资效率之间的关系呈现为先增后降的倒"U"关系，也即当增加第一股东持股比例，则其对企业高管层的监督力度和权利能力相应增加，随之使得制造业上市企业投资效率有着一定提升；当其持股比例达到临界值时，基于已有资源增多的负面效应，将使得企业在寻求资源期间谋取私利，进而使得企业原本增加的投资效率趋于减小，假设 2c 被验证。

根据第 4 列实证结果，在股权制衡度与制造业上市企业投资效率的回归结果中，Adjust R^2 为 0.138，结果表明股权制衡度能够显著解释投资效率，其对变异值的解释水平接近 13.8%。GV×RE 系数为 0.064，在 10%的置信水平上呈现显著正向相关关系。由此可以看出股权制衡度同制造业上市企业之间存在正相关性，即如果股权制衡度下降，股权分散结构下个体股东缺乏参与公司治理与决策的机会，这使得管理层谋其私利的行为有机可乘，由此产生非效率投资行为。当股权结构和股权制衡度呈现为集中情况时，大股东会自觉提升监督和约束管理层的意识，推动企业投资效率的增长，假设 2d 成立。

根据第 5 列实证结果，Adjust R^2 数值为 0.132，这一数据表明独立董事比例能够有效解释投资效率，其对变异值的解释水平接近 11.9%。GV×RE 系数为 0.172，在 5% 的置信水平上呈现显著正向相关关系。当独立董事比例上升时，制造业上市公司投资效率会呈现出明显的上升趋势。对其原因进行分析可知，当独立董事所占的比重上升时，意味着上市公司的内部监督进一步增强，从而对经营决策者的行为产生强有力的制约，限制控股股东或经营决策者侵害中小股东利益的行为，提升资本配置效率的稳定性，同时还可保持独立董事之间的股本结构优势，促进企业投资效率的提升，由此假设 2e 被验证。

根据第 6 列实证结果，在监事会持股情况与制造业上市公司投资效率的回归分析结果中，Adjust R^2 为 0.127，数据结果说明监事会持股情况对制造业上市企业投资效率具有一定解释力，对变异值有接近 12.7% 的解释力水平。GV×RE 系数为 0.073，在 5% 的置信水平上呈现显著正向相关关系。这表明监事会持股比例越多，将越有助于制造业上市企业投资效率的提高。监事会持股比例越多，监事会成员对所属企业所拥有的归属感就愈发强烈，进而促使其将个人利益和工作需求同公司发展和经营相挂钩，激励监事发挥主观能动性，积极行使自身的监督职能，由此提升制造业上市公司的投资效率，此时假设 2f 被验证。

（三）稳健性检验

稳健性检验：为保证研究结论的可靠性和稳健性，本文将基于郭其友提出的模型来开展稳健性检验，拟合结果如表 8-20 所示。

表 8-20　模型拟合结果

变量	被解释变量：Inv					
	股权性质	前两名高管薪酬	第一大股东持股比例	股权制衡度	独立董事比例	监事会人员持股与否
常数项	0.172***	−0.193***	−0.138***	−0.134**	−0.141**	−0.158
	(6.00)	(−7.05)	(−5.05)	(−4.91)	(−4.88)	(−5.82)
RE	−0.064***	−0.008	0.088	−0.073***	−0.092***	−0.123**
	(−6.13)	(−0.80)	(1.17)	(−7.41)	(−9.04)	(−8.41)
GV	0.003	−0.124**	1.872	0.025	−0.002	−0.055**
	(0.28)	(−2.72)	(1.42)	(0.057)	(−1.23)	(−3.57)
GV × RE	−0.027***	0.209*	1.64	0.064*	0.009***	0.082**
	(−3.16)	(1.79)	(0.87)	(1.75)	(3.07)	(2.43)
GV² × RE			−0.1825**			
			(−2.31)			
FCF	0.015	−0.012	0.124**	0.122***	0.005	0.005
	(0.81)	(−0.14)	(5.41)	(6.23)	(0.35)	(0.28)
Size	0.015***	0.013***	0.145***	0.013***	0.012**	0.010**
	(9.12)	(7.24)	(8.03)	(8.72)	(8.85)	(7.35)
Year	−0.002***	−0.004***	−0.005***	−0.002***	−0.002***	−0.002***
	(−5.67)	(−9.81)	(−12.02)	(−5.01)	(−6.51)	(−5.48)
Ind	−0.033***	−0.002	−0.005	−0.028***	−0.035***	−0.001***
	(−4.57)	(−0.23)	(−0.45)	(−4.96)	(−5.42)	(−7.63)
样本数	673	673	673	673	673	673
AdjustR²	0.135	0.172	0.156	0.124	0.121	0.131

注：*、**、***分别表示在 10%、5%、1%水平上显著。

对表 8-20 进行观察可知，通过改变投资支出的衡量方法，分析其对投资效率的影响和作用，比较设定的模型的拟合程度。对投资支出衡量方式的调整并不会改变实证分析的结果。其中，独立董事所占比例与投资效率呈现显著正向相关关系，第一大股东持股比例与投资效率呈现先增长后降低的"U"型相关关系；高管薪酬水平与投资效率呈现显著负向相关关系；股权制衡度与投资效率呈现显著正向相关关系。整体来看，分析结果与上文基本相同，这表明本文所构建的模型具有良好拟合度。

第六节　提高制造业上市公司治理效率的建议与对策

一、优化股权结构

通过优化股权结构来提高制造业上市公司的治理效率。在分析上市公司的股权结构时，可立足于股东性质、股份性质和股权集中程度等不同维度。若以股东主体性质的差异为划分依据，可将上市公司的股东划分为国有股东、法人股东、外资股东、社会股东等。这些股东所持有的股份又存在普通股和优先股两种类型。从股权集中程度这一维度来看，股权集中程度存在股权高度集中、股权高度分散、股权集中度介于高度集中和高度分散之间三种情形。当股权高度集中时，控股股东同时享有上市公司的所有权和经营权；当股权高度分散时，上市公司的所有权和经营权也高度分离。股权是所有权的外在形式。从本质上来看，上市公司治理机制本身就是不同利益主体相互博弈过程中产生的制衡机制，而股东结构的合理性，与治理机制是否完全科学存在密切关联。

根据本文实证结果表明，假设 2a 成立，股权性质能够显著解释投资效率，在1%的置信水平上呈现显著负相关关系，这表明当制造业上市公司股权性质为国有企业时，投资效率显著降低。根据本文实证结果表明，假设 2c 成立，第一大股东持股比例能够显著解释投资效率，在5%的置信水平上呈现显著负相关关系，这表明当第一大股东持股比例增加时，制造业上市公司对高管层的监督力度和权利能力增加，企业投资效率得到了一定的提升。根据本文实证结果，假设 2d 成立，股权制衡度能够显著解释投资效率，在10%的置信水平上呈现显著正向相关关系，这表明如果股权制衡度下降，更容易产生非效率投资行为。股东持股比例不能过于分散。在多元化的主体持有股权的同时，也应当保证股权的适度集中；若股权高度集中，由控股股东掌握上市公司的经营决策权，当大股东间产生利益矛盾时，可能会引发内部治理机制失效的不良局面。当大股东与中小股东产生利益矛盾时，大股东会借助自身在控制权上的优势来侵害小股东的正当权益；若股权过度分散，股东难以真正把控上市公司的决策经营权。当上市公司借助薪酬激励机制、绩效考核机制等确保经营主体立足于股东的利益立场来开展经营和决策活动时，会产生较高的代理成本，此时股东的收益水平也相应下降。一旦股东收益水平下降，中小股东就会选择抛售股权，造成上市公司面临被其他公司吞并和收购的风险。综上所述，必须要将股权结构控制在合理的范围内，保证股东来源多元化的同时，也要实现股权的适度集中。与此同时，要调节和控制不同股东的投资风险和投资成本，持续改善上市公司的治理质量和投资效率。

二、完善董事会治理制度

通过完善董事会治理制度来提高制造业上市公司的治理效率。本文的实证分析结果表明，假设 2e 成立，独立董事比例能够有效解释投资效率，在 5% 的置信水平上呈现显著正相关关系，这说明当上市公司独立董事比例增加时，制造业上市公司投资效率也会出现不同程度的提升。董事会往往处于公司治理体系的核心地位，对公司整体和各个股东负责，董事会规模应当处于合理的区间。若董事会规模过小，会加剧董事会与管理层的信息不对称问题，难以对管理者的各项经营决策行为进行有效的制衡；若董事会规模过大，则会导致监控成本的上升，引发人员冗余的现象，不利于提升企业的内部治理效率。当董事会规模保持适中时，能够对管理层的经营管理行为进行有效的制约，避免管理层出现短期行为侵害股东的正当权益；对董事会治理制度进行优化，将董事会规模控制在合理的范畴，保证董事会的独立性，发挥出独立董事在监督和制衡管理层方面的重要作用；对管理层采取增加股份、提升薪酬等激励措施。

董事会通常在企业经营过程中负责决策上市公司的各项重大事项，是公司治理的核心。从权利和义务这一维度来看，董事会是全体股东的代表，拥有决策公司重大事项、雇佣和解雇高级管理人员的权利。与此同时，董事会又要接受独立董事、监事会的监督，并对全体股东负责。要想发挥出董事会的作用，就必须要保证董事会所持有的股份处于合理的区间。

对现代企业而言，独立董事制度在公司治理机制中扮演着至关重要的角色。但结合我国上市公司治理实践现状可知，多数上市公司的独立董事并未充分履行其自身职能，这与独立董事制度不完善、独立董事本身专业能力有限存在一定关系。要对独立董事会制度进行调整，同时将独立董事的规模控制在合理的范围内，过大或者过小的规模都会增加非效率投资的情况，从而降低公司的治理效率。

三、建立激励机制

通过建立激励机制来提高制造业上市公司的治理效率。要降低代理成本，既需要建立起完善的约束监督机制，同时也需要建立起行之有效的激励机制。对上市公司而言，激励机制是实现其战略目标的重要保证，是培养企业文化、树立统一价值观念的科学路径。具体来看，激励机制主要由物质激励和精神激励构成。现有的各类研究成果均有效证实了股权激励在控制治理成本、提升投资效率、改善企业经营质量方面的有效作用，故大量的上市公司广泛运用股权激励制度。通常情况下，股权激励是指赋予经营者一定比例的股权，促使其以股东的身份参与上市公司的各项决策活动，同时也承担相应的风险。由于身份的特殊在经营决策中还可以综合上市公司的短期利益和长期战略目标，为上市公司的可持续发展保驾护航。

根据本文的实证研究表明，假设2b成立，高管薪酬水平能够有效解释投资效率，在5%的置信水平上呈现显著正向相关关系，则制造业上市公司高管薪酬越高，发生非效率投资行为越少。综上所述，制造业上市公司应当尽快建立健全股权激励制度，对股票期权激励手段进行合理的运用。近年来，我国制造业上市企业为调动管理层的主观能动性，通过赋予其股票股权的方式来提升管理层与公司股东利益目标的一致性，在最大限度上发挥管理者的才智和潜能，提高其积极性。当代企业在提升生产技术、优化生产流程的同时，还应当提升自身的管理质量。我国政府为推动现代企业制度的发展，对企业实行股权激励制度，出台规范性文件和引导政策。整体来看，虽然我国上市公司已初步建立起股权激励制度，但在具体的实践环节中仍存在难以确定激励幅度、激励条件不具有吸引力等现实问题；亟待通过积极探索和不断实践来提升股权激励制度的合理性。我们的实证研究也表明，高管薪酬越高，企业管理层的非效率投资行为风险越低。对高收入的管理人员而言，薪酬对其的诱惑力相对于较低，而股票期权与其实现自身利益最大化的目标不谋而合，有助于降低投资不足、过度投资等非效率投资行为。

四、建立监督机制

通过建立监督机制来提高制造业上市公司的治理效率。根据本文的实证结果表明，假设 2f 成立，监事会持股情况对制造业上市公司投资效率具有一定的解释力，在 5% 的置信水平上呈现显著正向相关关系，这表明监事会持股比例越多，越能激励监事会发挥主观能动性，行使自己的监督职能，提高监督能力，由此提升制造业上市公司的投资效率。

随着经济的发展，企业的经营规模和生产效率不断提升，而企业所有者的知识水平、管理能力是有限的，同时兼任经营者存在局限性。按照委托代理理论的观点，现代企业应当实现所有权与经营权的分离，由企业所有者持有所有权，并委托职业经理人负责企业的经营管理事务，二者由此产生委托代理关系。在企业的委托代理关系中，委托人和代理人的利益目标势必会存在一定的差异，但是共同点均在于实现自身利益的最大化。相对委托人而言，代理人在经营和管理的过程中掌握的信息更多，其可能在道德风险的驱使下做出短期行为，不利于公司战略目标的实现，二者由此产生利益矛盾和代理成本，造成公司治理效率下降。为改善制造业上市公司的治理效率，除去要依靠经理人的自我道德约束外，还应当建立起科学的内部监督及激励机制。

制造业上市公司要在建立内部监督机制方面采取积极行动，通过制度安排，明晰董事会、监事会、高级管理人员的权责范围，对公司的业务流程和经营模式进行优化和规范，借助独立董事制度来实现对权力的制约和平衡，借助市场选择发挥出外部监督的作用。与此同时，要进一步完善财务信息披露制度，确保制造业上市公司定期、公开、透明向社会公众及利益相关者披露财务信息，从而杜绝管理层通过操纵利润、财务舞弊的方式来侵害股东的利益。

第九章　东北老工业基地投资节奏调整的案例分析

第一节　东北老工业基地基础设施投资节奏调整案例分析

本文结合《中国统计年鉴》中各地区按主要行业分的全社会固定资产投资，选取电力、热力、燃气及水生产供应业，交通运输、仓储和邮政业以及水利、环境和公共设施管理业作为基础设施投资规模数据，具体如下表9-1、9-2所示：

表9-1　2016-2020东北三省基础设施投资规模一览表　　　　单位：亿元

年份	辽宁	吉林	黑龙江
2020	1290.90	2428.24	2591.87
2019	1400.61	2752.32	2086.73
2018	1589.00	3018.3	2481.00
2017	1454.50	2870.90	2366.50
2016	1413.00	2878.20	2373.20

资料来源：中国统计局年鉴

表9-2　2020年东北三省基础设施投资规模构成一览表　　　　单位：亿元

	电力、热力及水生产供应业	交通运输、仓储和邮政业	水利、环境和公共设施管理业	总计
辽宁	541.71	380.77	368.42	1290.90
吉林	320.47	1051.85	1055.92	2428.24
黑龙江	575.74	1030.01	986.12	2591.87
总计	1437.92	2462.63	2410.46	6311.01

资料来源：中国统计局年鉴

一、辽宁省基础设施投资规模

由上表 9-1、9-2 可知，辽宁省近五年基础设施投资总额呈先上升后下降的趋势。2020 年辽宁省社会基础设施投资总额为近年最低 1290.90 亿元，比上年下降 7.8%，远远低于全国平均水平（全国平均水平为 10.8%）。其中，电力、热力及水生产供应业投资额为 541.71 亿元，占总投资额的 37.67%。交通运输、仓储和邮政业投资额为 380.77 亿元，占总投资额的 15.46%。水利、环境和公共设施管理业投资额为 368.42 亿元，占总投资额的 15.28%；2019 年全省社会基础设施投资总额为 1400.61 亿元，较上年下降 11.86%；2018 年全省社会基础设施投资总额为 1589.00 亿元，为近五年最高，较上年增长 9.20%；2017 年全省社会基础设施投资总额为 1454.50 亿元，增加比为 2.94%；2016 年全省社会基础设施投资总额为 1413.00 亿元。辽宁省基础设施投资相比吉林省与黑龙江省存在较大的波动性，总体规模呈现下降趋势。

二、吉林省基础设施投资规模

吉林省近五年基础设施投资总额也呈先上升后下降的趋势。2020 年吉林省社会基础设施投资总额为 2428.24 亿元，比上年减少 11.77%。其中电力、热力及水生产供应业投资额为 320.47 亿元，占总投资额的 22.29%。交通运输、仓储和邮政业投资额为 1051.85 亿元，占总投资额的 42.71%。水利、环境和公共设施管理业投资额为 1055.92 亿元，占总投资额的 43.81%。2019 年全省社会基础设施投资总额为 2752.32 亿元，较上年减少 8.81%；2018 年全省社会基础设施投资总额为 3018.30 亿元，较上年增加 5.13%；2017 年全省社会基础设施投资总额为 2870.90 亿元，较上年减少 0.25%；2016 年全省社会基础设施投资总额为 2878.20 亿元。

三、黑龙江省基础设施投资规模

黑龙江省近五年基础设施投资规模除 2019 年外总体呈上升状态。2020 年黑龙江省社会基础设施投资总额为 2591.87 亿元，同比去年增长 24.21%。其中电力、热力及水生产供应业投资额为 575.74 亿元，占总投资额的 40.04%。交通运输、仓储和邮政业投资额为 1030.01 亿元，占总投资额的 41.83%。水利、环境和公共设施管理业投资额为 986.12 亿元，占总投资额的 40.91%；2019 年全省社会基础设施投资总额为 2086.73 亿元，比上年减少 15.89%；2018 年全省社会基础设施投资总额为 2481.00 亿元，同比 2017 年社会基础设施投资总额 2366.50 亿元增加 4.84%；2016 年社会基础设施投资总额为 2373.20 亿元。

第二节　东北三省基础设施投资效率影响因素机理分析

一、投资结构对基础设施投资效率影响机理

投资结构是指一定总量的社会资本在不同地区、不同部门以及不同产业之间的分配比例。从社会经济发展经验来看，投资结构决定着地区的经济规模、经济结构与经济效益。优化投资结构，扩大内需，实现投资稳步增长是政府促进地区经济增长的重要手段，逐步推进资本市场的改革开放与稳定发展。目前看来，东三省基础设施投资结构并未达到促进资源配置的最优状态，而不合理的投资结构也会对基础设施投资效率产生负向影响。

一方面，在资金存量有限的前提下，政府部门为了提高投资效率，保持单位产出的资本量不断增加，会把越来越多的财政收入用于投资，在这种情况下，可用于消费的资金就会越来越少。虽然 GDP 水平保持稳步提升，居民消费水平占 GDP 的比重却逐年减小，产生不可持续现象。政府为刺激经济，设立投融资平台，带动企业共同投资来保证经济增速。仔细分析政府的投资结构，偏重于非居民建筑与结构性投资而非设备与机器投资。在基本生产设备与工艺技术没有得到满足的前提下，生产水平与分工没有达到效率的要求，这种向部分第三产业过度倾斜的投资，直接造成处于第三产业的基础设施投资过剩而利用率低下的现象。总量充足而资源配置的科学性不高，难以维持经济的可持续性。

另一方面的副作用来自政府投资的挤出效应。挤出效应是指政府支出增加所引起的私人消费或投资降低的效果。政府重点投资于非居民建筑与结构性投资，导致大量资本涌入，由于资本总量的有限性，会使其他产业部门可利用资源减少，投资成本上升。当其他部门存在投资需求的时候，过高的投资成本会导致投资进度的滞缓，降低投资效率。同时，大量资本涌入政府支持性产业，会吸引大量劳动力赚取利益，导致支持性产业劳动力价格提升。而其他部门的劳动力成本较低，影响两个部门之间劳动力的分配进而降低在其他产业中基础设施的投资效率。

二、技术创新对基础设施投资效率影响机理

集约型经济发展模式需要较高的科学技术水平作为支撑。先进的生产技术可以有效提高生产效率，降低生产成本，获得高水平的回报。技术进步意味着更少的投入可以带来更大的产出，避免资源浪费与低效率，带来经济增长。在投资过度理论中，以斯庇京夫和卡塞尔为代表的"非货币投资理论"认为，科学技术的进步与新市场的开发是促进经济繁荣的有利因素，这些有利因素会促进投资的增加，同时也会伴随着投入和产出的增加。当新技术等优势逐渐消失时，产品的利润就会随着生产成本的上升而下降，价格降低。由于产品存在固定的生产周期，价格的下降就会导致产品要素产能过剩引发危机。而这种产能过剩就会导致投资效率的低下。因此先进的生产技术是保证投资效率的重要因素。

人作为经济活动的主体，高水平的人力资本也是技术创新水平的重要表现。人力资本水平的高低对劳动生产率与资源消费结构产生重要的影响，进而影响有限资源与劳动力产出的匹配程度。当产业由劳动密集型向资源密集型过渡的过程中，会加大对专业技能型人力资本的需求，来实现与资源资本的高效匹配。同时，高水平人才决定了新技术的吸收能力与转化能力，促进产业结构升级，提高资源利用效率，实现地区技术变革。因此，代表高创新技术水平的人力资本对于提高投资效率也存在着促进作用。

东北三省劳动力水平相对于充足，但近年来高级科研人才与高级技术人员流失较严重，不利于地区技术的更新与改造。东北三省基础设施投资外源性扩张现象明显，基础设施投资项目多数集中于新建项目，而改建与技术改造类项目投资

较少，整体技术投资水平不高。因此，东北三省应致力提高教育水平，培养并储存高水平科学技术人才，提高地区科学创新水平。一方面，高水平人才可以利用先进技术提高产能利用率，减少过度投资，有效提高东北三省基础设施投资效率；另一方面，高教育水平可促进高素质人才的增加，带动社会居民整体素质提高，促进社会和谐，增强基础设施利用效率。

三、对外开放程度对基础设施投资效率影响的机理

对外开放主要从技术溢出效应与示范效应两方面影响投资效率。发达国家的先进技术可以通过对外直接投资内部化来实现技术转移，这种技术转移行为可以为东道国带来外部经济效应，即技术溢出。技术溢出具有正外部性，它所带来的利益是针对整个外部社会而非国家间经济活动或是活动涉及的产品，整个外部社会可以获得技术进步的直接利益。东北老工业基地加强对外开放程度可促进本土化学习，使自主创新能力不断提高。投资产业要素的密集度也逐渐由劳动密集型产业、资本密集型产业向技术密集型产业过渡。为提高对优秀技术能力的吸收，需主动完善东北老工业基地技术创新体系，提升东北老工业基地自主研发能力，促进与高技术水平的国外研发机构合作。对于吸收能力较强的行业，可以采取完全开放政策，充分利用技术溢出的优势，促进技术水平不断提高，可与不同的投资模式产生良好的匹配性，进一步提升地区投资效率。

东北老工业基地通过实现高水平的基础设施建设，为社会经济活动提供相应的配套设施，为发展第二、第三产业提供稳定的宏观环境。同时通过合资企业和对外直接投资合作，在国际市场上提高资金的使用效率，促进东北老工业基地劳动力收入水平增加。有效需求提高的同时，提升东北老工业基地人们的生活水平，促进产品的更新换代。在"一带一路"的大环境下，东北三省由于地理位置优势，成为开辟俄罗斯乃至欧洲的重要经济走廊，对外开放成为东北三省发展经济的必然趋势。加强基础设施投资建设，打通西伯利亚铁路，开通俄罗斯边境海港口岸，形成海陆联运航线，可有效提高东北三省对外贸易水平，促进经济发展。另一方面，通过加大对外开放程度，加强东北三省贸易合作，以优势换资源，又可以反向扩充基础设施建设可利用资源，提高资源利用水平，提高投资效率。

第三节　针对东北三省基础设施投资节奏的个性化建议

一、优化辽宁服务业内部结构，拓宽对外开放路径

1.从产业结构而言，推动现代服务业，优化第三产业内部结构

随着科学技术的进步，互联网走进千家万户、各行各业，现代服务业包括信息咨询服务、生产服务和市场服务。信息咨询服务业近年来发展迅速，显示出巨大的发展潜力。通过信息服务，可提升金融产业、物流产业、电商产业等发展，并为市场有序性建设、产业结构优化带来积极影响。信息服务还能够催生生产服务和市场服务，改变传统的管理思维，促进经济新增长点出现。辽宁省在产业发展过程中，应注重第三产业发展，制定扶持性政策，鼓励现代服务业企业能够拓宽融资渠道，加强基础建设，引入优秀人才。现代服务业能够改善消费结构，推动现代商业发展，同时可以实现传统工业和现代服务业结合，加速制造企业信息化、标准化建设。除此之外现代服务业的发展可以减轻政府就业压力，且能够改善辽宁省人力资源流失现象。

2.从工业内部来看，着力拓宽开放路径

辽宁省在产业结构优化中，应注重工业产业内部结构调整，具体措施可以分为下述三点：其一，对省内具有一定竞争优势的石化产业、建材产业、装备制造产业和冶金产业等进行扶持，鼓励其能够参与全球竞争，在"一带一路"政策的指引下，实现海外业务推广；鼓励具有经济实力的企业在海外建设产业基地和物流中心，实现资源利用规模提高；其二，将大连建设为我国第三批自贸试验区，鼓励新兴企业在大连发展，以中韩自贸谈判完成为时代背景，推动省内企业扩大对韩的经济交流，提升招商引资力度，鼓励韩国企业等海外企业在辽宁省参与投资；其三，充分利用区位优势，将辽宁建设为海陆空共同发展的交通枢纽，例如提升大连港吞吐量，加强与欧亚大陆桥的货运运输，提升对俄罗斯的贸易规模，

与吉林省、黑龙江省联合推动"中蒙俄经济走廊"。

二、构建吉林特色现代产业体系，打造世界级汽车产业基地

1.形成吉林特色现代产业体系，加速现代制造业发展

吉林省具有悠久的工业生产历史，在长期的工业化进程中，形成了具有吉林特色的现代产业体系。首先应建立国家级工业示范基地，在省内建设国家级、省级工业集中区和工业特色园区。例如在长春市建设汽车工业园区、化工循环经济园区、生物工程基地和现代化轨道客车经济产业园区等，形成具有集群化发展基础的区位，使得吉林省优势产业能够得到进一步发展。其次应切实推动工业信息化建设，营造良好的现代制造业发展环境，使得省内工业产品能够由传统的中低档产品为主，升级为以高档产品为主的生产模式。大力发展智能制造业，建设数字技术、智能技术研发中心，形成具有核心技术的现代化智能制造企业，充分运用数据库技术、云计算技术和高精密仪器等，并以此为基础实现规模化发展，逐步推动多元化、个性化建设，在客户群体中提高美誉度。

2.巩固汽车产业优势地位，打造世界级汽车产业基地

吉林省的汽车产业在全国范围内处于领先水平，在工业结构优化的过程中，应全面发挥汽车产业的优势，以产业龙头企业为核心，完善产业链上下游结构，推动上游供应商、下游合作商的竞争力提升。一汽集团是吉林最大的汽车生产企业，吉林省应出台鼓励政策，发挥一汽集团的带领作用，巩固汽车产业在国内市场中的优势地位，切实加强科技研发和技术引进，推动纯电源等新能源汽车发展，并在整车生产规模扩大的同时，加强零部件配套产业建设，确保汽车工业产前环节、产中环节和产后环节都能获得足够多、足够广的原辅材料品种，并在配套产业发展过程中引入现代化技术，提升汽车配套产品的品质。此外吉林省政府应充分发挥引导作用，鼓励企业加强自主创新，提升自主研发能力，使得汽车生产制造企业拥有更多核心技术，为海外业务推广、国际市场开拓夯实基础。自主创新是吉林省打造世界级汽车产业基地的关键，企业应在硬件添购的同时，加强科研投入，推动软件技术发展，且主动与发达国家汽车生产企业开展交流，学习和转化先进技术。除此之外吉林省高校众多，人力资源丰富，应制定人才落户等政策，

吸引优秀人才投身于当地经济建设中。

三、加快黑龙江省产业结构优化升级，摆脱依赖能源产业现状

第一，就产业结构而言，应加速省内产业结构优化。采取积极措施，促进第一产业、第二产业和第三产业融合，提升产业结构的科学性。通常第一产业产品附加值不高、增速缓慢、市场潜力较小，随着经济不断发展，第二产业和第三产业在产业结构中的地位逐步提升。相比而言第一产业生产总值虽保持增加，但增幅较小，在经济总产值中的比例逐步下降，这也是工业化国家产业发展的必然规律。黑龙江省是传统农业大省，但农业生产呈现出"大而不强"的特征，反而对产业结构优化升级造成约束。黑龙江省应在保持农业经济发展的同时，加速农产品深加工产业发展，扩大农业产品附加值，同时在第一产业内部结构中，积极引入绿色技术和互联网销售模式，重点打造绿色农产品，并在网络平台中销售。

第二，从工业内部来看，应着力摆脱依赖能源产业。黑龙江省工业产业规模较大，但工业化程度仍需提高，工业产业内部结构并不科学。2015 年黑龙江省能源产业下行严重，究其原因一方面是由于全球油价、煤价下跌，国内市场产能过剩；另一方面则是由于黑龙江省工业内部结构不科学，导致工业产品市场竞争力不强。黑龙江省应制定摆脱能源产业依赖、加速资源深加工产业发展政策，为产业新体系形成提供动力。例如在大庆等地区实施资源开发、深加工一体化建设，降低由于储采失衡导致的产值下降；在鸡西地区和鹤岗地区，建立石墨加工基地，推动石墨产业发展；在兴安岭地区建设钼资源产业集群，通过集聚效应，推动钼资源开发和加工；加速天然气资源利用效率提升，完善化工企业的内部管理体系，切实提升单位化工资源的经济效益；充分发挥林木资源优势，加速发展林木深加工产业。

第四节　东北老工业基地人才培养投资节奏
调整案例分析

一、东北老工业基地人才现状与存在问题

1.东北老工业基地人才结构现状

东北老工业基地人口年龄结构如表 9-3 所示。从绝对数量来看，2019 年东北三省总人口 10794 万人，其中辽宁省 4352 万人，吉林省 2691 万人，黑龙江省 3751万人。按照表中抽取样本数量进行分析：东北三省适龄劳动人口为 62911 人，其中辽宁省 24972 人，吉林省 15692 人，黑龙江省 22247 人，辽宁省适龄劳动人口绝对数量大，分别比吉林省和黑龙江省多出 9280 人和 2725 人。从构成比例来看，2019 年东北老工业基地人口年龄构成基本上还是合理的，适龄劳动人口所占比重为 74.97%，高出全国 4.33 个百分点，在整个人口中居于主体地位。

表 9-3　2019 年东北老工业基地人口年龄结构

地区	总人口（万人）	抽样数量（人）	未成年劳动人口（0~14 岁）		适龄劳动人口（15~64 岁）		老年劳动人口（65 岁以上）	
			人口数	比重（%）	人口数	比重(%)	人口数	比重（%）
全国	140005	1091876	183267	16.78	771326	70.64	137283	12.57
东北三省	10794	83916	8820	10.51	62911	74.97	12185	14.52
辽宁	4352	33800	3446	10.20	24972	73.88	5382	15.92
吉林	2691	20939	2464	11.77	15692	74.94	2783	13.29
黑龙江	3751	29177	2910	9.97	22247	76.25	4020	13.78

资料来源：中国统计年鉴，2020。本表中含有 2019 年全国人口变动情况抽样调查样本数据，抽样比为 7.8%。

2.适龄劳动力人力资源的性别结构

东北老工业基地适龄劳动力的性别结构如表 9-4 所示。结合表 9-3，从绝对数量来看，截止到 2019 年年底，东北老工业基地适龄劳动人口为 83916 人，其中男性 42318 人，女性 41598 人。从男、女适龄劳动人口所占比重来看，2019 年东北

老工业基地男性适龄人口比重为 50.43%，女性为 49.57%。全国男性适龄人口比重为 51.09%，女性为 48.91%。从性别比来看，2019 年东北老工业基地适龄人口性别比为 101.73，而同期全国为 104.46。由此我们可以得出结论：东北老工业基地适龄劳动人口男女比例基本持衡，性别结构比较合理。

表 9-4　2019 年东北老工业基地适龄人口的性别结构

地区	抽样数量（人）	男性		女性		性别比（女=100）
		数量	比重（%）	数量	比重（%）	
全国	1091876	557834	51.09	534042	48.91	104.46
东北三省	83916	42318	50.43	41598	49.57	101.73
辽宁	33800	16960	50.18	16840	49.82	100.71
吉林	20939	10570	50.48	10369	49.52	101.94
黑龙江	29177	14788	50.68	14389	49.32	102.77

注：本表是 2019 年全国人口变动情况抽样调查样本数据，抽样比为 7.8%。资料来源：中国统计年鉴，2020。

3.人口的学历结构

2019 年每十万人拥有受教育人口中，东北老工业基地大学文化程度人口明显高于全国水平。2019 年辽宁、吉林和黑龙江省拥有大学程度人口分别为 2472 人、1216 人和 1808 人（抽样数据），比同年全国分别高出 1.33%、-0.21%、0.12%，接受过高等教育的人口在全国相对于占有优势。其中辽宁省人才优势明显。

表 9-5　2019 年东北老工业基地受教育程度抽样调查表　　　　单位：人

地区	抽样数量（人）	大学		高中		初中		小学	
		人数	占比（%）	人数	占比（%）	人数	占比（%）	人数	占比（%）
全国	1016417	63739	6.27	132219	13.01	379039	37.29	257030	25.29
东北老工业基地	80906	5496	6.79	7061	8.73	35359	43.70	17461	21.58
辽宁	32513	2472	7.6	3993	12.28	14465	44.19	6310	19.41
吉林	20081	1216	6.06	2734	13.61	8681	43.23	4797	23.89
黑龙江	28312	1808	6.39	3928	13.87	12213	43.14	6354	22.44

注：本表是 2019 年全国人口变动情况抽样调查样本数据，抽样比为 7.8%。资料来源：中国统计年鉴，2020。

4.专业技术人才分布

如表9-6所示，经济比较发达的北京市2019年的制造业和居民服务、修理的专业人员仅占全国的0.52%和0.76%，位于表中所有经济区域中的倒数第一位；而租赁和商务服务业人员占全国的5.25%，位于所有经济区域之首。这说明，北京市对租赁和商务服务业人才需求量远远大于其他地区，而制造业和居民服务、修理的专业人员需求量远远小于其他地区。而东北老工业基地的专业人员数量居全国前列的行业有制造业、批发和零售业、交通运输业、餐饮业、居民服务业。说明东北老工业基地的人才结构在就业时还是偏于第二产业，转型尚不彻底。

表9-6　2019年按行业分城镇私营企业和个体就业人数　　　　单位：万人

项目	全国	北京	天津	内蒙古	辽宁	吉林	黑龙江
合计	26258.2	708.6	214.2	385.2	553.8	412.2	472.8
制造业	2984.8	15.6	33.5	28.3	83.1	39.5	29.6
建筑业	1254.3	30.4	8.0	16.3	31.0	14.4	7.3
批发和零售业	10615.9	129.9	74.5	181.0	217.9	193.9	184
交通运输、仓储和邮政业	634.5	14.0	6.5	12.1	29.3	16.4	31.4
住宿和餐饮业	2413.2	29.2	22.3	41.2	53.6	35.9	78.1
租赁和商务服务业	2455.3	128.4	20.5	25.4	27.1	14.6	13.4
居民服务、修理和其他服务业	1745.5	13.3	15.7	35.7	47.9	37.7	83.0

注：资料来源：中国统计年鉴，2020。

5.东北三省普通高等学校专业技术人员

截止到2019年底，东北老工业基地高等学校专业技术人员职称结构统计情况，如表9-7所示。具有正高级职称人员所占比例16.78%，高于全国平均水平，具有副高级职称人员所占比例34.76%，高于全国水平。也就是说，东北三省院校中高级专业技术人员比例高于全国平均水平，为振兴东北老工业基地提供了较为充足的人才储备。

表9-7　全国及东北老工业基地普通高等学校人才技术等级和职务情况　　　单位：人

地区	初级	占比（%）	中级	占比（%）	副高职	占比（%）	正高职	占比（%）	总计
全国	180196	11.2	673857	41.89	525371	32.66	229157	14.25	1608581
辽宁	3964	6.47	26627	43.44	21063	34.36	9644	15.73	61298
吉林	4578	11.65	14679	37.36	13261	33.75	6769	17.23	39287
黑龙江	3112	6.84	17829	39.18	16463	36.18	8101	17.8	45505

二、东北老工业基地人才现存问题

1.高层次与高技能人才匮乏与质量的不足

重点发展领域高层次、高技能人才相对于匮乏，人力资源质量相对于不足。东北老工业基地几十年的发展基础储备了大量的劳动力资源，在人力资源数量方面：首先，表现出冗员多、退休职工多。如全国是每 7 个职工养活 1 个退休职工，而黑龙江的在职职工与退休人员的比例却高达 2.5：1。其次，大量的职工下岗的存在。由于近几年国企改革和产业结构调整，东北老工业基地首当其冲。现阶段，整个老工业基地的下岗人数已高达几百万，造成了大量闲置的劳动力资源，其中不少是技能单一、整体素质不高者。但在人力资源的质量方面，东北老工业基地普遍存在"够数量、缺质量"的现象，东北老工业基地非常短缺一些高技能人才、优秀的管理人才和职业化、现代化、国际化的企业家以及具有高级专业技术职务的复合型人才，导致有些地方出现有人无业和有业无人的现象。可见，重点发展领域高层次、高技能人才的缺乏已成为制约老工业基地科技强省人才兴省战略发展、增强综合实力的瓶颈。

2.人力资源利用率较低

东北的人才总量和专业技术人才总数居于全国前列，以长春市为例，有 28 所高校，两院院士共 31 名，139 个博士点，各类专业型人才 57 万多人。但由于传统的计划经济体制观念在东北老工业基地实行得最早也最彻底，对东北老工业基地影响也最大。1985 年以后，沿海地区已经实行了以市场为取向的改革，东北老工业基地仍然旧体制不变，而且在人力资源管理体制和用人机制上，这种传统的影响更大。传统的不合理的人力资源管理体制和用人机制使得大量的人力资源闲置和浪费。如官本位思想使人才错位，天才变成垃圾，出现了在本地是"虫"外出成"龙"的怪现象。还有，传统的人力资源管理过于死板、论资排辈、平均主义以及缺乏科学的绩效评价机制，扼杀了许多人才的积极性和创造性。此外，人力资源的使用除了有形的损耗外更有无形的损耗，这些人力资源闲置和浪费所造成的损失会加倍，人才结构上的不合理使得人力资源利用效率低下。人才的规划和管理应该是未雨绸缪，应该是"智者之虑，虑于无形"。但传统的对人才的培养是急功近利的，缺乏长远的规划；对人力资源投资服从于计划指令，对社会人才需求预测难以做到准确可靠，出现了学非所用、用非所学的现象。最近统计显示：教育、卫生、经济、会计四类专业技术人才占全国的百分之七十，而新技术、新能源、生物技术、现代医学、环保工程类专业技术人才却远远不能满足需求，特别是高新技术和复合型创新人才整体短缺。人力资源尤其是高素质人才趋于老龄化和断层期。这两个问题在全国具有普遍性，也是振兴东北老工业基地战略所面临的问题。

3.行业人才结构不合理

一是行业、产业布局不合理。现有的专业技术人才主要集中在教育、工程、卫生等传统领域，高新技术、农业产业等重点发展行业的人才所占比例严重不足。传统产业人才相对较多，信息等新兴产业领域专业技术人员不足。二是所有制间分布不合理。国有企事业单位人才相对集中，非国有企业人才不足。三是专业结构不合理，产学研脱节问题比较突出。东北三省拥有较多的高校和科研院所，科研成果也较多，但商品化率低，理论研究型、基础性学科人才多，应用型人才少；单一方向的专业人才多，复合型人才较少。

据统计，辽宁省专业技术人员74.31%在事业单位，只有25.69%在企业；高级职称专业技术人员在事业单位74.31%，只有25.69%在企业；其中正高级职称的人才，96.9%在事业单位。从历史的角度来审视，辽宁应是中国产业人才形态最为完备、人数最为集中的省份，但目前却呈现出专业技术人才"断层"现象。最新的统计资料显示，辽宁技术工人的缺口已达50万人。高级技术工人的缺口不仅集中在机械、建筑、印刷等传统行业，更大量集中在电子信息、环保工程等新技术产业中。据人才市场提供的资料显示，所有工种的技术工人都是需大供小，其中维修电工的供需缺口为1比2，机械设备装配工的供需缺口为1比7。焊工、机修钳工的供需缺口为1比8，数控铣工的供需缺口达1比27。吉林省人才总量较多，但也存在着学历结构、年龄结构、专业结构上的不合理。此外，人才结构上的另一个难题是粮食生产区人才匮乏，进而拖累整个吉林省的农业发展。黑龙江省人才结构不合理的现象也很严重。目前，全省教育、卫生类专业技术人员占全省专业技术人员总数的47%，而新材料、新能源、生物技术、现代医药、环保等工程类专业技术人员仅占全省专业技术人员总数的2.4%，特别是高新技术和复合型创新人才整体短缺。农业、信息通讯、金融、保险、法律等行业的人才不足。地区、所有制间分布失衡，绝大部分专业技术人员集中在国有单位，一半以上的人才集中在省直和哈、齐、牡、佳、大等大中城市。产学研严重脱节，企业特别是非国有企业的技术力量相对薄弱。如齐齐哈尔一家国有企业近几年引进大批数控机床后，急需80名操作员，有不少企业技术骨干前来应聘，但最终都因看不懂图纸而没有一名合格者，企业只好委托高校定向培养。黑龙江省还有一些企业由于缺乏熟练的技术工人，企业不能实现满负荷生产，出现了产品有订单、生产缺技工的尴尬局面，一些项目只能拿到省外去生产。

4.人才外流现象严重

据黑龙江省人力资源和社会保障厅调查，在过去的20多年中，黑龙江省专业技术人才流失多达20万人，相当于专业技术人才资源总量的1/5。黑龙江省从政府到用人单位对引进人才十分重视，全省制定的优惠政策多达几十种，海外学人等人才招聘会年年都有，专家公寓省市都建，加之各单位的优惠条件，如博士楼等等，可谓声势浩大，投入了很大的人力、财力和物力，可是引进的专业技术人才不到2万人，引进与流失的人才比例为1比10，数字触目惊心。一边引进，一边流失，导致了人力、财力和物力的浪费，出现了人才引进中的"人才漏斗"现象。"人才漏斗"现象是指在目前地区之间人才争夺战愈演愈烈的情况下，不少地方引进人才中出现的一种怪现象：一方面不惜用有限的财力、物力，千方百计地招士纳贤；另一方面现有部分人才却又悄悄流失。

人才流失对专业技术人才资源的危害不仅表现在数量上的减少，而且表现在质量上的降低和人才结构性短缺的加剧。目前，黑龙江省人才流失主要呈现出以下特点和趋势：在流失的人才中，大多数为高层次、关键技术岗位上的骨干力量，中、高级职称占87%。副高级以上职称的专业技术人才每年出省200余人。如：黑龙江省化工设计院原有专业技术人才170多人，现只剩57人；黑龙江省林科院下属林产工业研究所 18 人出国一去不归。黑龙江省人事厅对教育、科研、卫生行业及企业单位的高、中、初级专业技术人才 1000 人进行的抽样调查显示，关于专业技术人才队伍建设存在的主要问题，被调查者回答最多的是高层次人才流失严重，其后依次是发挥作用不够、吸引人才与用好本地人才方面存在较大矛盾，培养与使用脱节。另一方面流失的多数是各地普遍缺少的专业技术人才，自然科学多，社会科学少；工程技术多，基础理论少；高新技术多，一般技术少；创新人才多，一般人才少。近年来，类似哈尔滨"三大动力"等大型企业人才外流也非常严重，个别 30 多岁年轻专业技术人才，虽然已被提升到部门领导或总工一级关键岗位得到重用，但也流失到外企，有的移民国外。人才流失不仅体现在现有人才的流失，而且在毕业生分配上也体现得比较严重。根据 2019 年黑龙江省教育厅统计数据，全省高校毕业生为 191781 人，出省就业的达 5.46 万人，占 28.48%。而且其中高学历和紧缺专业的毕业生比重较大，出省就业毕业生所学专业比较集中的前 10 个中有 8 个是省内就业率最高、普遍短缺的专业。

以上为显性流失，即实际发生的人才流失现象，而潜在的流失更为严重。所谓的潜在流失，是指现有人才对当前的环境满意度下降，对做好本职工作缺乏进取心和积极性，心存到外地区发展的想法。据有关部门对部分国有大中型企业、大学和科研单位专业技术人才工作满意度的抽样调查显示，认为满意者 25.9%，认为不满意者 61.1%。其中，硕士以上学历不满意者占 73.8%，高级职称不满意者达 78.8%。另据省教育厅对哈尔滨工业大学、哈尔滨工程大学等高校在校学生的调查，明确表示愿意在留黑龙江省工作的不到 15%，多数学生认为到经济发达地区工作成功的希望更大。

实际上，高技能人才短缺在东北三省普遍存在。东北三省现在的技术工人不少很难适应未来的技能要求，掌握先进生产技能的技术工人将是东北三省未来短缺的资源。根据东北老工业基地调整和改造规划纲要，除高技能人才外，未来 5 到 10 年内，振兴东北还短缺企业家人才。黑龙江省目前企业经营管理人才约 60 万人，其中大学本科以上学历约 7 万人。由于缺乏规范的市场和统一的认证标准，目前东北三省还没有形成真正意义上的职业经理人队伍。辽宁发达地区人才多，落后地区人才少，沈阳、大连人才占全省总量的 50%，辽宁省西部落后地区城市人才总量不足全省 20%。5 个城市每年考上大学含专科的有 2 万多人，回到家乡创业者寥寥，生产一线出现了大量的人才短缺。辽宁省专业技术人员 68%在事业单位，其中正高职称人才 98%在事业单位；研究生以上学历人才 57%在机关和事业单位，43%在企业。一项对辽宁省 14 个城市的调查显示，机关的工作岗位需求不到 1%，但是大学生就业时首选政府机关的却占 60%以上。有关人士认为，这种"既多又少"的怪现象，暴露出东北存在人才闲置的"隐性浪费"问题。在高校毕业生中，受观念影响，新增人才多数愿到工作稳定的事业单位或机关中工作，报考公务员热仍高温不退。不少高校毕业生放不下架子，宁可待业闲置，不愿到一线干辛苦活。部分国有企事业单位人才任务不饱满，也直接导致了人才闲置。

5.人才地区分布结构不合理

东北三省曾经浓厚的计划经济色彩，使人才资源的地理分布倾向性特别明显。最主要的是大部分人才集中在大中城市，从省与省间比较看，人才主要集中在辽宁、黑龙江两省，为数不多的科学院院士、工程院院士等高端技术人才主要分布在大连、沈阳、哈尔滨等大城市。相比于辽宁、黑龙江两省，吉林省的人才情况只有长春一市还可圈可点。从一省垂直分布来看，人才分布的不合理性也很明显，辽宁省大部分人员主要集中在沈阳、大连两地，占全省总量的 50%，而有着丰富的史前文化遗迹、贵为满族发祥地的辽西地区 5 个城市人才总量不足全省的 20%，5 城市每年考上大学（含专科）人数平均有 2 万多人，回到家乡创业者寥寥无几，生产一线出现了大量的人才短缺，就连沿海的辽东半岛地区也处于同样的困境，仅有大连市人才的分布状况尚算可以，其他的县、市区、地方也同样面临着人才缺乏的局面。黑龙江省三分之二的专业技术人员集中在城市里，县、乡所占的比重较低，越到农村基层人才越匮乏，如鹤岗市矿业集团每年大约需各类大中专毕业生 100 人，但实际上自 1998 年以来，公司累计接受专科以下毕业生只有 114 人，而且专业结构不合理，采煤、机电等煤矿急需的专业技术人员一个也没有。吉林省的 46.8%专业技术人才集中在长春、吉林两市，东西部资源相对于丰富的地区人才十分缺乏。

第五节 人才对东北老工业基地发展的作用机理

一、人才为东北老工业基地发展提供智力支持

人才具有能动性，可为东北老工业基地发展提供有效的创新思维、创新方法，从科技、经济与管理等多个方面，改善东北老工业基地现状。首先，人才投入教育领域，可全面提升东北老工业基地人口的质量与素质；其次，人才投入企业可为其创新与发展提供有效技术与智力支持，促进企业发展的同时，实现东北老工业基地经济的发展；最后，人才投入到管理领域，可提供更多地管理创新思维与方法，提高工作效率。因此，人才的智力支持是东北老工业基地发展中不可或缺的要素，需要重点管理与关注。

二、人才促进东北老工业基地高端化发展

东北老工业基地面临的首要任务就是传统产业的改造与产业的高端化发展，而这些都离不开具有创新潜力的人才；通过人才的引入，更多新技术被应用到产业生产与运营领域；通过人才的交流，更多新理念被应用到产业管理；通过人才的国际合作，将产业引向国际化发展道路。由此可见，人才可促进东北老工业基地传统产业的改造与高端化发展。

三、人才改善东北老工业基地社会文化环境

人才通过自身的行为方式与示范作用，影响周边人群的行为活动。人才对知识的渴求、对问题的处理、对社会问题的看法与见解等会通过正式与非正式渠道影响其他人的思维方式与文化观念。在优秀人才的带动下，东北老工业基地容易形成先进、优秀的社会文化。居民整体文化环境的改善，也利于进一步吸引人才，促进区域进一步发展。

四、人才实现东北老工业基地持续发展

人才对问题的认识具有前瞻性，注重可持续与生态化发展，其思维与理念影响其工作。通过人才的工作，老工业基地首先意识到可持续发展的重要性；人才是循环经济与绿色技术的倡导者，通过人才的技术创新与经济发展模式的探索，带动东北老工业基地向着可持续发展方向演进。整合四个方面的内容，可形成人才对东北老工业基地发展作用机理的示意图，具体如图9-1所示。

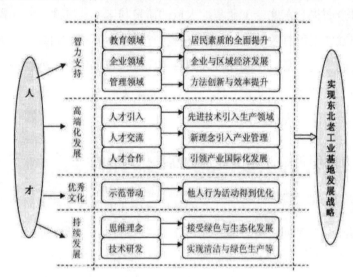

图9-1 人才对东北老工业基地发展作用机理图示

五、人才的微观与宏观管理

1.人才的微观管理

人才的微观管理主要是指企业层面开展的人才规划、招聘、选拔、录用、培训、开发、职业生涯设计、绩效考评、激励、薪酬福利设计与劳动关系管理等人力资源管理活动，主要为实现企业发展目标服务，人才的微观管理主要通过企业内部的人力资源管理部门实施。

2.人才的宏观管理

人才的宏观管理属于国家与区域层面，是研究一个地区如何采取措施从整体

上全面提升区域内部相关人员的素质与能力，以有效服务于地区经济、科技发展，实现地区发展战略目标。人才宏观管理的实施者主要是政府部门，研究的重点在于识别区域人才需求特征、判定人才需求缺口、制定优越的人才引进与留住政策、完善培训与教育体系、完善人才发展环境、完善人才市场与竞争机制等，其管理目的主要为实现地区发展战略目标服务。人才需求预测就是结合影响人才需求的因素，科学判定未来时期人才的需求量；人才开发就是综合利用培训开发、组织开发、管理开发等手段来改进个人、群体和组织的效率。

3.东北老工业基地人才管理重点

本文研究东北老工业基地人才管理问题，属于人才的宏观管理范畴，因此重点研究从政府角度如何有效开展人才管理。人才管理是为东北老工业基地发展战略服务的，因此首先就要明确为实现东北老工业基地的战略任务需要多少人才。一般而言，人才规划是根据区域整体规划的战略部署与任务要求制定的，因此在人才需求预测时要考虑到人才规划。另外，区域原有的人才数量会影响到当前人才供给情况，因此还需要综合考虑区域历年的人才数量情况。在此基础上，有效预测东北老工业基地人才的需求数量，包含总体数量以及不同领域、不同地区、不同层次人才需求情况等，以为人才宏观管理的其他环节提供有效支持。由此可见，人才需求预测应当成为东北老工业基地人才管理的重点之一。仅仅拥有满足要求的人才还不够，人才宏观管理的另一个重要内容就是对挖掘、激发、开拓现有人才潜力，全面提升其质量与工作效率，尽可能为东北老工业基地发展服务。因此，构建人才开发体系，加强人才开发，提升人才质量与工作效率，已成为东北老工业基地人才管理的又一重点。

第六节　东北老工业基地人才需求预测
与开发管理框架设计

根据人才规划、区域人才拥有情况以及影响人才需求的相关因素，开展人才需求预测，并根据需求预测的结果，确定人才开发的重点与关键，进一步构建人才开发体系；为了保障人才开发的有效实施，还需要采取必要的保障措施，在人才开发过程中遇到的问题应当及时反馈给人才规划制定者与保障措施实施部门，以重新确定人才需求情况及调整有关措施。如此形成一个互动、关联的循环圈，保障东北老工业基地的发展需求，实现老工业基地发展战略目标，具体管理框架如图 9-2 所示。

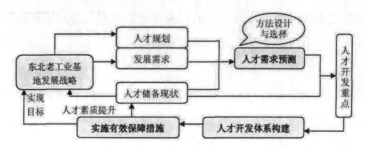

图 9-2　东北老工业基地人才管理框架

第七节　东北老工业基地再振兴投资节奏调整的体制机制保障

一、体制运行环境的改善

1.健全企业创新激励体系，培育技术创新生态系统

东北地区的产业结构优化，离不开良好的创新氛围，深入供给侧改革，提升资源配置科学性，并积极引入先进技术、优秀人才，将传统的通过劳动力增加、资本增加和资源增加推动产业发展的模式，转型为以科学技术、生产技能为基础推动产业发展的模式，扩大创新作用。地方政府应制定相关方针，鼓励企业提升自主创新力度，注重对专利权、知识产权的保护，建设国际一流水平的创新基建设施，营造良好稳定的创新环境。全方位发挥高校数量多的优势，制定优惠落户政策，吸引高校毕业生能够留在东北地区参与经济建设，同时政府部门应组织企业和社会第三方机构，不定期开展培训培育活动，提升员工的综合素质，为经济发展夯实人才资源。政府部门同时也应在民营企业、小微企业中积极宣传创新行

为，普及创新意识，在巩固当地优势产业发展的过程中，动员民营企业主动与外资企业合作，提升民营企业管理者的观念意识。

2.积极改善投资环境

改善投资环境需要政府、社会、企业等多个机构共同努力，为经济建设营造良好的政治环境、人文环境和市场环境。东北地区各级政府所制定的招商引资、保护外商的规定较多，不少地方政府领导想尽办法，为外商投资创造条件。但投资软环境不佳，导致不少外商未能做出投资决策，同时部分地区在招商引资过程中关注市场环境，忽视法制环境；注重短期效应，忽视长期效应；注重资本引入，忽视规定执行；注重外资企业，忽视内部企业。这使不少外来投资方虽然看到东北地区拥有巨大的市场潜力，但仍未下定决心在此投资，因此东北三省应制定完善的招商引资策略，改善投资环境，加强投资宣传，提升地区知名度，并引导外商适应地区需要。

东北三省应积极参考国内外城市改善投资环境的成熟经验，结合东北地区实际情况，制定富有科学性、前瞻性的投资环境建设策略。例如广州市在投资环境建设过程中提出适宜创业、适宜居住、文明发展的口号，在文明城市建设过程中，改善投资环境；上海市在改善投资环境过程中以"信守诺言、言而有信"为基础，鼓励外来资本参与城市经济发展；苏州市采取一系列措施，营造具有先进管理理念的招商引资环境。这些城市的先进理论和成功经验，应值得东北地区借鉴。

二、要素供给保障

1.人才资源保障

近年来东北地区的人口形势有所恶化，应全方位加速改革，打破传统体制束缚，才能吸引优秀人才回流东北，为东北地区经济建设做出贡献。

第一，应完善人才引进政策。人才引进政策能够切实提升当地人力资源的丰富程度，在人才引进过程中，应制定一定的优惠方针，例如制定特殊人才引进策略，为稀缺专业的高校毕业生或较难引入的人才制定特殊福利，为经济建设提供帮助；完善人才激励措施，鼓励高等学校和第三方科研单位加强对人才的激励，激发人才的工作积极性和岗位归属感。同时在东北地区大力动员创业创新，建设创业创新平台，鼓励高校学生、科研部门人员、农民群众发挥主观能动性，自主创新、积极创业，为东北地区的未来发展积蓄人力资源。

第二，加快人力资源调整与整合。人才资源保障应全面利用现有的人力资源，使得当前的人力资源不再外流，完善留住人才的管理制度，从根本上确保人才能够获得应得的薪酬待遇，同时健全人才聘用、选拔机制，在社会中形成尊重知识、尊重人才的人文环境。动员行业龙头企业到国内经济发达地区成立研究中心，充分发挥当地人力资源优势，切实提升企业核心技术力量。在东北地区推动教育事业，企业加强与高等学校的交流，将专业所需反馈于高等学校，实现毕业生有所用、企业岗位有所补的局面。企业、科研中心和社会第三方机构通力合作，积极实施职业技术教育和成人教育，定期举办岗位交流会、技术学习会和经验座谈会等，提升企业技术人员、管理人员的综合素质。

2.增加国家对东北的必要投资

东北老工业基地全面振兴，离不开自力更生，实现产业结构优化，注重新兴产业发展。但与此同时也需要中央政府给予一定扶持，巩固东北地区具有市场竞争优势、发展潜力较好的企业，帮助其添购现代化设备，引入先进技术，提升内部管理水平。对于东北地区生产规模小、产业产能过剩、技术力量薄弱的企业，应促进其转型，或与其他优势企业进行重组合并，使得企业获得新的发展契机。

3.重视培育企业家市场

东北老工业基地全面振兴，离不开企业家市场培育，政府部门应深刻认识到市场竞争的主体是企业，而企业的主体是企业家。优秀的企业家能够加强企业管理、带动企业转型、为企业发展提供推动力。我国从计划经济模式转变为市场经济模式，实质是将市场主导角色由政府转变为企业家。因此首先要提升企业家的综合素质，使得在市场竞争中处于一线的企业家能够富有朝气、具备扎实的专业知识，能够为东北地区经济发展贡献力量。全面振兴东北经济，要改变企业家的传统管理理念，使其树立现代管理思维。企业家团队的整体素质提升，能够使得市场更为规范和活跃，政府从宏观层面对市场进行调控，企业家在微观层面对市场进行推动。

4.外部资源的有效利用

东北地区在经济建设中应深入贯彻落实科学发展观,抓紧"一带一路"带来的时代机遇,扩大对外开放程度。扩大开放能够获得更多外部资源,实现优势产业海外市场推广,加强进出口贸易,扩展市场知名度。目前国内钢铁行业、能源行业出现产业过剩现象,市场竞争日益激烈,因此东北地区的传统能源产业、机械制造业应寻找海外市场发展机会,减少国内市场销售规模,地方政府应鼓励企业增强外部资源利用,例如制定金融单位改革,为企业海外市场开拓营造良好的融资环境,拓展企业融资渠道;与投资国政府保持紧密联系,落实政策障碍,确保企业能够提升资源利用率。在"一带一路"倡议的指引下,加速建设国际通道,进一步活跃东北亚经济板块,完善东北三省对俄、对蒙的交通网络建设,将更多货物通过欧亚大陆桥运往欧洲地区,保持大连港、丹东港等与俄罗斯等远东地区港口的合作。2015年黑龙江省与"一带一路"沿线中的59个国家开展超过149亿美元的国际贸易,占省国际贸易总规模的七成以上,充分利用外部资源,改善产业结构,实现经济发展。

第八节　东北老工业基地其他方面改造投资
节奏案例分析

一、文化内涵挖掘投资节奏案例分析

东北老工业基地一些隐藏在地域之中的工业文化因素,在退出生产生活后被人们淡化。加强对老工业区文化内涵的挖掘可以有效地激发人们对历史的感悟,在城市居民精神领域达到审美、鼓舞和启发等作用,强化人们对城市本身的认同感。这是东北老工业基地文化内涵改造的核心内容之一。对此可以按照如下投资节奏进行:

1.整合文化空间

对东北老工业基地工业文化景观的空间整合尤其要重视工业场地原生态景观

的保持，这种景观一旦失去就无法重造和复制。对于在城市空间上处于核心位置的，能够形成空间意象和文化氛围的核心工业场所，要选择能够代表历史脉络、具有一定使用功能和美学观赏性的景观要素，刻画工业文化空间。此外，对工业生产场景和时代生活场景的重现，更需要在整体上进行设计，能够让人置身其中，体验历史。

2.重组文化要素

东北老工业基地的工业发展经历了复杂的历史进程，表出出工业文化景观的多元特质。工业文化的多元要素，可以通过修复、保留或重新构造的方式进行整合，使各要素之间和谐共生，共同传达工业基地的历史和文化内涵。工业生产要素是最能体现东北老工业基地文化特性的景观，它们自身文化特质最有效的表达就是使原有的生产过程运作起来，通过动态化生产要素的处理，还原工业文化的真实性。对于一些工业建筑、场地或者机械设备等景观要素，可以进行工业材料的符号化处理。例如利用工业场地原有的建筑物和机械，转化为场地的地标，以丰富旧工业区景观，提高场地景观的影响力。

东北老工业基地以重工业为主，在进行绅士化改造的过程中遗留了大量的大型工业设备和机械，处理起来较为困难。对于这些工业物质景观，可以赋予其新的功能为城市服务。如废弃烟囱作为攀岩场地，废弃船只改造成儿童游乐区，架空廊道作为观光索道等。

3.强化文化特征

东北老工业基地在相同的发展历史和社会背景下，工业场所产生了相似的文化特质，对这些场所进行特征的强化能够更好地展示东北工业文化景观的特性，增加城市工业文化的魅力。对相同特征的工业文化景观进行改造，可以从展示工业行业特征、凸显时代建筑风格、工业历史重述、东北地区冰雪景观模拟等方面进行。例如：哈尔滨亚麻厂可以通过遗留的工业设备，选择纺织行业原始的生产特征（纺车、纺锭等），营造独特的工业文化氛围；北京798工厂保留了代表性的包豪斯建筑风格的厂房，展示历史时期生产工艺对建筑的要求；阜新煤炭区打造的工业旅游路线，讲述煤炭工业的发展历史等。

二、完善老工业基地基础设施建设投资节奏案例分析

1.改善交通运输网络

新一轮振兴东北老工业基地"五基地"的建设目标（具有国际竞争力的先进装备制造业基地、重大技术装备战略基地、国家新型原材料基地、现代农业生产基地和重要技术创新与研发基地），以及位于东北亚地区航运中心的地理位置，要求东北老工业基地的改造必须注重完善交通运输网络，形成布局合理、运输能力强、便捷安全高效的综合运输体系。

其中高速公路的建设要加强东北老工业基地重点城市、产业基地、重要资源产地之间的联系，提升沈阳、大连、长春、哈尔滨区域中心城市辐射能力的集聚效应。港口建设的重点在于提升大连枢纽港的吞吐能力，完善其综合能力，建设不同系统的专业化码头。铁路建设要加强区域铁路网的贯通，以及大城市之间高速铁路里程的增加，并同公路、航运等交通方式结合起来，形成大的交通枢纽中心。

2.提高能源供给能力

东北老工业基地基础设施改善的重点目标之一就是为地区发展和生产生活提供清洁、稳定的能源。提高东北地区能源供给能力的关键在于促进供给源的多元化，改善能源供给结构，坚持节约能源为主，提高能源的利用效率，统筹城乡区域之间的能源规划，重点强化能源安全技术改进。在优化传统能源生产结构的同时，积极促进水能、风能、地热能、太阳能、生物能等可再生能源开发能力的提高。

3.优化水资源配置效率

东北地区作为我国重要的工业基地和农业基地，在生产生活中对水资源需求量比较大，因此统筹水资源和地区社会发展之间的关系，成为东北老工业基地转型升级中必须要面对的问题。为解决城乡之间水资源供应的矛盾，在兴修水利工程的基础上，进行水资源的合理开发，优化水资源的配置，建设一批中小型水利工程设施。在城市用水方面，应加强供水管网等基础设施的建设和改造，提高供水质量和稳定性，保障城市用水需求。

4.加强城市道路和排水设施建设

形成多层次、立体的交通网络体系，提高城市中心与外缘之间联系的密度和效率，对于东北老工业基地转型升级改造至关重要。为适应迅速增长的车辆保有量，在继续推进城市快速路和主次干道网建设的基础上，优先城市公共交通的发展，形成多元公共交通出行体系，加快重点城市的地铁和轻轨建设。此外，为改善城市生态环境，提高城市灾害应急能力，东北老工业基地再建设需要对老化排水设备、低标准排水设施进行改造，提高排水管网的建设标准，根据不同老城区的特点，规划合理的雨污分流排水系统。

5.改善城市生态环境

改善城市生态环境是老城区吸引中产阶层、复兴经济的关键举措。东北老工业基地的升级改造要在城市政府的引导和组织下，对城市绿色开敞空间和滨水空间进行统一规划，因地制宜地进行城市公共开放空间的建设。由于东北地区特殊的气候条件，进行城市绿化建设，需要合理选择引种植被，科学规划布局，以景观美学和城市规划学为指导，改善城市的宜居环境。

三、促进城市可持续发展的空间再开发投资节奏案例分析

城市空间的可持续性发展空间再开发，不仅是物质形态上空间景观的重构过程，其本质是资本与权利共同驱动的物质空间和社会空间相互耦合的空间生产过程。与一般的城市更新项目不同，东北老工业基地未来可持续发展空间再开发过程中，要秉承可持续发展的基本原则，提高城市土地利用率，协调旧城更新和新城改造，将空间开发与产业调整相融合，才能充分发挥城市土地的价值。

1.提高城市土地利用率

东北老工业基地在改造与转型过程中，有相当一部分的更新项目缺少科学论证的过程，部分城市土地被闲置，成为制约城市可持发展的重要因素。因此在东北老工业基地未来绅士化改造的过程中，城市空间的再开发必须以科学的规划为前提，坚持节约的使用原则，盘活城市土地存量，优化土地资源的配置效率，改善城市生态环境，打造具有吸引力的建设环境。

2.协调旧城改造与新城建设

东北老工业基地旧城区见证着城市的发展历史，是一个城市的灵魂所在；而新城区是城市发展最具活力的地方，城市想要实现健康可持续发展，在加快新城建设的同时，需要兼顾老城区的改造与更新。城市老城区的空间再开发以土地功能的升级为目标，通过城市产业结构的调整、工业区的改造，打造一批高端服务业、中高档住宅、公共服务设施等集聚中心。城市新城区的建设要为城市的产业发展提供服务，在完善各方面基础设施的基础上，促进工业园区、产业园区的形成，通过科学的规划实现功能融合和产业配套，尤其是要提高对高端制造业、高新技术产业、高级服务业等现代化产业的吸引力。

3.空间再开发与产业发展相融合

东北老工业基地实现可持续发展的重点在于城市产业结构的优化与调整，城市空间再开发过程势必要为城市产业发展提供服务，因此在城市空间的再开发过程中，应推动城市重点基础设施共建共享，加强区域之间的合作，增强城市产业联系，实现产业与城市发展相互融合，以产业发展带动城市复兴，以城市更新促进产业发展。

参考文献

[1]白俊红.中国的政府 R&D 资助有效吗?来自大中型工业企业的经验证据[J].经济学，2011（4）：227-252.

[2]白俊红，李婧.政府 R&D 资助与企业技术创新——基于效率视角的实证分析[J].金融研究，2011（6）：181-193.

[3]解维敏，唐清泉，陆珊珊.政府 R&D 资助、企业 R&D 支出与自主创新——来自中国上市公司的经验证据[J].金融研究，2009（6）：86-99.

[4]杨洋，魏江，罗来军.谁在利用政府补贴进行创新——所有制和要素市场扭曲的联合调节效应[J].管理世界，2015（1）：75-86.

[5]康志勇.融资约束、政府支持与中国本土企业研发投入[J].南开管理评论，2013（5）：61-70.

[6]卢馨，郑阳飞，李建明.融资约束对企业 R&D 投资的影响研究——来自中国高新技术上市公司的经验证据[J].会计研究，2013（5）：51-58.

[7]李汇东，唐跃军，左晶晶.用自己的钱还是别人的钱创新——基于中国上市公司融资结构与公司创新的研究[J].金融研究，2013（2）：170-183.

[8]余明桂，回雅甫，潘红波.政治联系、寻租与地方政府财政补贴有效性[J].经济研究，2010（3）：65-77.

[9]逯东，孟子平，杨丹.政府补贴、成长性和亏损公司定价[J].南开管理评论，2010（2）：97-104.

[10]孔东民，刘莎莎，王亚男.市场竞争、产权与政府补贴[J].经济研究，2013（2）：55-67.

[11]王红建，李青原，邢斐.金融危机、政府补贴与盈余操纵——来自中国上市公司的经验证据[J].管理世界，2014（7）：157-167.

[12]高善文.被掩盖的增长[J].清华金融评论，2017（10）：61-62.

[13]靳光辉，刘志远，花贵如.政策不确定性与企业投资———基于战略性新兴产业的实证研究[J].管理评论，2016（9）：3-16.

[14]林文达.供给侧改革对煤炭行业债券投资的影响分析[J].管理评论，2017（6）：

53-60.

[15]林毅夫，李志赟.政策性负担、道德风险与预算软约束[J]].经济研究，2004（2）：17-27.

[16]谭周令，朱卫平.产业政策实施与企业投资行为研究——来自A股上市企业的证据[J].软科学，2018（7）：35-38+43.

[17]王小洋，李先国.供给侧结构性改革对产业投资水平的影响研究——基于双重差分法的实证分析[J].中国物价，2019（9）：17-20.

[18]刘金全，印重.我国固定资产投资与经济增长的关联性研究[J].社会科学辑刊，2012（1）：131-134.

[19]张治觉.《中国政府支出与经济增长理论和实证研究》[M]，长沙：湖南人民出版社，2008.

[20] 王小利.我国政府公共支出对GDP长期增长效应的动态分析——基于VAR模型的实证研究[J]，统计研究，2005（5）：12-13.

[21] 许莉，郭定文.我国政府支出对私人投资影响的实证分析[J]，经济问题探索，2009（4）：33.

[22] 娄洪.长期经济增长中的公共投资政策[J]，经济研究，2004（3）：23-24.

[23] 凯恩斯.就业、利息和货币通论（重译本）[M]，北京：商务印书馆，2009.

[24] 郭庆旺，贾俊雪.地方政府行为、投资冲动与宏观经济稳定[J]，管理世界，2006（5）：7-9.

[25] 郭小东，武少芩.中国公共投资与经济增长关系的分析以中国31个省级单位的公路建设为实证研究案例[J]，学术研究，2007（3）：31-32.

[26] 武彦明.财政学[M]，北京：中国财政经济出版社.2011.

[27]亚当.斯密.国民财富的性质和原因的研究[M]，北京：华夏出版社，2005.

[28]李成，田懋，刘生福.公共投资对全要素生产率影响的空间面板分析[J].山西财经大学学报，2015（2）：13-22.

[29]孔婷婷，扈文秀.政府主导背景下的固定资产投资、信贷危机与通货膨胀[J].运筹与管理，2014（12）：236-243.

[30] 张芷若，谷国锋.科技金融与科技创新耦合协调度的空间格局分析[J]. 经济地理，2019（04）：50-58.

[31]马珣.新技术驱动的产业投资模式与发展趋势[J].产业经济，2020：19-24.

[32]沈建光，朱太辉，张彧通.基础设施 REITs 打开新基建投资新模式[J].中国证券报，2020（6）：11.

[33]孔薇，赵儒煜.东北地区 PPP 模式适用性、实用性问题研究[J].宏观经济研究，2017（4）：15-22.

[34]于玲.混合所有制 PPP 范式：国有资本治理与公共财政创新的协同变革[J].地方财政研究，2016（4）：23-26.

[35]元霞、柯永建、王守清.基于案例的中国 PPP 项目的主要风险因素分析[J].中国软科学，2009（5）：21-23.

[36]周正祥、张秀芳、张平.新常态下 PPP 模式应用存在的问题及对策[J].中国软科学，2015（9）：17-20.

[37]王馥瑶."新常态"下东北老工业基地产业结构转型投资节奏研究[D].哈尔滨工程大学，2018：47-63.

[38]金同杰.培育东北老工业基地新动能的主体性研究[D].哈尔滨工业大学，2020：15-17+28-40.

[39]曹瑞丹.产业政策、市场竞争与投资效率[D].河南大学，2020：15-43.